CONTROLE COMPARTILHADO
DAS POLÍTICAS PÚBLICAS

SABRINA NUNES IOCKEN

Prefácio
Juarez Freitas

CONTROLE COMPARTILHADO DAS POLÍTICAS PÚBLICAS

Belo Horizonte

Fórum
CONHECIMENTO JURÍDICO

2018

© 2018 Editora Fórum Ltda.

É proibida a reprodução total ou parcial desta obra, por qualquer meio eletrônico, inclusive por processos xerográficos, sem autorização expressa do Editor.

Conselho Editorial

Adilson Abreu Dallari
Alécia Paolucci Nogueira Bicalho
Alexandre Coutinho Pagliarini
André Ramos Tavares
Carlos Ayres Britto
Carlos Mário da Silva Velloso
Cármen Lúcia Antunes Rocha
Cesar Augusto Guimarães Pereira
Clovis Beznos
Cristiana Fortini
Dinorá Adelaide Musetti Grotti
Diogo de Figueiredo Moreira Neto
Egon Bockmann Moreira
Emerson Gabardo
Fabrício Motta
Fernando Rossi
Flávio Henrique Unes Pereira
Floriano de Azevedo Marques Neto
Gustavo Justino de Oliveira
Inês Virgínia Prado Soares
Jorge Ulisses Jacoby Fernandes
Juarez Freitas
Luciano Ferraz
Lúcio Delfino
Marcia Carla Pereira Ribeiro
Márcio Cammarosano
Marcos Ehrhardt Jr.
Maria Sylvia Zanella Di Pietro
Ney José de Freitas
Oswaldo Othon de Pontes Saraiva Filho
Paulo Modesto
Romeu Felipe Bacellar Filho
Sérgio Guerra
Walber de Moura Agra

Luís Cláudio Rodrigues Ferreira
Presidente e Editor

Coordenação editorial: Leonardo Eustáquio Siqueira Araújo
Capa: Priscyla Falkenburger

Av. Afonso Pena, 2770 – 15º andar – Savassi – CEP 30130-012
Belo Horizonte – Minas Gerais – Tel.: (31) 2121.4900 / 2121.4949
www.editoraforum.com.br – editoraforum@editoraforum.com.br

Dados Internacionais de Catalogação na Publicação (CIP) de acordo com ISBD

I64c	Iocken, Sabrina Nunes
	Controle Compartilhado das Políticas Públicas / Sabrina Nunes Iocken. - Belo Horizonte : Fórum, 2018. 274 p. ; 14,5cm x 21,5cm. ISBN: 978-85-450-0506-3
	1. Políticas públicas. 2. Controle compartilhado. I. Título.
2018-381	CDD 320.6 CDU 351

Elaborado por Vagner Rodolfo da Silva - CRB-8/9410

Informação bibliográfica deste livro, conforme a NBR 6023:2002 da Associação Brasileira de Normas Técnicas (ABNT):

IOCKEN, Sabrina Nunes. *Controle Compartilhado das Políticas Públicas*. Belo Horizonte: Fórum, 2018. 274 p. ISBN 978-85-450-0506-3.

*Dedico esta obra ao Prof. Luís Carlos Cancellier de Olivo,
o amigo Cau, cujo convívio me proporcionou uma nova
maneira de compreender e perceber a vida.*

AGRADECIMENTOS

Este livro é resultado da tese aprovada com distinção e louvor no Programa de Doutorado da UFSC. Além da revisão do texto original, foi incorporado um novo item, relativo a um modelo de julgamento das contas públicas adotado pelo Tribunal de Contas do Estado de Santa Catarina no exercício de 2017, que introduz e aponta para o controle da responsabilidade de governo.

Desse modo, o meu agradecimento inicial e afetuoso é dirigido à academia, ao meu orientador, Luis Carlos Cancellier de Olivo (*in memoriam*) e ao meu coorientador Juarez Freitas. Com o Cau foram muitas as conversas formais. Mas era no cafezinho que as ideias surgiam. Começávamos a discutir no percurso entre a sua sala, no quarto andar do PPGD, e a cafeteria. Um trajeto curto, mas que levava mais de meia hora para ser percorrido, pois sempre encontrava um aluno, um professor, ou alguém que fazia questão de cumprimentá-lo. Mesmo após assumir o cargo de Reitor, Cau manteve a mesma disponibilidade, a mesma simplicidade e o mesmo hábito de percorrer o *campus* da faculdade para tomarmos um cafezinho. Sou grata por sempre ter me exigido algo a mais, por ter compartilhado suas experiências e por me ensinar a não ter uma visão ingênua da realidade.

Com o Professor Juarez Freitas as reuniões de trabalho, valiosíssimas para o direcionamento da tese, me fizeram admirá-lo ainda mais. Fui testemunha do reconhecimento e do prestígio nacional e internacional que o Prof. Juarez possui. Tivemos cinco reuniões marcantes. A primeira ocorreu em Belo Horizonte. Depois no Rio de Janeiro, em Porto Alegre, em Florianópolis e, por fim, na cidade do Porto. Sempre um novo livro a ser incluído. E se for para eleger um aroma às nossas conversas, certamente não era o do café, mas o proveniente da Casa de Chá. À Márcia e ao Thomas o meu carinho.

O sentimento de gratidão se estende ao Professor João dos Passos Martins Neto, meu orientador no mestrado e que, para minha alegria, presidiu também a banca do doutorado. Agradeço igualmente aos demais membros da banca, os Professores Luiz Henrique Urquhart Cademartori, Edilberto Carlos Pontes Lima, Fernando Quadros da Silva, Magali Geovana Ramlow Campelli e Cristiane Derani.

Sou grata também a duas instituições, a UFSC, em especial à coordenação do Curso de Pós-Graduação em Direito, aos professores e aos servidores que acompanham o dia a dia da vida estudantil; e ao Tribunal de Contas do Estado de Santa Catarina. Sou grata à Administração da Casa, aos amigos de Plenário e, especialmente, ao meu gabinete, não apenas pela colaboração na fase de elaboração da tese, mas, principalmente, pelo engajamento e pela dedicação nessa primeira etapa de reformulação do julgamento das contas públicas. Luciane, Fernanda, Vanessa, Eduardo, Henrique, Sônia e Rosângela, uma equipe que muito me orgulha e cujo diálogo cotidiano me faz acreditar no serviço público. A revisão de português realizada pela Laís e o apoio que tive do Garibaldi e do Jésus Cristiam completam esse time.

Não posso deixar de agradecer a Priscyla Falkenburger Melleu, responsável pelo design gráfico da capa do livro. Seu trabalho, sempre leve e inovador, me encanta.

Por fim, dedico, carinhosamente, esse agradecimento aos meus alicerces, minha mãe, Jocildete Iocken, e meu padrinho, José Joubert de Oliveira, presentes em todos os momentos da minha trajetória profissional. E aos pequenos, Luca, Júlia, Gabriela, Theo e Clarissa, que trazem alegria à minha vida.

SUMÁRIO

PREFÁCIO
Juarez Freitas 13

INTRODUÇÃO 15

CAPÍTULO 1
A ERA DA DESCONFIANÇA: O EXERCÍCIO AINDA
DEBILITADO DA LEGITIMIDADE DEMOCRÁTICA 25

1.1 Compreendendo a desconfiança 28

1.1.1 O legado histórico de uma simbiose entre legislativo e executivo 32

1.1.2 A nossa realidade: os não contornos da disputa de poder 38

1.1.3 Reflexões sobre uma abordagem dinâmica de legitimidade 40

1.1.4 Os pressupostos para uma democracia de exercício 49

1.1.4.1 O imperativo da legibilidade 51

1.1.4.2 O imperativo da responsabilidade 55

1.1.4.3 O imperativo da responsividade 59

1.2 Sociedade em transformação: a sociedade em rede 63

1.2.1 Uma sociedade redesenhada pelas redes digitais 65

1.2.2 #NovosCódigosNovosValores#: a comunicação em rede 76

1.3 O exercício da desconfiança nos movimentos sociais do início do
século XXI 81

1.3.1 Uma nova experiência política 82

1.3.2 Os elos de não identidade em uma democracia na rede
de exclusão 89

CAPÍTULO 2
POLÍTICAS PÚBLICAS: O DESAFIO DE UM "FAZER"
DEMOCRÁTICO 93

2.1 Recortes de uma história em construção 96

2.2 O debate científico das políticas públicas 99

2.2.1 Modelos de análise das políticas públicas e seu embasamento
teórico 104

2.3 Como definir as políticas públicas? 119

2.3.1	Estrutura cognitiva e normativa da ação pública	125
2.4	A abordagem sequencial em segundo plano	129
2.4.1	Por que uma questão sujeita à ordem pública? Um problema de agenda	133
2.4.2	Tomada de Decisão: o comportamento individual e os dilemas sociais	137
2.5	A trama da política pública: produtores ou inibidores de emergências?	142
2.6	Políticas públicas construídas sob o viés democrático: um cenário em transformação	150

CAPÍTULO 3

A REALIDADE DO CONTROLE DAS POLÍTICAS PÚBLICAS E SUAS DISFUNCIONALIDADES 153

3.1	Sociedade do controle na era da desconfiança: o exercício do contrapoder	157
3.1.1	O contrapoder: quem são seus atores?	164
3.1.2	A possível interferência do contrapoder na mudança de trajetória das políticas públicas	167
3.2	O controle do orçamento das políticas públicas no sistema brasileiro	173
3.2.1	A apreciação do parecer prévio sob o enfoque das políticas públicas	178
3.2.2	Disfuncionalidades do sistema contramajoritário do controle do orçamento	185
3.3	A nova gestão pública: uma racionalidade a superar	188
3.3.1	Um cenário não inclusivo: a racionalidade de um Estado empresarial	193
3.3.2	A racionalidade do novo serviço público: por onde se deve caminhar	195

CAPÍTULO 4

DESAFIOS DO ESTADO DEMOCRÁTICO REINVENTADO: O PACTO DE PARTILHA AO INVÉS DO PACTO DE SUBMISSÃO 201

4.1	*Sharing control:* políticas públicas na pauta do controle compartilhado	203
4.1.1	O enfoque da legitimidade por proximidade	205
4.1.2	A avaliação como instrumento de aproximação com os atores sociais	210

4.2	Controle dinâmico e em rede: o caminho para o controle exponencial	215
4.2.1	Política do governo aberto: o que diz a norma	216
4.2.2	O contrapoder social, a formação de um cidadão vigilante e participativo	219
4.3	O que realmente importa: políticas públicas como indutoras do bem-estar sustentável	221
4.4	Um novo controle do orçamento sob o compromisso da partilha	227
4.4.1	Controle do orçamento sob o imperativo da legibilidade: as decisões por detrás dos números	229
4.4.1.1	A desinformação: o efeito perverso da não presença das instituições	234
4.4.2	Controle do orçamento e o imperativo da responsabilidade: para além da responsabilidade financeira, o olhar do passado sobre o futuro	235
4.4.3	Controle do orçamento e o imperativo da responsividade: Mas, afinal, quais são os questionamentos?	241
4.4.4	A Prestação de contas sob o enfoque da responsabilidade de governo: novos paradigmas para o controle externo	243
4.5	Responsabilidade de governo: o controle das políticas públicas sob o pacto de partilha, um caminho possível para a construção de um estado democrático de exercício	245

CAPÍTULO 5
CONCLUSÃO 251

REFERÊNCIAS 261

PREFÁCIO

O livro de Sabrina Nunes Iocken, intitulado *Controle Compartilhado das Políticas Públicas*, é, sem favor algum, uma contribuição relevante, original, avançada e preciosa.

Numa obra de tessitura sutil e densa, a Autora estimula a serena e ousada reflexão sobre o futuro do sistema de controle das políticas públicas. E o faz tendo sempre em mente a "democracia inclusiva de exercício contínuo". Reconhece, com argumentação cristalina, que se vive numa promissora era híbrida de conectividade e desconfiança, a qual demanda inédita cooperação e capacidade de compartilhamento, tudo a requerer uma séria reinvenção do modelo de tomada de decisão pública e do respectivo controle.

Realça, com a ênfase devida, o peso dos atores sociais no processo de reconfiguração arquitetônica do controle, sem subestimar as imensas energias liberadas pela tecnologia digital. Evolui conceitualmente - eis um dos pontos nevrálgicos do trabalho - para o que denomina *"sharing control"*, que se traduz como sindicabilidade compartilhada, apta a cobrar não somente a responsabilidade fiscal e financeira dos agentes públicos, senão que a conversão efetiva das politicas públicas em duradouras fontes do bem-estar multidimensional.

Tópico crucial, que serve de pano de fundo, é o da presente crise de legitimidade. Em diálogo com eminentes pensadores, tais como Pierre Rosanvallon (democracia de exercício), Manuel Castells (sociedade em rede), Robert Denhardt (New Public Service), a Autora preserva o fio condutor, não hesitando em preconizar a "nova racionalidade no controle das políticas públicas, qualificada pela legitimidade por proximidade, ressaltando não apenas o potencial papel emancipatório da sociedade em rede e da democracia de exercício no controle de legitimidade das políticas públicas, como também a necessidade de pensar num controle situado além do Estado burocrático weberiano".

Mais: reexamina, com desassombro e elevada consistência, o tema intrincado e complexo das políticas públicas, desde clássicos como Harold Lasswell e Thomas Dye. E preconiza assimilar, de modo includente, as políticas públicas como decisões "que impulsionam ações estatais coordenadas, com o objetivo de compor os conflitos resultantes da pluralidade de interesses existentes na sociedade, cujo exercício democrático pressupõe o envolvimento e a participação cidadã no processo de tomada de decisões".

Discute, de maneira sagaz e articulada, várias disfuncionalidades contemporâneas das políticas públicas e do controle. No ponto, medita sobre o contrapoder, os atores envolvidos, a sindicabilidade do orçamento e a apreciação do parecer prévio, culminado na análise criteriosa do novo serviço público e do imperativo de reinventar o próprio Estado, via pacto de partilha, em lugar do pacto de sujeição.

Apresenta, assim, uma significativa contribuição científica ao desenvolvimento que realmente importa: o novo controle a partir do compromisso de partilha, isto é, o *"sharing control"*. Numa de suas expressivas conclusões, assinala, com a habitual propriedade: "O compromisso com o bem-estar sustentável só é possível sob o pacto de partilha, induzido por uma democracia em rede, com uma maior horizontalidade e com pluralidade de vozes".

Enfim, retomo a assertiva inicial: trata-se de uma obra realmente preciosa. A Autora, além de brilhante Doutora em Direito, pela UFSC, aprovada com distinção e louvor, oferece o talento, a seriedade e o dinamismo ao TCE/SC e ao sistema brasileiro de controle de contas. Agora, oferece este contributo doutrinário invulgar e distintivo. Certamente, os estudiosos do controle das políticas públicas, doravante, terão que fazer referência à contribuição em apreço. De parabéns a Autora, a Editora e a comunidade jurídica brasileira, à vista do alto valor da obra, cuja leitura recomendo vivamente.

Juarez Freitas

Professor da UFRGS e da PUCRS. Presidente do Conselho Científico do Instituto Brasileiro de Altos Estudos de Direito Público. Membro da Comissão Nacional de Estudos Constitucionais do Conselho Federal da OAB.

INTRODUÇÃO

O que esperar dos governantes e como dar voz aos interesses que devem ser defendidos e promovidos pelos escolhidos do povo são questionamentos que tensionam a história da democracia. A legitimidade eleitoral encontra-se fragilizada e alcança contornos próprios na sociedade do início do século XXI, moldada pelo fluxo dialógico da informação e que grita pela inclusão de sua voz como aspiração democrática, mas não só: exige políticas públicas, exige transparência dos governantes, exige controle. A legitimidade democrática conquistada pelo modelo clássico de representação política já não mais satisfaz.

A crise de legitimidade que corrói a democracia contemporânea demanda uma imersão teórica que extrapola as propostas tradicionais para ampliação dos mecanismos de representatividade e ganha significado ao adotar uma teoria dinâmica de legitimidade representativa, na qual a relação entre governantes e governados é percebida, na formulação teórica de Pierre Rosanvallon, como o centro da tensão democrática. Um fluxo luminoso que se projeta também para uma discussão teórica mais densa sobre os desequilíbrios ou disfuncionalidades das instituições tradicionais e para uma reflexão em relação às suas estruturas e às suas funções, sob o marco de uma democracia inclusiva de exercício contínuo. Na democracia de apropriação, os atores sociais devem ser percebidos pelas suas singularidades, sendo chamados a interagir num movimento de aproximação. Uma preocupação com a legitimidade por proximidade, que não se restringe às funções governativas, mas alcança também as demais funções estatais.

Atores sociais inseridos em uma dinâmica moldada pela tecnologia digital, que impulsiona transformações nos campos político, econômico, jurídico e cultural, como percebe Manuel Castells, ao formular sua teoria da sociedade em rede. A partilha da informação, matéria-prima da sociedade contemporânea, fissura o modelo hegemônico de tomada de decisões. A representatividade política se abre, portanto, numa perspectiva substantiva, pela possibilidade de maior engajamento dos atores sociais na definição das políticas públicas, na medida em que o uso da tecnologia digital amplia a capacidade de percepção da singularidade, conferindo assim uma nova estética ao contrapoder social, a da rede horizontalizada.

É a partir da tensão entre a perspectiva de transformação horizontalizada da estrutura social, identificada na formulação teórica de Manuel Castells, e da trajetória histórica verticalizada percorrida pelas instituições de poder, descrita por Pierre Rosanvallon, que se pretende analisar o controle das políticas públicas, sob o enfoque do dilema orçamentário e sua repercussão no campo social. Busca-se uma visão ampliada, que pressupõe o diálogo do Direito com outros campos do conhecimento.

A construção desse debate, alicerçado pela teoria política, torna-se decisiva para a compreensão do processo de política pública, sob a abordagem cognitiva. Perceber a dinâmica subjacente à disputa orçamentária das políticas públicas significa descortinar o conflito de interesses predominantes para as escolhas políticas. Um cenário que pressupõe uma incursão teórico-reflexiva para evidenciar a relação que se estabelece entre os atores sociais e seus governantes e para perquirir se de fato tais atores podem se tornar agentes transformadores dos referenciais normativos e cognitivos da ação governamental.

Eis a caixa de ferramentas teóricas.[1]

Pierre Rosanvallon, politólogo, historiador e um dos principais expoentes da *Escola francesa do político*,[2] apresenta uma dimensão empírica da política, transitando pela história social, pelas políticas públicas e pelos problemas da governabilidade. Formula sua teoria da

---

[1] Castells e sua caixa de ferramentas: "uso teorias, qualquer teoria, da mesma forma que, espero, minha teoria seja usada por alguém: como uma caixa de ferramentas para compreender a realidade social. Portanto, uso aquilo que considero útil e desconsidero aquilo que não seja diretamente relacionado com o propósito da minha investigação". (CASTELLS, 2015, p. 23).

[2] Entre os atuais pesquisadores da *Escola francesa do político* também se destaca Marcel Gauchet. A matriz da Escola foi o Centro Aron, fundado por Claude Leforte em conjunto com Fraçois Furet. Ainda que com menor expressão, há outros pensadores de destaque, como Mona Ozuf, Ran Halévi, Patrice Gueniffey, Pierre Manent, Phillipe Raynaud e Barnard Manin. LYNCH, Christian Edward Cyril. A Democracia como problema. In: ROSANVALLON, 2010, p. 28-32.

democracia como uma forma política social de caráter permanentemente aberto. No seu entender, a democracia não experimenta uma crise, mas sim, a teoria política tradicional, que ainda é deficitária em relação à apreensão e à correta interpretação dos fenômenos sociais das últimas décadas. Percebe-se, então, a preocupação do autor em remodelar essa teoria, recorrendo não mais a doutrinas abstratas, mas à história e ao comparatismo, meios únicos de apreender a democracia em suas formas concretas.[3] Dedicou-se ao estudo do Estado, das transformações da prática democrática, da legitimidade política, propondo novos instrumentos para além de uma democracia autorizativa. Importante extrair de sua abordagem a identificação de barreiras que inibem a relação dialógica entre governantes e governados, traduzindo-se numa dificuldade de comunicação que se estende, em grande parte, para a relação entre as instituições públicas e os cidadãos.

Para decifrar a sociedade do início do século adota-se como referencial a teoria de Manuel Castells, buscando identificar *quem são* e *o que esperam* os governados do século XXI. Castells consegue perceber uma modificação na estrutura social que, por certo, projeta-se para os campos econômico, cultural, político e jurídico. As instituições se apropriam da tecnologia da informação para ampliar e dar velocidade à comunicação vertical, nos moldes do século XX, enquanto a sociedade do início do século XXI interage com uma linguagem nova, distinta e de modo mais horizontal. As barreiras da linguagem, ainda predominantemente verticalizada das instituições, têm contribuído para ampliar o sentimento de opacidade em relação ao Estado.

A sociedade em rede, como definida por Castells, é impulsionada pelas "tecnologias de liberdade" que promovem a construção de espaços de comunicação autônomos, interligando os atores sociais. Sujeitos de direitos que demandam um "fazer" do Estado, um fazer a ser operacionalizado pelas políticas públicas. Assim, a agenda pública insere-se na ordem do dia e, por conseguinte, toda a dinâmica que se opera em torno do conflito político orçamentário e dos procedimentos de implementação e avaliação para a consecução de políticas adequadas, eficazes e, sobretudo, promotoras do bem-estar sustentável.

---

[3] As obras *A contrademocracia*, *A legitimidade democrática* e *A sociedade dos iguais* compõem a sua trilogia, destinada a abordar as transformações da prática democrática, da legitimidade política e da base territorial do Estado-nação. A recente publicação *Le bon gouvernement* põe em discussão os requisitos de legitimidade do Poder Executivo, propondo novos instrumentos para além de uma democracia autorizativa.

Após contextualizar o cenário teórico político social, debruça-se propriamente no referencial teórico da política pública, com uma dupla cautela. A primeira, a de demonstrar a complexidade inerente ao processo de construção de políticas públicas, que vai muito além da incorporação de definições conceituais, como de regra se faz nos estudos jurídicos. A segunda preocupação é a de utilizar a linguagem e o conceito das ciências sociais, o berço científico das políticas públicas. A escolha do referencial teórico demonstra a necessidade da interação do Direito com outras áreas do conhecimento, cujo diálogo só é de fato possível a partir de uma interseção conceitual teórica.

Elege-se a abordagem cognitiva[4] como marco teórico, buscando superar o enfoque tecnocrático para, a partir da teoria de Pierre Muller,[5] compreender as políticas públicas por meio de ideias, crenças e representações elaboradas pelos atores políticos em sua visão de mundo. A abordagem cognitiva também confere suporte teórico para o estabelecimento de uma capacidade transformadora da realidade. O horizonte político das escolhas orçamentárias não pode deixar de zelar pela análise do processo de definição das políticas públicas, mas deve posicioná-la como instrumental e, portanto, derivada da legitimidade substancial da representatividade democrática. É nesse sentido que Michael Howlett, M. Ramesh e Anthony Perl[6] apresentam uma visão ampla sobre os inúmeros estudos que visam compreender os processos e o conteúdo do *policy-making*. Os autores estruturam sua abordagem através de três elementos centrais, atores envolvidos, instituições e ideias, a partir dos quais buscam decifrar o funcionamento do processo político na busca por resultados (*outcomes*) eficazes.

É com base nesse arcabouço que as questões centrais a serem colocadas indagam sobre o que de fato deve ser perseguido pelas políticas públicas. A relação substantivo/procedimental é apresentada na medida em que se define a que se propõe a representação. Busca-se o aumento de produtividade e eficiência do governo? Ou o bem-servir

---

[4] Ainda que incipiente a utilização da abordagem cognitiva, há um diálogo muito frutífero entre pesquisadores brasileiros e franceses, a partir da iniciativa de centros e instituições tanto da França, quanto do Brasil, em especial a Cooperação Internacional em Pesquisa Agrônoma para Desenvolvimento (CIRAD), em Montpellier e o Programa de Pós-Graduação de Ciências Sociais em Desenvolvimento, Agricultura e Sociedade (CPDA) da Universidade Federal Rural do Rio de Janeiro (UFRJ), para explorar as possibilidades oferecidas pela abordagem cognitiva na elaboração de políticas públicas voltadas para a agricultura e o meio rural. (BONNAL; LEITE, 2011).

[5] MULLER, 2015, E-Book.

[6] A obra de referência utilizada, HOWLETT; RAMESH; PERL, 2013.

ético capaz de proporcionar a todos o desenvolvimento digno de suas potencialidades? Questões que direcionam para uma visão que ultrapassa a ideia procedimental da democracia, mas que não deve estar dissociada da teoria política.

A abordagem cognitiva de tradição francesa, ainda pouco utilizada no Brasil, compreende a política pública como um processo político, no qual sua identidade é revelada a partir de uma perspectiva democrática, que põe em destaque os atores que interagem nesse processo. Atores movidos por sua compreensão de mundo, por seus interesses específicos e, agora, sob uma nova modelagem, a da rede. As pessoas, suas ideias, seus discursos e suas ações, esse é o ponto de convergência do referencial teórico adotado. As ideias que estruturam uma sociedade que se seduz por um discurso do "fazer".

A urgência de uma reflexão crítica propositiva decorre da crise de legitimidade e, portanto, de confiança, intensificada no século XXI pelo sentimento crescente de distanciamento entre as ações dos governantes e os interesses dos governados. O controle do orçamento sobre as escolhas públicas pode contribuir para restabelecer o laço de proximidade entre os cidadãos e seus governantes? É preciso reformular o controle, sob a lente da legitimidade por proximidade, pois o fortalecimento do contrapoder social passa necessariamente pela construção de uma nova relação com o contrapoder institucional. Surge, então, um controle que passa a se preocupar com o bom governo, instituindo, então, um Controle do Bom Governo, que não se restringe mais apenas à responsabilidade financeira, mas adentra no campo da responsabilidade política. Alia-se de igual modo à Teoria do Novo Serviço Público,[7] que busca novos mecanismos de estímulo ao exercício da cidadania, afastando o Estado do conjunto de práticas próprias do mercado.

Deve-se levar em conta a existência de deficiências na racionalidade em que se opera o controle da responsabilidade dos governantes, em virtude da adoção de um modelo não inclusivo, incapaz de conferir suporte teórico a embasar a legitimidade de exercício do poder, de forma contínua e de modo a promover o Estado reconhecido pela sociedade da desconfiança como voltado ao bem-servir ético.

Um novo marco deve reorientar as instituições para a adoção de uma visão ampliada da expressão da vontade geral, sobretudo as instituições encarregadas da avaliação da responsabilidade das contas

---

[7] A teoria do Novo Serviço Público, proposta por Denhardt, aponta para a necessidade de uma reformulação que estimule a cidadania participativa. (DENHARDT, 2017).

de governo e de suas políticas públicas. Sob esse enfoque, o controle das políticas públicas assume papel central, como instrumento de compromisso compartilhado, devendo ser reorientado para estabelecer de modo perene uma democracia de exercício e inclusiva, através da apuração de uma responsabilidade de natureza política dos governantes. O pacto de partilha é a premissa que deve nortear a definição do papel e da racionalidade das instituições. O resgate da legitimidade do regime democrático passa necessariamente por novos elos de uma cidadania diretamente ativa (democracia de exercício) por meio de uma via reversa do fluxo, ou seja, a via hoje emergente que parte da sociedade civil para o Estado. Assim, ganha relevo o papel das instituições que, indutoras dos comportamentos individuais e coletivos, devem estabelecer instrumentos de legitimidade por proximidade.

Uma das maiores inquietudes dos estudiosos talvez seja idealizar mudanças, rupturas, novas configurações, as quais sirvam apenas a seus formuladores sem qualquer possibilidade ou mesmo pretensão real de impulsionar o novo. Mas, definitivamente, o momento é o de repensar as instituições públicas e o seu papel na sociedade contemporânea, identificando como factíveis tais transformações. Uma solução possível capaz de romper o momento de inércia e as amarras próprias das estruturas sociais e de dar acolhida à liberdade de escolha dos atores sociais.

O objetivo deste livro é o de estudar uma nova racionalidade no controle das políticas públicas, qualificada pela legitimidade por proximidade, ressaltando não apenas o potencial papel emancipatório da sociedade em rede e da democracia de exercício no controle de legitimidade das políticas públicas, como também a necessidade de pensar num controle situado além do Estado burocrático weberiano.

Utiliza-se, portanto, a história como um laboratório em atividade para extrair significado das experiências passadas e refletir sobre as exigências de uma sociedade digitalmente interconectada. Uma trajetória que deve ser compreendida para além do mero somatório de exemplos, isto é, identificando os pressupostos para uma reflexão construída a partir da compreensão do legado histórico de modo a superar as falsas transparências e as obscuridades de um caminho já percorrido pelas estruturas sociais.[8]

---

[8] A crítica ao idealismo jurídico é acentuada por Miaille ao apontar que as noções do direito são sempre apresentadas e tratadas fora do contexto social. O jurista incorre no erro de negar a existência e o peso das estruturas. (MIAILLE, 2005, p. 47).

O filósofo italiano Naccio Ordine,[9] em seu manifesto *A utilidade do inútil*, expõe a ideia de utilidade daqueles saberes humanísticos dos quais não se pode esperar o lucro, já que seu valor essencial está completamente desvinculado de qualquer fim utilitarista. Sua definição do útil é "tudo o que nos ajuda a nos tornamos melhores". Assim, o livro é instigado pela *visão* da arte, em que as imagens são percebidas como "atalhos cognitivos que fazem sentido imediatamente",[10] e que, portanto, se põem a dialogar com os signos linguísticos do texto escrito.[11] Uma inutilidade provocadora de um estímulo novo para que o texto possa ir além das próprias palavras. Ideias novas que se misturam com as antigas ideias de uma trajetória histórica construída e a construir. Uma abordagem que tem o propósito específico de tornar visível a perspectiva humanista[12] a que o trabalho de pesquisa se propôs. A útil inutilidade[13] que dilata o olhar para uma compreensão aberta, diversificada e não usual.[14]

As citações na língua de origem de cada autor foram uma opção adotada para permitir a maior fidedignidade ao seu pensamento, sem qualquer pretensão de vaidade. Ao contrário, revelam que o idioma não é mais um obstáculo à comunicação global. Ademais, uma incursão sobre outros campos da ciência teve por escopo conferir suporte teórico

---

[9] ORDINE, 2016. No debate acadêmico entre Vicent Ostrom e Robert Golembiewski, uma das questões levantadas acerca dos teóricos do *public choice* foi justamente a desconsideração de aspectos da humanidade tão importantes quanto à racionalidade. A dependência de um modelo econômico não só limita outras bases de escolha, como considerações emocionais e políticas, mas também supõe que os fins que buscamos estão bem estabelecidos e não sujeitos a mudanças. O foco no modelo econômico com a maximização das utilidades desconsidera outros aspectos do humano. A crítica de Denhardt ao trabalho de Ostrom sugere uma abordagem crítica, tão radical quanto sua inversão ao modelo racional. (DENHARDT, 2017, p. 116-117).

[10] MULLER, 2015, E-Book.

[11] A aproximação do Direito com a literatura pode ser observada em Olivo, para quem a "literatura, por mais que seja ficção e fantasia, não deixará de ser um relato representativo do universo histórico, sobre o qual o escritor retira os elementos para a constituição de seu enredo. E quanto mais verossímil for o seu relato, quanto mais identificar as reais relações de poder que sustentam determinadas sociedades, embora as descreva de modo ilusório, estará o escritor de fato produzindo literatura, aquela que se perpetua no tempo, pois sintonizada com a verdadeira condição humana: o enfrentamento diário com a injustiça". (OLIVO, p. 225).

[12] Rosanvallon, para quem a noção de povo deve se ampliar até chegar à quarta figura de um povo-humanidade. (ROSANVALLON, 2009, p. 217).

[13] ORDINE, 2016, p. 9.

[14] Também foi uma pintura que inspirou Pierre Rosanvallon. O Título de sua obra o bom governo teve inspiração na pintura de Ambrogio Lorenzetti, de 1338, que expressou em sua obra as "virtudes" do bom príncipe, geradoras de paz e prosperidade. (ROSANVALLON, 2015d, p. 306).

sólido às pretensões da ciência jurídica, reconhecendo que o Direito é resultante da sociedade, e não o seu inverso. Busca-se ultrapassar, portanto, as estreitas fronteiras disciplinares para realizar um diálogo produtivo entre o Direito e os outros campos dos saberes.

O livro está dividido em cinco capítulos, sendo o último conclusivo. Em síntese, o *primeiro capítulo* traça um panorama teórico político e social contemporâneo da sociedade da desconfiança, que se comunica de modo interativo em redes digitais e que clama por novos elos de legitimidade democrática. É a visão/compreensão de mundo que vai influenciar os imperativos, as premências e a lógica do agir do Estado e também a percepção dos atores sociais em relação às políticas públicas. Apresenta a dualidade da relação entre governantes e governados. Ao introduzir no centro do debate a figura do governante, adota a teoria do bom governo proposta por Pierre Rosanvallon, direcionando o olhar para os novos pressupostos de legitimidade da representação democrática, que não mais se esgota com o atendimento do requisito estático da eleição, mas exige de igual modo o atendimento de outros requisitos dinâmicos, os quais devem ser conquistados de modo constante e não episódico. O pretenso protagonismo do executivo na definição das políticas públicas atrai para si as desvantagens do insucesso da ação pública, de modo que sua ineficiência contribui para a construção de um sentimento coletivo de abandono democrático. Noutro lado, busca-se compreender a nova estrutura social, sob o olhar teórico precursor de Manuel Castells, que sistematiza a dinâmica da sociedade em rede. Discute-se, então, quem são os governados do século XXI, a partir da identificação da sociedade da desconfiança, movimentada pela tecnologia da informação e por um novo modo de comunicação, instantâneo e sob o espaço do fluxo digital. A remodelagem das variáveis tempo e espaço reintroduz a tensão sobre a representatividade dos conflitos de interesse, que passam a ter voz pela possibilidade de penetrabilidade da comunicação digital, mais horizontal e em rede. O propósito, ao final do capítulo, é identificar os reflexos dessas modificações, na relação entre governantes e governados, como propulsores, ainda que potenciais, de uma transformação político jurídica do Estado.

O *segundo capítulo* busca compreender como se processam propriamente as políticas públicas, quais teorias embasam suas decisões, os seus instrumentos de avaliação e de validação, sendo a sua questão central perquirir como, então, a sociedade da desconfiança interage com seus governantes, no processo das escolhas públicas. Dedica-se ao arcabouço teórico das políticas públicas, à maneira como as escolhas políticas afetam o dia a dia de seus cidadãos e como esse cidadão percebe o agir do Estado, que reverbera na sua percepção de legitimidade do governo. O olhar é do indivíduo para o Estado, ou seja, qual a sua participação nesse processo, na formulação da agenda pública, na tomada de decisões ou mesmo na avaliação. Um elo de natureza substantiva, que põe em discussão o papel de uma cidadania diretamente ativa no processo de políticas públicas e entrelaça o indivíduo com o Estado. Desse modo, o capítulo se propõe a refletir sobre as possibilidades e os limites de sua participação nesse processo como condição necessária para fortalecer a construção do sentimento de pertencimento e o fortalecimento da cidadania. Uma visão que se coaduna com a percepção das políticas públicas a partir da abordagem cognitiva, a qual põe em destaque os atores sociais e a maneira pela qual interagem no processo. Atores movidos por sua compreensão de mundo, por seus interesses específicos e sob uma nova modelagem de interação, a da rede.

O *terceiro capítulo* particulariza o exercício de competências das instituições governamentais, no que se refere ao controle do orçamento das políticas públicas, verificando como é hoje e quais as suas disfuncionalidades. Busca compreender a lógica das instituições públicas de controle e o papel do contrapoder no processo de controle das políticas públicas, sobretudo a partir do controle do orçamento estabelecido no sistema brasileiro. A teoria do bom governo deve ser apreendida como uma teoria geral, que se aplica a todos os poderes, de modo que as instituições de exercício do contrapoder também devem se submeter aos novos requisitos de legitimidade. Na verdade, o imperativo de submissão é ainda maior, pois representa a sujeição direta aos olhos da democracia. Assim, há que se atender aos princípios da legibilidade, responsividade e responsabilidade e, ainda, aos princípios próprios do controle para o resgate de um exercício de confiança. O primeiro passo consiste em identificar os atores institucionais que desempenham a função contramajoritária no que se refere ao controle do orçamento e de que maneira isso vem ocorrendo. A partir de tal controle é possível tornar visível a ação pública, ou seja, o papel que o Estado tem assumido frente aos desafios impostos pelos antagonismos sociais. A avaliação das políticas públicas é percebida como um mecanismo de retroalimentação na medida em que é a partir de seus resultados que novos problemas são incluídos na agenda pública. Um sistema que conduz ao aperfeiçoamento, mas que também apresenta suas limitações. A própria consciência de tais limites torna-se imprescindível para a melhoria do sistema.

O *quarto capítulo* sinaliza as mudanças necessárias e possíveis para a inserção da avaliação das políticas públicas no controle político orçamentário, através da ampliação da noção de responsabilidade política. Dedica-se aos desafios do estado democrático reinventado, propondo a construção de um pacto de partilha entre o contrapoder social e o contrapoder institucional, sob a forma do *sharing control*, para dar vitalidade à legitimidade democrática contínua e inclusiva. O pacto de partilha se contrapõe ao pacto de submissão, apontando para a necessidade de reinvenção do controle das políticas públicas; para um controle ampliado pela perspectiva da legitimidade por proximidade; para o possível avanço de uma perspectiva dinâmica e em rede de interação do Estado com os atores sociais e com os objetivos da Constituição. Por fim, propõe um controle ampliado para exigir dos governantes não somente a clássica responsabilidade financeira, mas uma nova dimensão, a da Responsabilidade de Governo, um controle democrático de exercício, a ser compartilhado com a sociedade.

O *capítulo final* reúne as conclusões dos principais argumentos de cada capítulo e as respostas apresentadas aos questionamentos que nortearam a obra.

CAPÍTULO 1

A ERA DA DESCONFIANÇA: O EXERCÍCIO AINDA DEBILITADO DA LEGITIMIDADE DEMOCRÁTICA

Uma história multifacetada. Diversas teorias se debruçam na tentativa de estabelecer os contornos conceituais e um protótipo ideal de democracia. Entretanto, na medida em que o Estado Democrático de Direito se consolida, a permanência de conflitos sociais revela que este é um conceito que está sempre a se construir, passível de constantes questionamentos e de transformações. Representados que não se sentem representados e um povo soberano que não se sente soberano, esses são os sentimentos que emergem da sociedade e inspiram os teóricos do início do século XXI.

Desconfiança política, déficit democrático, falta de representatividade, um discurso de crise cada vez mais denso nos debates teóricos que reverbera no cotidiano dos atores sociais. Na visão dos cidadãos, a falta de democracia revela-se na adoção de decisões pelo governo sem ouvir de fato e considerar os reais interesses da sociedade, na falta de responsabilização dos dirigentes, na permanência de um mundo político fechado em si mesmo e que não presta contas suficientemente de suas ações, e ainda na opacidade do funcionamento administrativo.[15]

A questão central foi, então, posta nas ruas e praças pelos movimentos sociais: uma resposta às ações governamentais dissociadas do interesse da maioria e incapazes de frear a crescente desigualdade social e crise econômica. No caso brasileiro, tais condições se tornaram indignas, em especial pelo vasto sistema de corrupção e pela má

---

[15] ROSANVALLON, 2015d, p. 10. A problemática é posta por Rosanvallon, que desenha a democracia de apropriação como base teórica para uma teoria democrática de governo.

performance das políticas públicas nas áreas de mobilidade urbana, saúde, segurança e educação. A problemática encontra suas raízes também nas políticas públicas, já que as respostas oferecidas pelo poder público às demandas sociais ainda padecem de incompletude, incoerência e obscuridade. Um diálogo entre políticas públicas e teoria política, ainda não devidamente sistematizado no campo teórico, torna-se central para desvelar o sentido e a racionalidade das ações governamentais.

Assim, pretende-se expor neste capítulo duas teorias centrais para a compreensão do que consistem o *bom governo,* como proposto por Pierre Rosanvallon, e a *sociedade em rede,* percebida por Manuel Castells. Revisitar a relação governo e sociedade, a partir de olhares distintos, para compreender os novos elos de legitimidade na relação entre governantes e governados, cujo vínculo não se esgota no momento da escolha, mas impõe ao escolhido, além do exercício democrático de seu governo (através da legibilidade, responsabilidade e responsividade), uma capacidade renovada de dialogar e de atender às demandas da nova estrutura social do século XXI, que é a sociedade em rede. Demandas que se traduzem em políticas públicas, ou seja, em escolhas governamentais.

O mito da passividade cidadã foi posto em debate diante da reconfiguração dos movimentos sociais, impulsionada pelo uso da tecnologia da informação e das redes sociais. Uma nova estética no modo e na forma do agir coletivo, que se conecta pela indignação ético-política, especialmente em relação às prioridades selecionadas pelas administrações públicas e aos efeitos das políticas sociais e econômicas adotadas. A descrença sobre a possibilidade de articulação cedeu lugar a expectativas de que a toda hora e em qualquer lugar os movimentos sociais possam restabelecer "a ordem".[16] Mas, será que de fato a aparente onipresença de uma sociedade digital reserva um novo assento no poder, a ser ocupado pela cidadania diretamente ativa? Ou será mera ilusão considerar que é possível a construção de um interesse comum coletivo, no qual haja, em certa medida, uma repartição de poder?

---

[16] Ao comentar sobre os efeitos dos movimentos no comportamento dos intelectuais e formadores de opinião, Gohn percebe que "passaram a citar as movimentações de junho como "o clamor ou a voz das ruas", uma força sociopolítica semioculta, que se despertou e poderá voltar à ação a qualquer momento". (GOHN, 2014, p. 11).

Por certo que as mudanças paradigmáticas surgem do caos, das crises, como aponta Kuhn,[17] que, ao operar o conceito de crise científica, reconhece esse período como prelúdio apropriado ao surgimento de novas teorias, as quais rompem com a prática anterior e induzem a novas práticas, que se completam com regras diferentes e de acordo com um marco referencial distinto.

O sentimento coletivo de desamparo aponta para a existência de uma incompletude democrática, que exige respostas renovadas à problematização oriunda do crescente afastamento entre Estado e sociedade no seu elo essencial de legitimidade e de confiança. Coube ao sistema eleitoral a tarefa de tentar reunir esses dois elementos de naturezas distintas. O primeiro elemento, a legitimidade produzida pelas urnas, que se estabelece pelo vínculo procedimental e estritamente jurídico, e o outro, a confiança, que deveria conferir vitalidade democrática, mas que não tem obtido êxito no desempenho de sua função.[18]

É nesse cenário que se inicia o século XXI, com uma profunda crise de legitimidade democrática, que põe em debate o papel do Estado-nação diante de uma sociedade da desconfiança, incitada por promessas não cumpridas de seus governantes, por instituições não transparentes e pela ausência de participação na definição de políticas públicas.[19] Um discurso de desconfiança que está presente em diversos países, ainda que com as especificidades decorrentes de cada trajetória histórico-política. O desafio de impelir uma sociedade da confiança pode ser superado na medida em que se estabelece uma racionalidade governamental direcionada para o compromisso com o outro[20] e para uma vida digna, com bem-estar sustentável para todos. Tal desiderato impõe a necessidade de remodelagem das instituições, cujos valores devem se distanciar de um modelo de mercado direcionado à concorrência, para redesenhar sua própria racionalidade, a de instituições verdadeiramente democráticas.[21]

---

[17] KUHN, 1970, p. 139-140.

[18] ROSANVALLON, 2009, p. 22-23.

[19] O debate em relação à legitimidade dos representantes não se apresenta apenas no sentido formal, mas também em termos substantivos, em relação aos interesses e às identidades que são compartilhadas pelos cidadãos. Tônica presente nos estudos de O' DONNELL, um dos primeiros a questionar o modelo de regime democrático, apontando para o conceito de democracia delegativa. (O'DONNELL, 1991, n. 31, p. 25-40).

[20] Sobre o tema da solidariedade, vide STEINER, Disponível em: <https://disciplinas.stoa. usp.br/pluginfile.php/1094851/mod_resource/content/2/Steiner%20%40%20Massella. pdf>. Acesso em: 07 jan. 2017.

[21] A consolidação de um regime democrático representativo compreende a existência de instituições que atendam a tal propósito. Como posto por O'Donnell, após desenhar as

Desse modo, este capítulo põe em questão o modelo estático de legitimidade, apontando para uma perspectiva teórica da democracia de exercício e em rede, alicerce para a construção de uma nova racionalidade na relação entre governantes e governados. Devem ser reorientados o papel das instituições, como indutoras de um comportamento individual e coletivo, e, também, a forma de agir dos cidadãos, inserindo-os no processo decisório, por meio do exercício de uma democracia com legitimidade social ativa.

1.1 Compreendendo a desconfiança

A deficiência de legitimidade que emerge do não atendimento ao pacto eleitoral desperta na sociedade um sentimento de abandono e ruptura em relação à confiança instaurada no momento da escolha majoritária.[22] Uma incompletude democrática que aponta para a necessidade de ampliar a noção atual de legitimidade, estabelecida predominantemente pelo vínculo procedimental e jurídico simbolizado pelas urnas.[23] [24]

---

características das instituições democráticas, o "funcionamento das complexas sociedades contemporâneas, as instituições políticas democráticas são um nível decisivo de mediação e agregação entre, de um lado, fatores estruturais e, de outro, não só pessoas, mas também os diversos agrupamentos nos quais a sociedade organiza seus múltiplos interesses e identidades". (O'DONNELL, 1991, n. 31, p. 29).

[22] ROSANVALLON, 2015d, p. 15-16.

[23] De acordo com os dados divulgados pelo TSE, nas eleições de 2016, o índice de abstenção do 1º turno chegou a 17,58% e no 2º turno esse percentual chegou a 21,55%. O município do Rio de Janeiro apresentou o maior índice de abstenções nos dois turnos, 24, 28 e 26,85%, respectivamente. Os votos brancos e nulos nas eleições municipais de 2016, considerados os dois turnos, atingiram o percentual de 13,18%. Não se trata de um fenômeno tipicamente brasileiro, pois de acordo com a última eleição para o Parlamento Europeu, nesta também houve um percentual baixo de participação. A Eslováquia registrou a taxa de participação mais baixa da União Europeia, com apenas 13% dos eleitores para escolher os 13 lugares no Parlamento Europeu. Nos países em que o voto é obrigatório, Bélgica e Luxemburgo, o percentual chegou a patamares de 90%. No conjunto dos 28 países que compõe a União Europeia, a taxa de participação foi de 43,11%, ligeiramente acima dos 43% das últimas eleições, rompendo com a trajetória de queda desde as primeiras eleições diretas, em 1979. Sobre o tema, cabe destacar a pesquisa qualitativa que procurou avaliar as causas dos votos inválidos nas eleições, concluindo que o voto inválido não é apenas proposital, mas também que é um voto de protesto, de descontentamento com o sistema político e possivelmente com a própria instituição da obrigatoriedade, com as devidas ressalvas apresentadas nas conclusões da pesquisa. Disponível em: <http://nupps.usp.br/downloads/relatorio2013/Anexo_04_ARBACHE,%20Guilherme;%20 FREIRE,%20Danilo.%20_Votos%20Inv%C3%A1lidos%20e%20Confian%C3%A7a%20 Pol%C3%ADtica%20no%20Brasil_.pdf>. Acesso em: 27 dez. 2016.

[24] Guilhermo O'Donnell já alertava, sob uma perspectiva crítica, para o descumprimento das promessas de campanha dos candidatos a cargos representativos, que disputam eleições

A desconfiança política é conceituada por Schyns e Koop como "uma atitude de um indivíduo que seriamente questiona ou duvida da competência e moralidade dos políticos e das instituições políticas".[25] Por sua vez, Warren[26] associa, ainda, a desconfiança nas instituições à percepção do indivíduo de que essas não recorrem consistentemente às normas, valores e regras que deveriam pautar suas ações. Certo é que a confiança deve assumir papel central numa relação entre governantes e governados, como observa Rosanvallon,[27] e seu contato com a legitimidade vai além da dimensão procedimental posta pelo voto.

A confiança foi traduzida pelo economista Arrow como uma "instituição invisível",[28] que, exercida em sua amplitude, torna possível a aproximação com a arte de governar. A primeira dimensão-função do atributo confiança, apontada por ele, estaria relacionada propriamente à ampliação da qualidade da legitimidade, agregando ao seu caráter estritamente procedimental um aspecto moral, ou seja, a integridade em sentido amplo, e um segundo substancial, a preocupação com o bem comum. Assim sendo, a legitimidade como qualidade jurídica e procedimental estaria adjetivamente qualificada por essas duas novas dimensões, uma de natureza moral e outra de natureza substancial, adquirindo, portanto, consistência democrática. Uma segunda

---

limpas. Em suas palavras: "Devemos lembrar que ele foi eleito prometendo que salvaria o país sem altos custos para ninguém, e que tão logo foi eleito apostou seu governo no sucesso de políticas que acarretam quase o oposto daquelas promessas". A insatisfação política diretamente relacionada com a crescente erosão da confiança dos cidadãos em relação aos políticos e instituições. Uma quebra no sentimento de confiança representativa, aliado à ineficiência das instituições estatais de *accountability*, é descrito pelo autor como um "novo animal": a "democracia delegativa". (O'DONNELL, 1991, n. 31, p. 37-38). Contudo, a teoria da democracia delegativa suscitou muitas críticas, entre as quais, as que apontam os limites da noção de *accountability* vertical e horizontal. Posteriormente, o autor, ao publicar um artigo, no qual revisa os contornos teóricos da sua concepção de democracia delegativa, aponta também para a noção de *accountability* social, fazendo referência a E. Peruzzotti e C. Smulovitz. (O'DONNELL, G. *Revisando la democracia delegativa*. Disponível em: <http://www.difusioncultural.uam.mx/casadeltiempo/31_iv_may_2010/casa_del_tiempo_eIV_num31_02_08.pdf>. Acesso em: 08 abr. 2017).

[25] SCHYNS, P.; KOOP, C., mar. 2010, v. 6, n. 1, p. 150.

[26] Warren realça a questão da desconfiança nas instituições governamentais, cuja percepção individual pode estar associada ao não cumprimento de normas, valores e regras no que se refere às suas ações. (WARREN, 1999).

[27] ROSANVALLON, 2015b, p. 23.

[28] Rosanvallon utiliza a expressão usada pelo economista Kenneth J. Arrow. (ARROW, 1974, p. 26). É importante destacar que o conceito de confiança, ainda que posto por Arrow na década de 70, não foi adotado pelos modelos posteriores convencionais da ação coletiva, como a *public choice*. O resgate da importância do elemento da confiança e de suas repercussões, como apontado pelo economista, é a proposta de Rosanvallon, adotando-o como elemento central para a construção de sua teoria do bom governo.

dimensão-função a ser desempenhada pela confiança decorre do seu papel temporal, pois permite pressupor o caráter de *continuidade no tempo* dessa legitimidade ampliada. E, por fim, uma terceira dimensão-função estaria relacionada à função de validação, funcionando como um economizador institucional, através de todo um conjunto de mecanismos de verificação e prova.[29]

Um modelo teórico de confiança, a qual sucumbe ao não atendimento de modo satisfatório aos interesses dos representados, tornando-se essa a questão central da sociedade na história da democracia.[30] A solução tem conduzido tanto ao reforço da legitimidade procedimental (cita-se como exemplo alguns mecanismos de democracia direta, como consultas pelas urnas, orçamento participativo, leis de iniciativa popular, referendo, enfim, outros meios para melhorar a democracia eleitoral) como também ao desenvolvimento de novas práticas de contrapoderes sociais informais e institucionais, destinadas a combater a "erosão da confiança", mediante uma "organização da desconfiança".[31]

A história da democracia busca, então, compor essa dualidade entre as instituições eleitorais representativas, que recebem a confiança de seus eleitores, e a construção, em paralelo, de um "universo da desconfiança". Um universo que se movimenta na tentativa de inibir as fragilidades de uma representação aberta e indefinida. Essa percepção leva Rosanvallon[32] a propor um estudo teórico sistemático das manifestações da desconfiança em um marco global que recoloca

---

[29] ROSANVALLON, 2015b, p. 23. Insta observar que em sua obra posterior, o autor aponta para uma democracia da confiança, na qual os requisitos de falar a verdade e a integridade devem ser atendidos pela pessoa dos governantes. Ainda que sempre presente o tema da confiança, por sua centralidade no âmbito da teoria política, o autor confere um novo enfoque ao trazê-lo como requisito de legitimidade. Uma proposta inovadora e com suporte teórico em estudos recentes como aponta Poteete, Ostrom e Janssen: "no centro de uma explicação teórica em evolução da ação coletiva bem-sucedida ou malsucedida está a ligação interna entre a confiança dos participantes em um ambiente de uso comum – ou uma ação coletiva mais geral – e a probabilidade maior de que todos os participantes farão uso das normas de reciprocidade. (POTEETE; JANSSEN; OSTROM, 2011, p. 293-294).

[30] A questão da legitimidade é posta por Merquior, sendo identificada como uma teoria da legitimidade-poder (pela necessidade de identificar as delegações de autoridade), a partir das ideias de Jean-Jacques Rousseau, e como uma teoria da legitimidade crença, sob o arcabouço da teoria de Max Weber. No que se refere especificamente à legitimidade-poder, tem-se que "o conceito de legitimidade como convicção dos governados também põe em evidência um aspecto vivencial básico: a participação do componente de confiança no processo de legitimação. Do ponto de vista operacional, aliás, a legitimidade pode ser definida como o resultado da confiança que os governados depositam nos governantes". (MERQUIOR, 1990, p. 2-4).

[31] ROSANVALLON, 2015b, p. 24.

[32] ROSANVALLON, 2015b, p. 24.

de maneira articulada e coerente suas características. Um estudo da contrademocracia, em assim sendo, do exercício da desconfiança, percebida, ao longo da história do governo representativo, como central para a democracia.

A desconfiança percorreu dois caminhos, o liberal e o democrático. Os limites ao poder, ou melhor, os limites da confiança foram postos por Montesquieu. Uma visão pessimista da democracia liberal[33] tinha o objetivo de prevenir a acumulação de poderes, de proteger o indivíduo dos abusos da autoridade pública, mais do que de enaltecer o cidadão. A desconfiança era, então, compreendida como um "poder de prevenção" face à desconfiança do poder popular, ao medo dos seus descaminhos, ou quiçá à cautela diante do sufrágio universal.[34]

A abordagem democrática da desconfiança, ao contrário da visão pessimista, visa a cuidar para que o poder eleito continue fiel às suas propostas, encontrando os meios para manter a exigência inicial de um serviço para o bem comum. A desconfiança democrática se organiza por múltiplas formas, manifestando-se pelo conjunto de práticas de controle, de impedimento e de julgamento.[35] Assim, paralelamente se introduz um outro conjunto de iniciativas cidadãs de um tipo inédito, revelando que as eleições não constituem a única forma de expressão democrática. O objetivo das novas formas de organização cidadã não é tomar o poder, mas vigiá-lo e controlá-lo.[36] É por meio dessas práticas que a sociedade busca garantir que seus interesses sejam, em alguma medida, atendidos, já que as promessas que seduziram seus votos não estão cumprindo tal expectativa.

O exercício da desconfiança democrática é um mecanismo para auxiliar a trajetória que se inicia pelas urnas e que deve se manter

---

[33] Almeida também põe em destaque a proposta de Rosanvallon. "Ao invés de ressaltar a relação entre desconfiança e desinteresse cívico e rejeição ao sistema político, o que autor propõe é um elemento essencial ao sistema político". (ALMEIDA, 2015, p. 37).

[34] Rosanvallon utiliza a expressão de Bertrand de Jouvenel na The Mens of Contestation. (ROSANVALLON, 2015b, p. 26).

[35] No original: *"les pouvoir de surveillance, les formes d'empêchement, la mise à l'épreuve d'un jugement"*. Para Rosanvallon, "à l'ombre de la démocraie électorale-représentative, ces trois contre-pouvoirs dessinent les contours de ce que je propose d'appeler une contre-democratie". Na tradução para o espanhol optou-se por aproximar de uma concepção mais ampla de controle, na qual a vigilância acaba sendo uma das modalidades. (ROSANVALLON, 2006, p. 15-16).

[36] ROSANVALLON, 2015d, p. 28. O autor formula o conceito de democracia da confiança atrelado à qualidade dos atores do mundo político, para quem a integridade e o falar veraz tornam-se elementos chaves para o elo de confiança com os cidadãos. (ROSANVALLON, 2015d, p. 305-306).

durante todo o percurso a serviço do bem comum. É preciso ter em conta que a ideia de contrademocracia não pressupõe uma contrariedade à democracia, mas sim, uma forma de "democracia dos poderes indiretos disseminados no corpo social, a democracia da desconfiança organizada frente à democracia da legitimidade eleitoral".[37] Constitui-se, na verdade, numa maneira política de proteção dos interesses sociais. Portanto, o advento de uma sociedade da desconfiança marca as transformações da democracia contemporânea, em que o poder de controle assume especial relevo como instrumento de emancipação de uma cidadania diretamente ativa no controle da disputa orçamentária das políticas públicas.

O controle, sobretudo no que se refere às políticas públicas, constitui um mecanismo valioso para decodificar e dar transparência ao significado político conferido aos problemas sociais, de modo a manter a ação governamental legitimamente próxima na noção coletiva, compartilhada, do interesse público. Nesse cenário, a compreensão da gênese da relação entre os poderes do Estado torna-se pressuposto necessário para estabelecer como as sociedades modernas têm sido moldadas pelas escolhas ou não escolhas políticas.[38] Uma revisão histórica crítica, que se pretende fazer ao longo deste capítulo, é condição para iluminar as transformações em curso e compreender o papel das instituições nesse processo.

1.1.1 O legado histórico de uma simbiose entre legislativo e executivo

No século XVIII, a sacralização das leis[39] instaurava um projeto renovado de administração dos homens e das coisas, em que a generalidade seria indissociável da concepção de justiça pela uniformização. Uma verdadeira justiça, apta a impedir a arbitrariedade em razão do seu caráter impessoal e estruturada em dois princípios, o do império da lei e o do advento de um povo legislador. O império da lei porque este se entendia como vetor de um poder que em sua essência não era

---

[37] ROSANVALLON, 2015b, p. 27.

[38] A compreensão de políticas públicas como escolhas políticas deve estar atenta também às suas não escolhas. Nesse sentido, Muller põe em evidência o próprio silêncio quando se trata de explicar as transformações das sociedades do século XX e sua relação com os modelos de ação do Estado. (MULLER, 2015).

[39] ROSANVALLON, 2015d, p. 37.

dominador e vestia o manto da generalidade e da impessoalidade. E a figura do povo legislador, que insere a sociedade como elemento nuclear de todos os outros poderes e, portanto, a fonte primária do próprio exercício do poder, rompendo, assim, com o paradigma do absolutismo. De *fountain of power*, na acepção norte-americana, à concepção de soberano na França, o povo assume uma posição central no poder de decisão, materializada na lei como expressão da vontade geral.[40]

Poucas leis, simples, gerais e com caráter de permanência, davam corpo a uma concepção liberal, a qual sustentou o discurso de Beccaria a Bentham[41] e adjetivou o ideal de democracia da época. Distancia-se da particularidade que assombrava o despotismo e elege a generalidade como garantia da igualdade. A generalidade como origem, pela produção parlamentarista; a generalidade como forma, pelo caráter impessoal das normas; e a generalidade como modo de administração, pelo Estado.[42] A Declaração dos Direitos do Homem e do Cidadão,[43] de 1789, em seu art. 6º, é precisa nesse sentido, posto que nela a lei é tida como a expressão da vontade geral, assegurando a todos os cidadãos o direito a colaborar com sua formação, seja pessoalmente, seja através de seus representantes. A consagração da lei estava ligada ao projeto de um poder objetivo, fundador de uma política enraizada na generalidade da produção normativa. Assim, bastariam boas leis para reger a sociedade, de modo que o poder encontrava-se centrado no legislativo, reservando ao executivo um limitado papel na esfera da ação pública.[44]

---

[40] ROSANVALLON, 2015d, p. 17.

[41] A obra de Beccaria postulava, na época do iluminismo, a importância da lei para impedir os abusos que vão de encontro ao postulado de repartição igualitária das vantagens da sociedade. Em sua lição "entre os homens reunidos, nota-se a tendência contínua de acumular no menor número os privilégios, o poder e a felicidade, para só deixar à maioria miséria e fraqueza. Só com boas leis podem impedir-se tais abusos". (BECCARIA, 1764, eBook. Assim como Jeremy Bentham, precursor do utilitarismo, para quem a codificação constitui requisito da segurança jurídica. Sua obra *Tacticas Parlamentarias* representa um marco teórico metodológico acerca da atividade legislativa, a cujas leis devem ser reservadas a primazia dentre as fontes do Direito. (BENTHAM, 2002).

[42] ROSANVALLON, 2015d, p. 40-42. Não se pode deixar de considerar a reflexão crítica sobre a percepção da generalidade, como aponta Paim. PAIM, Antônio. *Inconsistência da crítica de Pierre Rosanvallon à democracia participativa*. Disponível em: <http://www.ecsbdefesa.com.br/defesa/fts/ICPR.pdf>. Acesso em: 17 jan. 2017.

[43] Dos dezessete artigos da Declaração dos Direitos do Homem e do Cidadão, sete fazem referência às funções da lei, atribuindo-lhe caráter central.

[44] Há também a redução da esfera do poder judicial. A soberania da lei é traduzida por Rosanvallon como a ambição do legislador de absorver todas as funções políticas e em especial a judicial e a executiva. Essas questões embasaram as discussões francesas em 1790 em torno da reforma judicial. As atividades do Tribunal Supremo eram limitadas, como se observa, por exemplo, no recurso de cassação, o qual só era cabível no caso de contravenção expressa ao texto da lei. ROSANVALLON, 2015d, p. 42.

O debate sobre a instituição da democracia nos séculos XVIII e XIX trouxe à tona a natureza do vínculo representativo e as condições de organização do poder legislativo. A busca pela igualdade no exercício democrático, a melhora do caráter representativo dos eleitos em relação à representação dos grupos sociais e a possibilidade do povo exercer diretamente sua soberania foram questões colocadas à época da Revolução Francesa.[45]

A dualidade entre o executivo e o legislativo sempre esteve no centro do debate político e, de forma implícita, a disputa para deter a maior parcela de poder, cuja fonte reserva-se à soberania popular. Assim, um dos autores de grande influência na virada do século XIX, Gustave Le Bon, em sua obra *Psicologia das massas*, publicada em 1895,[46] conquistou a atenção do público na Europa, propondo o fortalecimento do poder executivo. Segundo Le Bon, havia um fenômeno coletivo que dava origem a um novo corpo dotado de propriedades distintas daquelas oriundas dos indivíduos que serviram para constituí-lo. Estava ele se referindo ao comportamento coletivo ou, como observava, à irracionalidade do comportamento das massas.[47] Para Le Bon, tal comportamento poderia facilitar a manipulação, sobretudo, por condutores hábeis. A devida apropriação dessa força irracional poderia ocorrer indiretamente, vigiando os condutores desse corpo irracional, ou diretamente, sob um novo estilo de governo. A Era das Massas[48] inaugura, assim, um novo ciclo no qual a centralidade do poder executivo se coloca como necessária para impedir a conquista da irracionalidade do povo.

Exige-se do político as qualidades da liderança e da vontade persuasiva, cuja voz seja capaz de direcionar a força do povo. A conjugação da psicologia e a economia da vontade era a chave para a

---

[45] Sieyès foi um dos pensadores da Revolução Francesa a propor uma revisão no conceito de representação que invertia a importância dos segmentos na composição do governo, conferindo legitimidade representativa aos atores do Terceiro Estado. Contudo, o Terceiro Estado por ele defendido não incluía todo o povo, já que fazia uma distinção entre a cidadania ativa e a passiva. O modelo republicano que propunha, inspirado em Rousseau, defendia que a representação tem por objeto a nação como totalidade. (ALMEIDA, 2015, p. 59).

[46] BON, Gustave Le. *Psicologia das massas*. 1895, *apud* ROSANVALLON, 2015d, p. 71.

[47] A massa era equiparada por ele aos seres primitivos dotados, portanto, de espontaneidade, de violência e também de entusiasmos e de heroísmos próprios das almas mais rudimentares.

[48] ROSANVALLON, 2015d, p. 70-75.

política moderna.[49] Em suas análises, Le Bon conclui que a idade de ouro do parlamentarismo havia acabado, já que as assembleias eram incapazes de oferecer esse tipo de vontade, visível e unificada, que se exigia à época. As democracias, então, deveriam se organizar em torno de um executivo forte, apoiado numa maioria parlamentarista durável. Assim, uma nova forma de governança democrática se apresentava como uma opção, segundo Le Bon, contra o fascismo e o comunismo prestes a se imporem.

As expectativas depositadas no sufrágio universal, no final do século XIX, ainda que este tenha sido adotado em momentos distintos nos países europeus e nos EUA, vieram acompanhadas de uma onda de decepções para a cidadania: corrupção, constatação da permanência de uma má representação, confisco da vida cívica pelas instituições políticas. A ideia de um executivo forte não alcançou o êxito pretendido, mantendo-se firme a concepção parlamentarista que vigorava a época.[50] Todavia, com a iminência da Primeira Guerra ressurge o debate sobre a necessidade de um poder centralizado, sobretudo para a condução das operações militares. Esse era o cenário do início do século XX, em que o debate sobre a defesa de um executivo capaz de concentrar os meios de ação foi reaceso. Dentre os defensores, De Gaulle foi uma das vozes que sustentava que com a guerra não seria possível manter uma estrutura ministerial fragmentada e submetida ao Parlamento. Outros, como Léon Blum, que utilizava a metáfora da indústria[51] para trazer a discussão para a realidade do povo, indagando se o Estado deveria ter chefes ou um único chefe, concluía que nos Estados democráticos a soberania[52]

---

[49] Gustave Le Bon teve ampla influência não só na Europa, mas também norte-americana com Theodore Roosevelt. Le Bon chega a descrever seu encontro com o Presidente Roosevelt, quem lhe confessa: "Há um pequeno livro que jamais larguei em todas as minhas viagens e que ficava sempre sobre a minha mesa durante a minha presidência. Esse livro é o vosso volume: *Lois Psychologiques de l'Evolution des Peoples*". (BON, 2013, p. 133).

[50] ROSANVALLON, 2015d, p. 75.

[51] Cabe observar o pensamento de Frederick Taylor em sua primeira obra, de 1903, *Administração de Oficinas*, e, depois, com a publicação da obra *Princípios da Administração Científica*, em 1911, propondo os critérios de eficiência e eficácia operacional na administração industrial, a partir da utilização de métodos científicos na administração de empresas. Na França, suas ideias foram traduzidas e incorporadas por Henri Fayol. As atividades parlamentaristas foram associadas por diversas vezes ao esforço ineficaz, pela ausência propriamente de um comando central. Nesse sentido, a obra de Léon Blum, *Problemas de eficácia em uma democracia*, traduzia esse pensamento.

[52] Em 1576, Jean Bodin apresentou, em suas obras sobre a República, uma resposta constitucional à fragilidade dos poderes, em sua teoria do Estado como potência soberana, estruturada pela separação entre governantes e governados e numa ordem pública para o controle dessa distância e da concentração dos poderes. (ROSANVALLON, 2015d, p. 174).

pertence, na teoria, ao povo e à assembleia que o representa, mas, na prática, por imposição da própria necessidade, delega-se a um único homem.[53] Assim, sob o discurso de um retorno natural[54] ao modelo da centralidade do poder, associado a uma pretensa necessidade de se manter o poder executivo como função de direção política essencial a todo regime político, surge uma nova arquitetura do poder, na qual o Parlamento perde parte de sua supremacia.

Durante o período de guerra, a retórica do poder de "mando" coincidiu com a do governo. Os imperativos de uma sociedade e de uma economia mais complexa, submetida a turbulentas crises nas décadas de 1920 e 1930, direcionavam igualmente para a necessidade de um poder executivo mais forte.[55] O arcabouço de uma teoria democrática do governo, proposta por Rosanvallon, parte da compreensão do papel assumido pelo poder executivo nos regimes democráticos contemporâneos, ciente de que o movimento de presidencialização representou, nas últimas três décadas, uma grande ruptura na natureza e na forma das democracias, cujas consequências ainda não foram compreendidas em sua plenitude.[56]

É nesse sentido que sob uma forma singela e simples, a da eleição, transfere-se ao governante a centralidade na organização da vida política do povo. Nas novas democracias, o reconhecimento da soberania popular simboliza uma saída para os regimes déspotas. Uma soberania que ao se apropriar do sufrágio universal teria atendido aos seus anseios de legitimidade. Contudo, mesmo nas democracias mais antigas, em que o voto universal se faz presente há mais tempo, também tem ocorrido uma alteração dos limites do poder transferido ao executivo.[57]

Há que se considerar, com certa ressalva,[58] a compreensão de Rosanvallon de um poder no singular, direta e continuamente ativo,

---

[53] ROSANVALLON, 2015d, p. 77.

[54] Blum enxergava como um retorno natural, já que os meios para exercer essa dominação não haviam se modificado desde Luís XIV.

[55] ROSANVALLON, 2015d, p. 80-81.

[56] ROSANVALLON, 2015d, p. 11. No original: "*Partons de ce fait pour explorer notre probléme*: le mouvement de présidentialisation a marqué depuis une trentaine d'annés une rupture majeure dans la nature et la forme des démocraties".

[57] As decisões tomadas na luta antiterrorista revelam a falta de limites do poder executivo. Sobre o Estado de Exceção, cf. AGAMBEN, 2004.

[58] Ainda que se coloque a centralidade na figura do governante, há que se ter em conta que os problemas de legitimidade democrática pressupõem uma reconfiguração do "poder de mando", e não propriamente um retorno à centralidade do executivo.

definido pelas decisões que toma diariamente e capaz de renovar a esperança dos cidadãos numa gestão pública positiva em relação às condições de suas atividades e da sua vida pessoal.[59] A centralidade e o crescimento do executivo têm ampliado, por outro lado, as expectativas que antes se limitavam ao aspecto formal da eleição popular. Um executivo com uma nova identidade: personalizado e polarizado. Daí a necessidade da construção propriamente de uma função "governativa", com a qual os órgãos do governo constituem o agir pulsante da nova forma presidencial de democracia.[60]

A ruptura com o absolutismo estruturalmente arbitrário, ocorrida no século XVIII, reafirma, portanto, o poder central do vínculo representativo. Os anseios de um primeiro progresso democrático sinalizam a busca pela ampliação na participação das eleições, pela melhora do desempenho dos eleitos com a representação dos grupos sociais e pela participação do povo na legislação, com a possibilidade do direito de veto como válvula de segurança. Dois séculos depois, acentua Rosanvallon, as expectativas de um progresso democrático permanecem centradas praticamente nos mesmos objetivos, com pequenas alterações. A representatividade das classes cedeu lugar à representatividade das minorias. A busca por um processo mais idôneo para melhorar a qualidade representativa das instituições[61] e a noção de democracia participativa repetem o mesmo discurso do progresso democrático. Merece atenção a ampliação do campo na ação pública no período pós-guerra, que projeta o problema para além da definição das regras, visando à obtenção de resultados concretos. O importante agora, no dizer de Rosanvallon, é tomar medidas, adotar estratégias. O segundo capítulo deste livro irá abordar com maior profundidade o arcabouço teórico das políticas públicas.

Por ora, é preciso estabelecer como pressuposto para o livro uma mudança significativa no conteúdo das leis, que passaram a se converter em regulamentos ou diretivas com objetos cada vez mais específicos, cada vez mais particulares. As leis se transformaram numa forma de

---

[59] ROSANVALLON, 2015d, p. 15.

[60] ROSANVALLON, *loc. cit.*

[61] Rosanvallon ainda aponta a proposta de sorteio como um dos poucos, quiçá o único, projeto inovador, sem, contudo, ser concebida como solução para o exercício do poder executivo, que pressupõe a distinção pelo povo, de um representante para o desempenho da função "governativa". No entanto, não se pode desconsiderar que o sorteio já era uma prática da democracia grega para a ocupação de cargos públicos. (MIGUEL, 2000, v. 50, p. 69-96).

governo, constituindo um marco estrutural, com decisões políticas específicas. Há uma aproximação entre o legislativo e o executivo, tanto pelo novo modo de produção das leis (iniciativa de lei ampliada pelo executivo, interferência na ordem do dia do Parlamento) quanto pelo seu conteúdo (legislativo que sai da generalidade para a particularidade, tomando decisões específicas que interferem na agenda do governo).[62] A tensão entre legislativo e executivo alcança contornos próprios no cenário brasileiro.

1.1.2 A nossa realidade: os não contornos da disputa de poder

A preocupação ao utilizar a teoria política esboçada por Rosanvallon deve recair, principalmente, sobre as necessárias adaptações à realidade brasileira, pois, ainda que não presente um debate vigoroso sobre o regime parlamentarista, verifica-se que a disputa de poder, embora sob outros contornos, também se encontra presente na história política nacional, sobretudo em razão dos imperativos sociais, econômicos e culturais que apontam para um caminho diverso do presente na realidade europeia ou mesmo na norte-americana.

Nessa linha interpretativa, com a preocupação de identificar a própria trajetória brasileira, que pesquisas acadêmicas têm procurado reintroduzir a discussão sobre o papel e a influência dos partidos políticos e do legislativo na agenda pública. A formulação proposta por Braga decorre de uma investigação do papel do legislativo na elaboração da política econômica durante a primeira experiência de democracia presidencialista pluripartidária no Brasil, ou seja, no período compreendido entre os anos de 1946 e 1964.[63] O autor põe em destaque o papel do legislativo na elaboração e na discussão da política econômica e, por conseguinte, do modelo de desenvolvimento capitalista brasileiro. Uma atuação operada pelo mecanismo de seletividade, tanto positiva, sendo fonte de diretrizes políticas com eficácia no processo de elaboração de política econômica, quanto negativa, impedindo as propostas do executivo que estivessem desalinhadas. O autor, contudo, não desconsidera a importância do executivo e dos demais atores

---

[62] Na Austrália, em Canberra, foi solicitado aos arquitetos, na década de 1980, um projeto em que o executivo e o legislativo deveriam estar debaixo do mesmo teto, para se traduzir, justamente, a superposição crescente de ambos os poderes.

[63] BRAGA, 2008.

oriundos dos setores políticos e econômicos, mas reorienta sua pesquisa para um novo enfoque.

A partir de um estudo empírico sob esse caminho percorrido na história do Brasil, Braga conclui que tanto o executivo produziu abundantemente legislações direcionadas mais para vantagens políticas do que propriamente ao interesse público, quanto os partidos políticos e as lideranças partidárias presentes no Parlamento foram portadores de preferências ideológico-programáticas que efetivamente colocavam limites à ação do executivo em algumas conjunturas".[64] No mesmo sentido, Palermo[65] põe em destaque essa influência no período após a Constituição de 1988, propondo um marco conceitual para uma análise em profundidade das decisões adotadas no âmbito da política econômica e das reformas estruturais do Estado e da organização da economia. Para tanto, considera duas variáveis, as quais estão presentes de um modo ou de outro em todas as análises do autor: o grau de concentração do poder decisório, segundo as regras vigentes, e a capacidade efetiva de tomar decisões e implementá-las, segundo se evidencia nas gestões de governo.

Trazendo o debate para a Constituição Federal de 1988, verifica-se a inclusão explícita da possibilidade de emendas parlamentares alterarem o projeto inicialmente concebido pelo poder executivo, sendo esta uma prática largamente utilizada no âmbito parlamentar.[66] Recentemente, a Emenda Constitucional nº 86 alterou os artigos 165 e 166 do texto, instituindo o denominado "Orçamento Impositivo", ou melhor, a vinculação de um percentual orçamentário, na qual o executivo passa a ter a obrigatoriedade de execução da programação incluída na

---

[64] BRAGA, 2008, p. 234. Braga traz os principais trabalhos que levaram à revisão de uma série de teses convencionais sobre o papel do legislativo e dos partidos políticos no sistema político brasileiro, os quais provocaram uma reorientação nos estudos sobre a temática. FIGUEIREDO; LIMONGI, 1999; MELO, 2002; SANTOS, 2003; e AMORIM NETO, 2006. A revisão da literatura sobre as relações Executivo/legislativo e sua influência no "desempenho" da democracia brasileira, especialmente no período posterior à promulgação da Constituição de 1988, destaca-se a obra de PALERMO, 2000, v. 43, n. 3, p. 521-558.

[65] Palermo, em sua obra *"Como se governa o Brasil? O debate sobre instituições políticas e gestão de governo"*, reformula a clássica visão da centralidade do poder executivo.

[66] Os parágrafos 2º e 3º do art. 166 da Constituição Federal disciplinam as emendas parlamentares, estabelecendo os requisitos para sua aprovação. A prática tem revelado o uso disfuncional das emendas de "apropriação", constantes no art. 166, §3º, III, *a*, em que "erros e omissões" são corrigidos pelo Congresso, aumentando a previsão de receitas e abrindo, assim, a possibilidade de aumentarem as despesas sem reduzir outras despesas previstas. Ao analisar os dados do orçamento de 2013, Lima aponta para 8.214 emendas de apropriação, representando 24 bilhões, contra apenas 57 de remanejamento. (LIMA, 2015, p. 132).

Lei Orçamentária Anual (LOA), por meio de emendas parlamentares individuais em montante correspondente a 1,2% da Receita Corrente Líquida (RCL) realizada no exercício anterior, sendo que metade deste percentual deve destinar-se a ações e serviços públicos de saúde.[67] Torna-se visível que as políticas públicas são construídas a partir de decisões orçamentárias, cujo "poder de mando", no cenário brasileiro, não está centrado somente no poder executivo, mas numa relação simbiótica entre legislativo e executivo.[68] Trazer essa discussão para o centro do debate, ou seja, tornar visível a disputa de poder e sua gênese constitui uma das premissas necessárias para compreender o processo das políticas públicas e possibilitar a discussão do papel das instituições na avaliação e no controle destas, assim como das possibilidades de inserção de um poder real dos atores sociais nesse processo.

1.1.3 Reflexões sobre uma abordagem dinâmica de legitimidade

A justificação do poder pelas urnas sempre remeteu implicitamente à ideia de vontade geral, sendo a formulação do regime democrático inserida, desde sua origem, na projeção que representa essa generalidade social. Como se a maior quantidade pudesse significar a totalidade, ou mesmo se o momento eleitoral pudesse significar a legitimidade de todo o período do mandato.[69] É essa a linha interpretativa que inspira Rosanvallon a se debruçar sobre a teoria política. A fórmula oferecida para a definição da representação política deixa uma série de lacunas, de questões não respondidas, que tornam frágil

---

[67] De acordo com o Relatório Técnico do Parecer Prévio do TCU do exercício de 2015, as emendas parlamentares individuais foram aprovadas com base no referencial de 1,2% da RCL, prevista no PLOA 2015, sendo consignadas a essas emendas dotações da ordem de R$9,68 bilhões na LOA 2015. Contudo, o limite mínimo de execução obrigatória foi fixado em R$7,7 bilhões, levando-se em conta a RCL realizada em 2014 (R$641,6 bilhões). Disponível em: <file:///C:/Users/TCE/Downloads/__sarq_prod_unidades_semag_CG-2015_Fichas-s_ntese_CG2015_Relat_rio%20final_novembro.pdf>. Acesso em: 07 dez. 2016.

[68] A discussão sobre o processo orçamentário brasileiro é bem detalhada na obra de Lima. (LIMA, 2015).

[69] ROSANVALLON, 2009, p. 21-23. Paim constrói sua crítica ao pensamento de Rosanvallon a partir dessa preocupação do autor em buscar a generalidade, uma espécie de consenso, deslegitimando o conflito social. (PAIM, Antônio. *Inconsistência da crítica de Pierre Rosanvallon à democracia participativa.* Disponível em: <http://www.ecsbdefesa.com.br/defesa/fts/ICPR.pdf>. Acesso em: 17 jan. 2017).

o vínculo de legitimidade de um governo representativo.[70] A discussão contemporânea passa a ser reintroduzida sobre o olhar do exercício plural da soberania do povo. Nesse sentido caminha Rosanvallon,[71] não propriamente com mais mecanismos de representação, mas ampliando os mecanismos já existentes para o campo da complexidade e reflexividade, a partir dos quais o autor propõe a reformulação da concepção de representação política.

Nota-se que a legitimidade política apresenta características distintas em relação à concepção relativa à experiência ou à utilidade de associações ou organismos. Está relacionada a uma qualidade de generalidade, que se manifesta por números, pela independência e pelo universo moral. Um contraponto original que supera a visão clássica de legitimidade, abrindo a possibilidade para atribuir-lhe um ressignificado.

A legitimidade pelos números é qualificada pela maioria, uma espécie de acordo unânime, sendo o sufrágio universal a instituição organizadora dessa legitimidade, ou seja, uma típica legitimidade social procedimental. A generalidade pela independência é concebida pela negativa da particularidade, pressupondo a equidistância de todas as partes intervenientes no poder. Materializa-se pela imparcialidade na Justiça e pelas autoridades independentes. Por último, a generalidade no universo moral corresponde à afirmação de valores reconhecidos por todos. As instituições que expressam essa última forma de generalidade podem ser múltiplas, desde autoridades morais socialmente reconhecidas (instituições religiosas, associações de caridade, personalidades emblemáticas) até as autoridades de natureza mais intelectual. O autor aproxima, então, o seu conceito de legitimidade ao universo da moral, reservando-lhe a legitimidade substancial.[72]

Ainda que os estudos da representação política[73] estivessem, em certa medida, estagnados, por conceitos considerados sólidos como o

---

[70] ROSANVALLON, 2009, p. 21-23.

[71] Inspirado nas ideias de Condorcet, que à época da Revolução Francesa já colocava a necessidade de pluralizar as modalidades de exercício de soberania do povo. (ROSANVALLON, 2009, p. 190).

[72] ROSANVALLON, 2015b, p. 118-119.

[73] Uma visão realista sobre a teoria do governo representativo é sintetizada, de modo didático, por Almeida: "1) a legitimidade da representação está baseada no consentimento expresso por meio de eleições, a qual, juntamente com mecanismos de *checks and balances*, garante que os representantes serão sábios e virtuosos e legislarão para o melhor interesse da nação; 2) a matéria-prima da representação são os interesses, sejam manifestos pelos

do governo representativo, democracia direta, separação dos poderes, papel da opinião pública, garantia dos direitos do homem, as mudanças ocorridas no final do século XX, sobretudo pela alteração na dinâmica econômica e social, reabrem a discussão sobre a necessidade de novas reformulações.

A formulação de Rosanvallon caminha também pela dimensão substancial de legitimidade. Na visão do autor, a formação de um verdadeiro poder administrativo[74] ocorre com a adição do verbo "realizar" ao verbo "representar". Assim, a escolha de alguém passou a apontar para uma dupla função, que não mais se restringiria à atividade de representar o interesse geral, mas passaria a incluir também a necessidade de conduzir a estrutura institucional a atender o interesse geral. Passa-se, então, a buscar uma estrutura composta por pessoas "escolhidas" por sua capacidade técnica e que, portanto, desempenhariam com objetividade[75] e conhecimento essa nova virtude democrática.

Uma dualidade que é percebida por Rosanvallon, para quem a igualdade de expressão reconhecida pelo voto associava-se ao princípio da igualdade da admissão na função pública. Dois intérpretes da generalidade social, a eleição e o concurso. A eleição como opção subjetiva, guiada pelo sistema de interesses e opiniões, e o concurso como a seleção objetiva dos mais competentes.[76] No entanto, em sua trajetória, a legitimidade foi incorporando novas exigências. Uma legitimidade ilimitada através das urnas retrocedeu e passou a não mais aceitar um governo indiscutível e, portanto, totalmente livre. As opções políticas passaram a ser definidas no momento da eleição, através das campanhas governamentais. Os discursos e as campanhas tentam antecipar e, e em certa medida, até direcionar as futuras ações e decisões governamentais.

As reflexões se puseram também no campo da identificação das minorias. O povo deixa de ser visto como uma massa homogênea,[77]

---

próprios indivíduos ou descobertos por meio da deliberação; e 3) a representação se dá num *continuum* entre a autonomia total do representante e a pura delegação dos constituintes, envolvendo tanto dimensões de prestação de contas, quanto de responsividade aos interesses dos representados". (ALMEIDA, 2015, p. 83).

[74] Nota-se que a ideia de poder está atrelada à possibilidade de realizar, de decidir. Denhardt expõe com considerável minúcia o desenvolvimento da orientação para a política pública. (DENHARDT, 2017, p. 183).

[75] Uma aparente objetividade, como coloca Denhardt, ao trazer a discussão da influência da burocracia na definição das políticas públicas. (DENHARDT, 2017, p. 183).

[76] ROSANVALLON, 2009, p. 25.

[77] Cf. Schumpeter e seu debate sobre a democracia na sociedade de massas. Pensador do século XX, o autor coloca que não seria possível identificar a vontade popular de todo

sendo compreendido, como bem define Rosanvallon, como uma sucessão de histórias singulares, isto é, como uma soma de situações específicas.[78] Sociedades contemporâneas que se compreendem cada vez mais a partir de suas identidades, desprovidas da necessidade de se submeter a uma imagem homogênea. A generalidade também era observada em outros campos. O trabalhador tido como força de trabalho, cujas particularidades, idade, sexo, origem e formação, não impediram que fossem levados à mesma condição mecânica, como negação do que constitui a singularidade de cada ser humano.[79] No âmbito da proteção social, a construção de um Estado do bem-estar foi erguida sob o pilar dessa generalidade, sendo ao mesmo tempo um agente de agregação e generalização.

É justamente sob o enfoque plural[80] que reside uma das principais contribuições de Rosanvallon, com suas características e maneiras de corporificar a generalidade social, que inclui como fontes de representação política, não apenas o Estado, mas um conjunto de instituições e atores, cada qual com suas características e maneiras de corporificar a generalidade social.[81] O traço mais marcante que caracteriza a virada do século XX e o início do século XXI consiste em uma reformulação latente dos termos nos quais se apreende o imperativo democrático de expressão da generalidade social. A *Era da particularidade*[82] levou a uma reformulação nas expectativas políticas dos cidadãos, ou seja, a uma nova dinâmica que busca identificar e materializar a voz que ecoa dos múltiplos interesses individuais na tentativa de conciliá-los na categoria teórica de *interesse público*.

O dilema entre o comportamento individual e a ação coletiva se apresenta de forma renovada, pondo em questão a maneira pela qual

---

[ ] o continente de demandas individuais – isto é, um único e determinado bem sobre o qual todos os indivíduos estivessem de acordo. Reconhece a diferença das ambições, dos desejos e dos interesses, simultaneamente distintos. (SCHUMPETER, 1984).

[78] ROSANVALLON, 2009, p. 25-26.

[79] ROSANVALLON, 2009, p. 103.

[80] A defesa da pluralidade é retomada no início do século XX por autores como Harold Laski, para quem as partes são tão reais e autossuficientes quanto o todo. Uma visão radical presente em McClure também se refere, já no fim do século XX, à soberania distributiva. No texto "On the Subject of Rights: Pluralism, Plurality, and Political Identity". In: MOUFFE, 1992, p. 116. Robert Dahl também adere a corrente pluralista, reconhecendo que o poder encontra-se disperso na sociedade e em múltiplos centros. Uma visão sobre o poder de influência na tomada de decisão que permitiria impactar no processo democrático. (DAHL, 1997).

[81] ALMEIDA, 2015, p. 190-191.

[82] ROSANVALLON, 2009, p. 101.

as instituições públicas irão desempenhar seu papel numa sociedade marcada pela particularidade. A sociedade já não mais reconhece um tipo de superioridade implícita que antes legitimava a alta função pública. O poder administrativo já não tem a legitimidade moral (reconhecimento de sua capacidade desinteressada) e a legitimidade profissional (a reconhecida superioridade de competência) que haviam sustentado suas pretensões e sua capacidade para lograr autonomia frente à esfera eleitoral-representativa. A relação de confiança, que conferia o suporte de legitimidade às instituições públicas de modo geral, foi substituída pela relação de desconfiança. No campo político, observa-se o esvaziamento dos partidos políticos e uma incapacidade da eleição pré-determinar o modelo de política governamental que será adotado.

Compor os antagonismos e as divergências dos interesses sempre foi o desafio democrático, cuja dualidade é colocada por Rosanvallon em termos de democracia eleitoral e contrademocracia. Um sistema que pressupõe a existência de dois grandes grupos de instituições, as do consenso e as do conflito.[83] Se, por um lado, há o mundo partidário, subjetivo, da esfera eleitoral-representativa, por outro, há o mundo objetivo das instituições, portanto, da democracia indireta. O reconhecimento das especificidades destas últimas permite honrar plenamente os polos de tensão democrática.[84] Hoje, compreende-se o povo a partir da noção de suas múltiplas identidades, uma nova forma de representação do social, na era da singularidade. A decisão do povo eleitoral-majoritária apenas confere uma legitimidade instrumental, que exige outros mecanismos de aproximação com os atores sociais. A exigência de uma relação de confiança não se satisfaz com a escolha de quem irá representar, pois exige outros *elos de identificação* que possam resgatar o sentimento de se sentir representado.

No modelo idealizado por Rosanvallon, há três possíveis maneiras indiretas de garantir a objetividade da constituição do poder da generalidade social, cenário no qual a democracia indireta é tida como instrumento hábil a corrigir e compensar as falhas da democracia eleitoral-representativa. Observando sua linha de interpretação, Almeida alerta, ainda, para uma dissociação entre os modelos de legitimidade propostos pelo autor e as propriedades consideradas como pertencentes intrinsecamente a certos poderes.[85]

---

[83] ROSANVALLON, 2009, p. 36.
[84] ROSANVALLON, 2009, p. 37.
[85] ALMEIDA, 2015, p. 190-191.

A primeira seria, propriamente, uma generalidade negativa, um local vazio, do qual ninguém poderia se apropriar. Possui, assim, ao mesmo tempo, uma variável relacionada à estrutura, ao que lhe dá suporte e, portanto, independência, e uma variável relacionada ao comportamento, capaz de garantir a distância/imparcialidade e o equilíbrio. É nessa posição que se encontram as autoridades de controle ou regulação, aptas a promover a generalidade pelo afastamento das particularidades, o que lhes confere a *legitimidade pela imparcialidade*. Na formulação de Rosanvallon, a legitimidade por imparcialidade, que está presente, por exemplo, nas autoridades independentes de controle, é amparada pela imparcialidade dos mecanismos de formação e de composição das instituições.[86] A segunda maneira advém de um modelo de generalidade pela multiplicação, ou seja, a realização da generalidade pelo viés da pluralização das expressões da soberania social, uma legitimidade reflexiva, que pode ser observada nas Cortes Constitucionais.[87] A terceira é a generalidade obtida pela atenção à particularidade. A realização da generalidade pelo reconhecimento de todas as singularidades sociais. Uma preocupação concreta com os indivíduos, ampliando o campo de atenção das instituições públicas. A ação de um poder que não esquece ninguém, que se interessa pelos problemas de todos, eis o ideal da legitimidade pela proximidade.

Ao contrário da concepção de novas estruturas que simbolizam a independência, ao tratar da legitimidade pela imparcialidade Rosanvallon põe acento na necessidade de identificar as dificuldades e fortalecer as instituições para que possam desempenhar plenamente suas funções. A questão central reside, justamente, nas razões estruturais que produzem a desconfiança e as disfuncionalidades das instituições. É nessa direção que este livro caminha para trazer ao centro do debate a problemática do funcionamento das instituições públicas, especialmente no que se refere às instituições de controle do orçamento, que desempenham um papel central no julgamento da responsabilidade financeira das contas públicas e, portanto, no processo de políticas públicas.

---

[86] ROSANVALLON, 2009, p. 32.

[87] A advertência de Almeida sobre a operacionalização de tipos ideais de legitimidade e a divisão entre imparcialidade e particularidade, ainda que não tratada por Rosanvallon, não pode ser desconsiderada. Para a autora, "desse modo, as legitimidades de imparcialidade, reflexividade e particularidade não são prerrogativas de instituições e atores, mas podem se manifestar em momentos distintos, dependendo da política, tema ou questão alvo de deliberação". (ALMEIDA, 2015, p. 194).

Disfuncionalidades sombreadas por um discurso de imparcialidade, que se tornou insuficiente para atender e servir ao bem-comum.[88] Mas é preciso depurar devidamente o conceito dinâmico de imparcialidade proposto por Rosanvallon, distinguindo-o de outras categorias como a independência, que está associada à definição de um *status*. Em outros termos, pode-se falar que a independência encontra-se numa posição, na qual é possível resistir a eventuais pressões. Ser independente é, portanto, ser livre para efetuar uma opção ou adotar uma decisão. A independência é garantida pelas regras, como a inamovibilidade dos titulares de uma função, a existência de proteção específica. A imparcialidade, por outro lado, define uma qualidade, um comportamento atribuído à pessoa.[89] Assim, é imparcial a autoridade que não prejulga e que não manifesta preferência pelas partes.

A partir dessa linha interpretativa pode-se chegar à conclusão de que a independência está relacionada com o caráter geral, intrínseco, de uma função ou de uma instituição, ao passo que a imparcialidade só pertence a um ator, a quem caberá decidir. Ao mesmo tempo em que é necessário ser independente para estar em condições de ser imparcial, a independência, por si só, não basta para garantir a imparcialidade. Logo, se a imparcialidade é uma qualidade, e não um *status,* deve constituir-se e validar-se permanentemente. O encaminhamento teórico oferecido por Rosanvallon leva-o a conceber a legitimidade de exercício, a ser conquistada, como formula o autor, mediante três tipos de provas: as provas procedimentais, as provas de eficácia e as provas de controle.[90]

As primeiras, as provas procedimentais, indicam o respeito às regras, ao rigor das argumentações, à transparência dos procedimentos e à publicidade dos seus atos. Assim, cada intervenção da instituição ou decisão equivale a uma espécie de refundação da instituição. As provas de eficiência se relacionam às procedimentais, pois constituem

---

[88] O autor se propõe a debater se a própria imparcialidade constitui ou não uma política e faz uma crítica à imparcialidade utópica, associando-a às figuras do juiz-deus e do príncipe estrangeiro. A primeira figura encarna a ideia de uma imparcialidade superior. Na França, nos séculos XVII e XVIII, no centro da ideologia judicial, reconhecia-se que o juiz era incumbido de um ofício divino, no qual caberia a ele administrar a justiça no lugar da divindade. Um juiz humano, ao contrário da visão de divindade, pertence ao mundo que é modificado por suas decisões, as quais o afetam de alguma maneira. Por isso o modelo do juiz deus assume uma feição utópica, pois apenas Deus é desinteressado, na medida em que está fora do mundo onde transcorrem a ação e sua intervenção. Da mesma forma a problemática do distanciamento, que, ao terminar por idealizar como forma de exterioridade radical, não condiz com a realidade. (ROSANVALLON, 2009, p. 163-165).

[89] ROSANVALLON, 2009, p. 146-147.

[90] ROSANVALLON, 2009, p. 147.

a exigência de exteriorização da imparcialidade. Não se trata de uma simples aparência, mas de fazer com que os cidadãos reconheçam a imparcialidade. É uma maneira de enriquecer e fortalecer a cidadania ativa, na medida em que há a apropriação por todos das qualidades constitutivas de uma ordem reconhecida como imparcial. Enquanto a legitimidade eleitoral decorre do reconhecimento positivo da maioria, que escolhe quem irá representá-la, a legitimidade pela imparcialidade se dá de modo negativo, constituída pelo fato de que ninguém pode se beneficiar com uma vantagem ou um privilégio. Essa imparcialidade seria obtida na presença de condições ideais de discurso, onde vigora um raciocínio público e livre entre iguais.[91] Assim, as decisões se distanciam das negociações, dos interesses partidários, para garantir adequadamente a persecução do interesse geral. Contudo, há uma distância entre a teoria de um tipo ideal de autoridades independentes e a sua prática.[92] E, por fim, as provas de controle são responsáveis por conferir o caráter reflexivo às instituições de imparcialidade. Parecem coadunar com uma idealização de uma perspectiva dinâmica, na medida em que Rosanvallon aponta para "círculos de controle", uma espécie de função de imparcialidade na própria imparcialidade, associada por ele a uma "infinita cascata de controle".[93]

As Cortes Constitucionais estão no centro da vida democrática e são tidas como o tipo ideal do modelo de reflexividade. A concepção democrático-reflexiva do controle de constitucionalidade busca aumentar indiretamente o poder cidadão sobre as instituições, pondo em ação um regime alternativo e complementar de enunciação da vontade geral. Como apreende Almeida,[94] participam de uma dialética construtiva com o sistema representativo que obriga a maioria a integrar raciocínios e outros argumentos, enquanto se encontram simultaneamente sujeitas aos embates da minoria e à disciplina da justiça constitucional. No entanto, a reflexividade democrática não se limita à intervenção das Cortes Constitucionais, pois o autor concebe um espaço amplo para a função de reflexividade, a ser desempenhado de modo generalizado.

---

[91] HABERMAS, 2003.

[92] ROSANVALLON, 2009, p. 152.

[93] ROSANVALLON, 2009, p. 147-148.

[94] A autora também adverte quanto à exigência de reflexividade, a qual não poderia se limitar a uma crescente intervenção dos *experts*. Os fóruns híbridos que reúnem cientistas e cidadãos para debater questões essenciais, como coloca Rosanvallon, hão de estimular a instauração de novos tipos de expressão cidadã e em contrapartida novas instituições públicas. (ALMEIDA, 2015, p. 192; ROSANVALLON, 2009, p. 219).

Ponto no qual Rosanvallon é enfático, ao deixar explícito que "esta não é em absoluto monopólio das Cortes Constitucionais". Um ponto de intercessão crucial, na medida em que o autor insere as associações da sociedade civil, quando, por exemplo, denunciam a distância entre a realidade e os princípios fundadores da democracia, ou mesmo os movimentos sociais, quando o discurso refere-se ao exercício de uma função relativa ao conhecimento, nessa abordagem mais ampla.[95]

Por fim, a legitimidade por proximidade promove a inclusão e a atenção às singularidades, ao contrário da legitimidade por imparcialidade e por reflexão que estão direcionadas para afastar as particularidades. Um elo com a diversidade e a complexidade da realidade, pois estar próximo significa ser acessível, ser receptivo, pôr-se a escutar, mas também significa responder às demandas, atuar de maneira transparente sobre o olhar do povo.[96] A proximidade não é apreendida pelo teórico francês como um encurtamento de uma distância, mas como uma abertura, como uma capacidade para participar de um jogo de revelação recíproco entre poder e sociedade.[97]

Em suma, o conflito contemporâneo trouxe uma nova percepção sociológica e política, alterando, consequentemente, a compreensão da legitimidade democrática direcionada para o exercício continuado, e não episódico ou esporádico. Uma construção da legitimidade que vai além da clássica abordagem representativa, para estabelecer laços mais sólidos com cidadãos participativos. É a partir desse ponto central, que separa a abordagem clássica de representação e introduz uma abordagem dinâmica da legitimidade, que duas formulações tornam-se centrais para o desenvolvimento teórico deste livro. A primeira decorre da concepção da ideia de unanimidade, a qual deve ser sensível à realidade dos grupos minoritários, trazendo, nesse sentido, para o centro do debate, a referência a uma legitimidade do tipo substancial, que se impõe como mecanismo de representação das situações das populações excluídas, dos grupos minoritários.[98] E uma segunda

---

[95] ROSANVALLON, 2009, p. 216.

[96] ROSANVALLON, 2009, p. 247-248.

[97] ROSANVALLON, 2009, p. 307-308.

[98] O tema das minorias já estava presente na obra de Tocqueville, um dos autores que dialogou contra a "tirania da maioria", destacando o papel das associações para a defesa da liberdade, argumentando que a ação política dos cidadãos não se esgota nas atividades de escolha e vigilância dos representantes. TOCQUEVILLE, 2005. O problema das minorias é resolvido por Dahl pelo ideal de um sistema político que distribua a capacidade de influência de muitas minorias, pois para o autor o tamanho, o número e a variedade das minorias devem ser levadas em consideração quando se fazem as escolhas políticas. (DAHL, 1956, p. 132).

formulação que decorre de uma desmistificação do mecanismo eleitoral como único instrumento de atenção aos interesses dos governados, na medida em que se aponta para outros vínculos, que devem construir a relação de confiança, fundados num grau de incerteza e de desconfiança permanentes em relação à legitimidade dos governantes. A partir dessas duas premissas, passa-se à seção seguinte, com o propósito de descortinar os requisitos a serem adotados no capítulo quarto e incorporá-los como referencial teórico orientador do exercício democrático das instituições públicas de controle do orçamento.

1.1.4 Os pressupostos para uma democracia de exercício

A abordagem questionadora de Rosanvallon põe no centro do debate os elos construídos na relação que se forma entre governantes e governados. A eleição como única condicionante, à disposição dos governados para selecionar os autores das ações governamentais, é apta a instaurar tão somente o que Rosanvallon classifica de "democracia de autorização",[99] em que se transfere uma permissão aberta para se governar. Tão amplas quanto essa autorização são as expectativas dos cidadãos, que buscam ter sua vida pessoal e suas atividades positivamente gerenciadas e, ao mesmo tempo, esperam encontrar no governante eleito a atenção próxima e uma vontade eficaz na organização da vida política.

É sobre essa necessidade de prolongar a democracia de autorização que a abordagem teórica e metodológica do autor apresenta uma perspectiva distinta, a qual denomina de *democracia de apropriação*. Novos e fortes elos erguidos a partir das qualidades esperadas dos governantes e das regras que organizam suas relações com os governados[100] impulsionam uma verdadeira teoria geral do exercício da legitimidade, cujos princípios reverberam para toda a estrutura pública. Sua proposta caminha no sentido de apresentar novas soluções para um dos grandes questionamentos da democracia, que decorre justamente da necessidade de ampliar as formas de exercício das funções democráticas. Uma análise histórica da representação democrática reintroduz a discussão

---

[99] ROSANVALLON, 2015d, p. 187.

[100] ROSANVALLON, 2015d, p. 25. A teoria do bom governo do autor é estruturada com base em dois pilares democráticos: a democracia de autorização e a democracia da confiança. A primeira relaciona com os requisitos objetivos explicados na sequência, enquanto que a democracia da confiança é baseada nas qualidades do governante: o falar veraz e a integridade.

sobre os limites conceituais da função governativa,[101] propondo uma visão ampliada na qual os órgãos governativos estão posicionados além da mera instituição presidencial. A grande aposta, como coloca Rosanvallon,[102] é a relação entre governantes e governados, ampliando o controle e os limites sobre o executivo.

Uma democracia de apropriação erguida sob três pilares, o da legibilidade, o da responsabilidade e o da responsividade, a caminhar com a democracia da confiança, cujos pressupostos estão relacionados às qualidades do "bom governante". Aproxima-se do campo da moral para resgatar o laço de confiança, baseando-se na integridade e na transparência do discurso governamental. Nesse arranjo, a teoria do bom governo está estruturada em dois pontos centrais. O primeiro, relacionado aos requisitos da relação entre governantes e governados, necessários para uma democracia de apropriação pelos cidadãos e, o segundo, proveniente da identificação das qualidades propriamente dos governantes, sendo estas relacionadas à democracia da confiança.[103] Ainda que se reconheça a relevância da discussão em torno de como exigir tais qualidades, o livro não pressupõe esse debate como requisito para a sua formulação, uma vez que a questão central nesta investigação utiliza as premissas da relação entre governados e governantes como uma teoria geral, a iluminar também os requisitos de legitimidade ampliada para as instituições, em especial, as de controle das políticas

---

[101] ROSANVALLON, 2015d, p. 21.

[102] ROSANVALLON, 2015d, p. 20.

[103] O sentido da confiança proposto por Rosanvallon é em sua acepção mais forte. Assim, o ator político de confiança deve reunir duas qualidades, a integridade que decorre de uma adequação moral à sua função e um falar veraz capaz de constituir uma relação cognitiva constitutiva da confiança. O falar veraz decorre da necessidade de uma adequação da linguagem política à linguagem em que vivem as pessoas, ou seja, tornar legível a ação pública, seus objetivos e suas vicissitudes, permitindo instaurar uma relação positiva com a vida política. Rosanvallon em sua abordagem histórica resgata a linguagem política do mundo grego, em que remetia a um imperativo de franqueza, da palavra direta, da ausência de cálculo na expressão e no diálogo com o outro. No campo político, a comunicação está estruturada na arte de transação, estimulando a crescente ampliação das bases de apoio, não apenas pelas promessas de ação, mas também pelas de não ação, isto é, o discurso governamental contempla não só sobre *o que vai agir*, mas também sobre *o que não vai agir*. A veracidade do discurso eleitoral pressupõe a superação de três barreiras, a da mentira, a dos monólogos e a da linguagem das intenções. Portanto, Rosanvallon incorpora o ideal de veracidade kantiano. A necessidade democrática de adequação da linguagem governamental à realidade, a um agir, pressupõe não só o combate ao "abuso da palavra", mas também a busca pela "boa vontade" como uma categoria política paralisante. De tal modo, o compromisso com o discurso governamental estabelece uma responsabilidade, a qual deve ser compreendida como condição para o desenvolvimento do pacto de confiança renovado na disputa eleitoral.

públicas. De tal maneira, detém-se aos requisitos da legibilidade, responsabilidade e responsividade, como orientadores de uma proposta para instituições públicas de exercício democrático, cuja racionalidade está também amparada pelas diretrizes da escola do Novo Serviço Público, formulada por Denhardt.[104]

1.1.4.1 O imperativo da legibilidade

É do mistério que se nutre a desconfiança, esse foi o pensamento que conduziu o suíço Jacques Necker, nomeado pelo rei Luís XVI para cuidar das finanças nacionais da França, em 1776. Um dos precursores dos ideais de transparência financeira publicou o *Compte rendu au Roi* (informação ao rei), em 1781, em meio aos rumores das grandes despesas com a guerra, reunindo, de modo claro e pela primeira vez, todos os dados que permitiam avaliar os pressupostos do Estado e da situação da dívida pública.[105] A obra despertou o interesse geral, obtendo mais de oitenta mil exemplares vendidos por todo o Reino. Uma curiosidade que não foi afastada pelos áridos quadros das contas apresentadas. Necker estava convencido dos benefícios sociais e políticos para a França com a divulgação das contas públicas. É um precursor da dimensão cognitiva e intertemporal da confiança. Em suas palavras

> la esperanza de esta publicidad suscitaría aún más indiferencia hacia esos escritos oscuros con los cuales se procura pertubar el reposo de un administrador, y cuyos autores, con la seguridad de que un hombre de alma elevada no bajará a la arena para responderles, se aprovechan de su silencio para hacer tambalear con mentiras algunas opiniones.[106]

Igualmente deve-se destacar a preocupação de Necker em imprimir o documento para colocá-lo sob o olhar da opinião, tornando-o acessível. Assim, se por um lado atribui-se a ele os benefícios de tal divulgação, por outro, também se pode creditar a ele os malefícios decorrentes de sua manipulação. Necker, com vasta experiência acumulada pela atividade de banqueiro, apesar de ter empreendido

---

[104] DENHARDT, 2017.

[105] NECKER, 1820, v. 2, p. 1-5. Divulgação das finanças. Obra que suscitou uma enorme curiosidade no país, *apud* ROSANVALLON, 2015d, p. 218.

[106] NECKER, 1821, v. 4, p. 10, *apud* ROSANVALLON, 2015d, p. 218. O restabelecimento da confiança graças a uma maior transparência, essa é a intenção de Necker, que trata da dimensão cognitiva e intertemporal da confiança.

algumas reformas para o aumento de receita, também aumentou a dívida da nação através de novos e renegociados empréstimos. Utilizando-se de uma falsa contabilidade, o *Compte Rendu* apresentou um superávit, quando, na verdade, a França acumulava déficits. A publicação das contas nacionais aumentou a sua popularidade pública, mas levou ao seu afastamento, em 1781, deixando a seus sucessores, níveis extremamente inflacionados de dívida nacional.

Aliada à necessidade de publicidade, a aspiração de um sistema público sujeito à prestação de contas de forma legível também inspirou os métodos que tornam mensurável a ação pública. O avanço no sistema de *accountability*[107] ocorreu na Inglaterra, considerada o berço do controle dos gastos públicos, com o surgimento do método da contabilidade de partida dupla e, portanto, a criação de uma identificação entre débitos e créditos. Em 1610, o primeiro ministro do rei publica um balancete dos ingressos e dos gastos públicos. Diante da necessidade de acrescentar novas receitas para financiar a guerra anglo-holandesa de 1665-1667, a Coroa não hesitou em aceitar que o Parlamento efetuasse um controle mais organizado do uso dos fundos públicos. Criou-se, então, uma *Accounts Commission*. Em 1644, havia sido estabelecido um esboço da Comissão de Contas com poderes ampliados e que perdurou durante todo o século XVII. Foi na Inglaterra, portanto, que se iniciou a perspectiva da *accountability*.

A trajetória histórica inglesa evidenciada revela o início da relação de disputa entre os ministros do rei e o Parlamento, sendo esse o pressuposto que irá nortear a tensão que envolve a busca pela legibilidade. A concepção de publicidade amplia a concepção de representação, como porta de entrada para a participação da sociedade. Uma participação que se estende, ainda mais, pelo controle, isto é, os olhos do povo sobre seus representantes, na clássica arquimetáfora panóptica. Um povo que transfere ao Parlamento olhares atentos e renova o processo de intercâmbio com a possibilidade de sua presença[108] no recinto

---

[107] WILLEMAN discute a importância da *accountability* para o exercício de uma "boa" democracia, trazendo o debate teórico internacional para a realidade do controle brasileiro. (WILLEMAN, 2017).

[108] Foi após o pronunciamento de Pierre-Victor Malouet pedindo a retirada dos "estranhos", que tal vocábulo permaneceu por muito tempo sendo utilizado não só na França, como na Grã-Bretanha, para designar o público que podia assistir aos debates nas tribunas. (ROSANVALLON, 2015d, p. 221). Cita-se, ainda, a obra de Bentham, Tácticas de las asambleas legislativas, em que o autor, ao esboçar sua teoria sobre a publicidade, faz uma análise da proibição dos *estranhos* entrarem no recinto parlamentar, infração a ser sancionada com a pena de prisão. BENTHAM, 2015, p. 100.

parlamentar. É, portanto, a formulação de uma democracia representativa que intermedeia o governo representativo e a democracia direta.

A Declaração de Direitos dos Homens e do Cidadão afirmou o direito do cidadão de verificar a necessidade de sua contribuição pública e o direito da sociedade de pedir contas de sua administração a todos os agentes públicos.[109] O controle do povo como elemento essencial da democracia moderna é erguido como instrumento de legitimidade política. Em sua obra *Essay on Political Tactics*, de 1816, Bentham esboça, no capítulo 3, um manual sobre a publicidade das operações parlamentares. A publicidade seria o caminho capaz de assegurar a confiança pública e dirigi-la constantemente para o fim de sua instituição, o que o inspira a elaborar um verdadeiro tratado sobre o tema, buscando aprisionar a confiança pública como sua derradeira finalidade. Sua obra associa quatro benefícios advindos de uma maior publicidade no desempenho do poder político.[110]

O primeiro deles é uma espécie de *"prisão democrática"*, que convidaria os seus representantes a conter-se em seu dever, não se expondo às tentações do exercício do poder político. Segundo Bentham,[111] não há nada mais constante e universal que a vigilância do público. O corpo do público constitui um verdadeiro Tribunal, que vale mais que todos os outros tribunais juntos, visto que uma instituição não pode se autojulgar, controlando a si mesma. Bentham atribui ainda à publicidade uma espécie de dimensão de continuidade compensatória do sistema representativo, já que este é exercido de modo permanente, ao contrário da eleição, cujo momento temporal é intermitente. O segundo benefício da publicidade seria o de assegurar a confiança do povo e o seu consentimento com as resoluções, sendo, portanto, o meio necessário para fortalecer a credibilidade do poder e garantir o seu rumo. Em terceiro lugar, a publicidade é uma condição essencial para o bom funcionamento do sistema eleitoral, ao permitir que o eleitor possa escolher com conhecimento de causa, de modo que só há uma boa eleição quando o requisito da publicidade é amplamente

---

[109] O art. 15 da Declaração de Direitos dos Homens e do Cidadão estabelece que "a sociedade tem o direito de exigir a prestação de contas de todo agente de sua administração", reafirmando a essencialidade da *accountability*, para o regime democrático. O artigo que o antecede coloca a possibilidade de verificação da própria necessidade da cobrança, que poderia ser exercido pelo indivíduo, ao dispor que "todos os cidadãos têm o direito de verificar, por si ou por seus representantes, da necessidade da contribuição pública, de consenti-la livremente, de observar o seu emprego e de lhe fazer a repartição, a coleta, a cobrança e a duração".

[110] BENTHAM, 2015.

[111] BENTHAM, 2015.

atendido. Por fim, o quarto benefício advém da possibilidade dos representantes e governantes se beneficiarem das "luzes do público". A crítica de Bentham sobre a *expertise* dos parlamentares vem através da indagação quanto à possibilidade de a assembleia concentrar toda a inteligência nacional, reunindo os mais ilustrados, os mais capazes, os mais sábios. A publicidade seria, então, um meio seguro para dar luz aos pensamentos úteis, permitindo que a esfera política se beneficiasse com suas reflexões e propostas dos *iluminados*.

A teoria da publicidade de Bentham alcança um novo enfoque, ao ser trazida por Rosanvallon, com a feição moderna da transparência. Uma transparência que se qualifica por novas exigências, como a de um "governo aberto"; a da acessibilidade das informações em todas as esferas da ação pública; e a da ampla visibilidade, inclusive em relação a questões que antes eram consideradas invioláveis, como as decisões de política exterior, de defesa ou de inteligência, verdadeiras caixas pretas de uma Nação.[112] O autor percebe uma evolução histórica no foco das lentes do povo que, num primeiro momento, reconheciam o controle do Parlamento, como representantes do povo, sobre o governo; num segundo momento, se voltaram para a própria atividade parlamentar; e, agora, como uma das expressões contemporâneas da democracia direta, direcionam o olhar para o funcionamento das instituições. O olhar direto que pressupõe não apenas o amplo acesso às informações, mas a sua legibilidade, isto é, informações claras e compreensíveis pelo cidadão, como avança Rosanvallon em sua teoria.[113]

A legibilidade das informações torna-se, assim, uma das figuras centrais do ideal republicano. Compreender a informação, tornando a decisão visível, é prévia condição para permitir que o olhar do controle[114] possa remover o véu da opacidade que insiste em encobertar

---

[112] ROSANVALLON, 2015d, p. 231. No original: "*Si l'impératif de lisibilité a d'abord historiquement été massivement rapporté aux questions budgétairs et financières, c'est dorènavant dans toutes les sphères de l'a action publique que l'accessibilité des informations est revendiquée. Y compris en matiére de politique étrangère, de défense ou de renseignement, domaines longtemps consideres comme les sanctuaris de la raison d' État secret*".

[113] ROSANVALLON, 2015d, p. 234-235.

[114] A criação da União Europeia acentuou o sentimento difuso de "déficit democrático". O desenvolvimento da comunidade europeia ocorreu ao redor de grandes instituições: Comissão Europeia, Conselho da União Europeia, Tribunal de Justiça da União Europeia, Banco Central Europeu e Parlamento. São verdadeiras caixas pretas para os cidadãos. De acordo com os dados das últimas eleições, há um crescente percentual de abstenção, sendo apontada como uma das possíveis causas, a impossibilidade de os cidadãos europeus controlarem, através da informação e do debate público, o funcionamento e as decisões dessas instituições e exerçam sua influência sobre elas.

as decisões políticas. Para Rosanvallon,[115] a conquista da "cidadania real" pressupõe um projeto de conhecimento efetivo do mundo social e dos mecanismos que o regem. O objetivo contemporâneo se ampliou e fez emergir um "Direito a Saber", que exige um novo elo na relação Estado e sociedade, interligando a demanda de um "governo aberto" a uma sociedade autonomamente capaz de compreendê-lo.[116] O "Direito a saber" possui, com efeito, duas dimensões. A primeira está atrelada à ideia de revelação de algo oculto, de um segredo, da possibilidade de acesso a documentos "dissimulados" ou considerados confidenciais. Uma segunda dimensão está relacionada à acessibilidade de informações corriqueiras. O direito a saber é um direito construtor da personalidade, pois, ao mostrar concretamente a verdade do laço social, permite que os indivíduos sejam de fato "donos do mundo onde vivem" e ao mesmo tempo "operadores de sua cidadania".[117]

Não se pode deixar de considerar que o volume crescente de informações desarticuladas, e muitas vezes com significado diverso do aparente, aponta para a necessidade de competências específicas destinadas a tornar confiável e inteligível o conteúdo dos dados divulgados. A informação só se torna valiosa, numa perspectiva emancipadora, se há uma interpretação adequada capaz de inibir o efeito nocivo do caos informacional. Assim, o desafio se renova. A legibilidade se impõe de forma ampliada, não apenas aos governantes, mas a toda estrutura que envolve a prática da ação pública. É preciso também que as instituições não apenas se tornem legíveis, mas, no caso das instituições de controle, que também passem a exigir a legibilidade, estimulando um novo comportamento da ação coletiva. A legitimidade de exercício deve ser erguida pelo movimento contínuo de comunicação de informações acessíveis e legíveis como instrumento de resgate da confiança cidadã, deixando no passado a prática dos *segredos democráticos*.[118]

1.1.4.2 O imperativo da responsabilidade

O segundo princípio estruturante da relação que se estabelece entre governante e governados é a responsabilidade, situada na

---

[115] ROSANVALLON, 2015d, p. 245.

[116] Nos Estados Unidos, muitas associações de cidadãos e de consumidores se reuniram em torno da temática *"The right to Know"*. Na França *"Le Droit de Savoir"*, o fundador do sitio eletrônico mediapart.fr, Edwy Plenel, também aderiu ao projeto.

[117] ROSANVALLON, 2015d, p. 247.

[118] Cf. BOBBIO, 2015.

fronteira entre o poder e o dever, entre as *possibilidades* e os *limites*, correspondendo, portanto, à contrapartida do exercício da autoridade. É nesse sentido que Rosanvallon lança mão da definição precisa de Beaud e Blanquer: "a responsabilidade é o passivo que vem equilibrar o ativo de todo poder".[119] A investidura do poder por meio da eleição constitui o primeiro momento de equilíbrio democrático, que exigirá outros mecanismos de validação na fase do seu exercício. A responsabilidade é um desses outros mecanismos, indispensável para manter o equilíbrio ao poder conferido. É nesses termos que a formulação teórica do autor define os contornos do princípio da responsabilidade, cuja função é a de estabelecer limites ao poder, obrigando-o, periodicamente, a permanecer vinculado ao seu ponto de origem.[120] O politólogo francês reintroduz, portanto, a discussão em torno da questão central dos limites do poder, uma vez que sem tais limitações a eleição conferiria uma autorização aberta e aparentemente ilimitada aos governantes.

Dois objetos distintos são apontados pelo autor em sua teoria,[121] o primeiro decorre da própria posição do poder, inserindo-se no campo da responsabilidade política propriamente dita, e o segundo objeto está relacionado às provas de validação do exercício daquele poder. É a responsabilidade retrospectiva, que recai sobre os atos já praticados, aproximando-se da noção de *accountability*.

A noção de responsabilidade política, como uma ficção democrática, significou um avanço histórico. Retomando a trajetória do instituto, tem-se que inicialmente a noção de responsabilidade criminal era tida como resposta ao mau governo,[122] sendo prevista com a definição de delitos que estavam relacionados à violação do bem comum e da confiança pública. O *impeachment*[123] era o instrumento utilizado para o

---

[119] BEAUD; BALNQUER, 1999, p. 12.

[120] ROSANVALLON, 2015d, p. 231.

[121] ROSANVALLON, 2015d, p. 232.

[122] Rosanvallon atribui a Willian Blackstone o conceito de má administração, expressão utilizada em uma obra sobre os comentários das leis inglesas de 1769. (ROSANVALLON, 2015d, p. 256).

[123] Ao revisitar a história do *impeachment* e de sua origem inglesa, encontra-se *Lord Latimer*, o primeiro condenado julgado pelo culpado por extorsão dos fundos, apropriação ilegal de botina e faltas militares, em 1376. Um procedimento que depois teve uso corrente no século XVII. O verbo *to impeach*, que significa acusar, deu origem ao procedimento de *impeachment* que inicialmente só se destinava aos ministros, conselheiros e altos funcionários, mas não ao soberano. Ressalta a importância do *impeachment* como instrumento de controle político dos representantes sobre o Executivo. A trajetória histórica do *impeachment* torna-se relevante para compreender a construção do pensamento do autor que o leva a reformular a compreensão de responsabilidade política, sem querer propriamente buscar discutir e entrar em um tema com diversas nuances quanto esse.

controle político dos representantes sobre o executivo. O processo penal era utilizado, então, como instrumento de pressão política às ações do rei, condenando individualmente aqueles que estavam diretamente relacionados a ele. Foi a partir da tensão entre o gabinete e o Parlamento Inglês que se originou a concepção de responsabilidade política, substituindo a responsabilidade individual por uma responsabilidade política coletiva.

A ideia de responsabilidade política não possui unanimidade entre os autores,[124] o que tem contribuído para uma apreensão simplista de seu conceito, sem nem sequer considerar o avanço histórico do instituto. Uma ideia posta por Rosanvallon, defensor de que os significados propostos para o conceito de responsabilidade política, na verdade, o afastam do ideal de proximidade e governança. É com essa preocupação que caminha o seu discurso, que busca refundar a responsabilidade política como mecanismo de legitimidade prolongada entre governantes e governados. A defesa de uma *involução* conceitual da responsabilidade política está presente no seu discurso, ao afirmar que tal conceito é "tão central no modelo de governo presidencial do regime democrático como o era o de representação no velho modelo parlamentar representativo".[125]

Assim, o primeiro ponto a ser redesenhado pressupõe a compreensão de que a sua aplicação não obedece a uma lógica racional e legal de imputação, mas, ao contrário, está associada a uma ficção democrática capaz de romper com a sensação de impunidade.[126] Mais importante que punir, seria passar a imagem da punição. Um pensamento que condiciona a exigência de requisitos dos governantes vinculados a uma relação de responsabilidade direta com a sociedade. O pensamento do autor é formulado pela necessidade de reforçar o vínculo com a

---

[124] Cf. SÉGUR, 1998. Roso, ao se debruçar sobre o entendimento dos autores sobre o conceito de responsabilidade política, verifica ainda a incerteza que recai sobre a noção de responsabilidade política, corroborando com o discurso de Philippe Ségur, que chama a atenção já no título de um de seus artigos: "Qu'estce que la responsabilité politique?", In. Revue du Droit Public et de la Science Politique en France e a l'Étranger, n. 6, Paris, 1999, p. 1600. (ROSO, Ana. *Da representação política à responsabilidade política*. Disponível em: <http://www.revista.ajes.edu.br/index.php/Iurisprudentia/article/view/189/82>. Acesso em: 26 jan. 2017).

[125] No original: *"cette notion de responsabilité politique est aussi centrale dans Le nouveau modele presidential-gouvernant du régime democratique que l'était celle de représentation dans l'ancien modele parlementaire-represebtatif"*. ROSANVALLON, 2015d, p. 269.

[126] Rosanvallon faz referência a uma cobrança mais forte com relação às pessoas, uma espécie de purificação democrática, como denomina Beaud e Blanquer na obra *Le príncipe irresponsabilité*, Le Débat, 108, jan-fev 2000, p. 39-41. (ROSANVALLON, 2015d, p. 268).

opinião pública, de modo que a responsabilidade política assumiria o papel de instaurar uma democracia da confiança, através do exercício de instituições invisíveis,[127] e também o de induzir ao exercício de uma dimensão moral relacionada à maneira pela qual os governantes passariam a se sentir responsáveis pelo fortalecimento da democracia.[128] O sentimento de cumprimento democrático ou descumprimento, como aponta o autor, estaria diretamente correlacionado com as condições de seu exercício, que devem induzir a confiança de modo contínuo.

A inserção da responsabilidade política como imperativo de legitimidade governamental impõe um novo marco não apenas para os governantes, mas, sobretudo, para as instituições de controle, que devem contribuir nesse processo. Tal pressuposto teórico torna-se necessário para a análise do sistema constitucional brasileiro, comparando-o com a realidade e as disfuncionalidades existentes, como será apresentado no terceiro capítulo.

Todavia, além da responsabilidade política propriamente dita, com a tônica apresentada, a responsabilidade possui um segundo objeto, mais próximo das instituições de controle, pois que relacionado à responsabilidade retrospectiva, ou seja, à responsabilidade da apresentação da prestação de contas, da justificação dos atos praticados ou decisões tomadas e da avaliação das políticas públicas. Essas três modalidades são postas por Rosanvallon[129] como a responsabilidade perante o passado.

No que se refere ao primeiro aspecto da responsabilidade retrospectiva, deve-se ponderar que a prestação de contas do Executivo perante o Parlamento, como visto anteriormente, foi concebida como mecanismo de controle do poder, sendo aperfeiçoado ao longo de sua trajetória histórica, mas sem perder a sua essência simbólica. Assim, ainda que ao controle do orçamento primordialmente passivo tenham sido incorporados novos mecanismos de legibilidade mais ativa, com as diferentes classificações e categorias que buscam tornar a repartição de receitas orçamentárias mais visíveis, ainda há grande opacidade na compreensão da ação pública através de seus ingressos e de suas despesas.

O segundo aspecto diz respeito a uma nova exigência de justificação que amplia a responsabilidade na prestação de contas, sob o

---

[127] As instituições invisíveis a que se refere o autor são a confiança, a autoridade e a legitimidade.

[128] ROSANVALLON, 2015d, p. 269-270.

[129] ROSANVALLON, 2015d, p. 269.

enfoque das ações e decisões do governo. A responsabilidade assume, na percepção do autor,[130] uma forma de interação entre governantes e governados, com papéis polarizados entre a exigência de explicações e a prestação de tais explicações. Nesse cenário, múltiplas formas passam a ser configuradas para ampliar a participação dos atores sociais, interligados em redes e interativos. Há uma remodelagem advinda da tecnologia da informação que permite não apenas a interação através de organizações cidadãs, mas também de forma individual e difusa, por meio de uma cidadania mais ativa.

E, por fim, a responsabilidade-avaliação, atrelada a novos parâmetros de mensuração da eficácia das políticas públicas. Uma modalidade que foi incorporada recentemente no texto da constituição francesa e que no cenário constitucional brasileiro é contemplada pelas auditorias operacionais. No entanto, como será discutido no capítulo terceiro, os resultados dessas avaliações raramente são utilizados como parâmetros para a emissão do parecer prévio, instrumento que subsidia o julgamento das contas públicas. Ou seja, deve-se evidenciar que ainda persiste o distanciamento entre as avaliações das políticas públicas e o procedimento de apuração da responsabilidade política.

Em síntese, o conceito de responsabilidade deve ser compreendido não apenas em relação à responsabilidade perante o passado, mas também em uma responsabilidade de compromisso, consciente dos conflitos, das desigualdades, dos antagonismos sociais. Um compromisso do governante em auxiliar na construção de uma sociedade mais justa, mais livre e mais pacífica, a partir da solução dos problemas reais vivenciados pelos cidadãos.[131] A exigência alargada da responsabilidade política constitui o pressuposto teórico a alicerçar a remodelagem do controle proposta neste livro, direcionado ao exercício de uma cidadania inclusiva e participativa da vida pública.

1.1.4.3 O imperativo da responsividade

Uma verdadeira democracia de expressão e de interação é a chave eleita por Rosanvallon para inaugurar uma nova etapa na dinâmica relação entre governantes e governados. A capacidade para expressar seus interesses e opiniões e defendê-los é o caminho possível para um

---

[130] ROSANVALLON, 2015d, p. 270.
[131] ROSANVALLON, 2015d, p. 277-278.

povo soberano.[132] Assim, o terceiro imperativo, ao lado da legibilidade e da responsabilidade, o da responsividade, completa os pilares centrais para uma democracia de apropriação.

Responsividade,[133] palavra de origem latina, tem por significado "que serve para responder", possuindo, portanto, como primeiro pressuposto, um dever de ouvir. Escutar as vozes da sociedade é um projeto antigo, que remota o século XIX, com a preocupação dos primeiros teóricos modernos da governabilidade, Jacques Necker[134] e François Guizot,[135] que propuseram as filosofias práticas do poder executivo na era da soberania do povo. Para Necker, a constituição do poder executivo representa a principal e, quiçá, a única dificuldade de todos os sistemas de governo. O problema está na funcionalidade desse poder, que depende da sua forma e da sua prática. Necker havia considerado a importância do papel do poder executivo, deslocando a centralidade que era dada ao Parlamento.[136]

Vinte anos depois, Guizot, como cita Rosanvallon,[137] vai estabelecer as condições práticas de sua eficácia, sendo o primeiro a formular uma teoria sobre governabilidade moderna. Sua premissa central é de que todo governo que queira "assegurar sua superveniência, deve satisfazer as necessidades da sociedade que rege e buscar suas raízes nos interesses morais e materiais do seu povo".[138] Assim, foi o primeiro a estabelecer uma visão sistemática de governabilidade, apontando as condições de um exercício adequado do poder na época moderna. Observa-se que Guizot já havia compreendido que na era democrática exercer o poder significava saber tratar com as "massas", deixando assente que o governo e a sociedade não são dois seres distintos, mas, ao contrário, constituem um único e mesmo ser. O problema fundamental da era pós-napoleônica consistia em constituir o governo pela ação da sociedade e a sociedade pela ação do governo.[139] É nesse

---

[132] ROSANVALLON, 2015d, p. 279.

[133] Como bem acentua Almeida, a responsividade coloca em primeiro plano a questão de *como* se representa, um debate central para Hanna Pitkin. (ALMEIDA, 2015, p. 82).

[134] NECKER, 1792.

[135] GUIZOT, 1821.

[136] NECKER, 1792; ROSANVALLON, 2015d, p. 281-282.

[137] Rosanvallon aponta a importância dos autores para as reflexões que estruturam a concepção do poder executivo. (ROSANVALLON, 2015d, p. 280-285).

[138] GUIZOT, 1821. Uma análise da influência de Guizot em ROSANVALLON, 2015d, p. 281-282.

[139] Rosanvallon faz referência à obra de Guizot, apontando a grande percepção do autor em pensar em termos de interação positiva na relação entre poder e sociedade. GUIZOT, 1817, p. 278. (ROSANVALLON, 2015d, p. 284).

sentido que a publicidade insere-se como instrumento superposto ao da representação. A teoria da publicidade deve, portanto, estar associada à concepção de um governo que se pretenda representativo. Onde falta publicidade pode haver eleições, assembleias, deliberações, mas o povo não crê nelas. A publicidade, segundo Guizot, permite efetuar um trabalho de revelação recíproca entre poder e sociedade. Uma cidadania emancipada deve dispor de meios para que os indivíduos possam expressar seus interesses e opiniões, assim como defendê-los.

Essa tese central também está presente na teoria de Rosanvallon, que aposta em sua conclusão na relação estreita para o exercício de uma democracia de interação entre governo e sociedade, alargando o dever de responsividade, ou seja, o dever de responder melhor às expectativas sociais, e exigindo uma reformulação dos modos de expressão social, que nos dias atuais encontram-se atomizados.[140]

Nesse diapasão, a adoção do termo povo[141] oculta a compreensão de uma sociedade plural,[142] diversificada e marcada em sua estrutura pelos conflitos de interesses. Quais seriam os caminhos para que cada indivíduo se faça presente? A resposta a tal questionamento é a base para o exercício de uma democracia de interação, alicerçada num movimento elíptico e circular, em que os desejos e as aspirações individuais possam ser, de alguma forma, contemplados nas respostas oferecidas pelos governantes. Uma solução idealizada por Rosanvallon[143] é a realização de conferências, cuja tarefa é a de estabelecer um marco e um método de organização para um debate público mais amplo. Haveria uma

---

[140] Há a percepção de uma deficiência nas formas institucionais de comunicação com a sociedade. O autor traz a origem pré-democrática do direito de petição, que permitia a cada cidadão expor suas questões individuais, numa época em que não existiam instâncias para representá-los. Um exemplo de mecanismo utilizado para conferir um caráter coletivo e político foi a demanda por sanções de leis. Posteriormente, outras instituições como os partidos e sindicatos, passaram a dar voz aos interesses do indivíduo. Ocorre que com a crescente crise de representatividade de tais instâncias, a expressão cidadã tem caminhado para atrofia, para a sua atomização. (ROSANVALLON, 2015d, p. 288-297).

[141] No original: "*Cette représentation-figuration du social doit d'abord partir du fait que Le mot "peuple" ne peut s'appréhender que dans la diversité des condition socials et des épreuves de vie qui en déclinent la vérité pratique*". (ROSANVALLON, 2105d, p. 297-298).

[142] Sem entrar no debate do pluralismo, apenas registra-se a concepção de Robert Dahl, ator norte-americano que defendeu a possibilidade de um governo de minorias ativas e na multiplicidade de polos de poder. Sua teoria reflete o seu ideal democrático "Se acreditamos que todos os seres humanos nascem iguais, que estão dotados de certos direitos inalienáveis, que entre estes estão os direitos à vida, à liberdade e à busca da felicidade; que é para assegurar esses direitos que se instituem os governos do povo, derivando seus poderes da autorização e do consentimento dos governados, então nos vemos obrigados a defender a meta da igualdade política". (DAHL, 2003, p. 147).

[143] ROSANVALLON, 2015d, p. 300-301.

autoridade encarregada de organizá-la, uma verdadeira autoridade do debate democrático. São caminhos a serem aprimorados, mas cujo fim destina-se a dar visibilidade, transparência, conhecimento, de modo a tornar cada vez mais estreita a relação entre governo e governados.

É pertinente a percepção de Almeida, que verifica uma lacuna deixada por Rosanvallon, ao abordar apenas movimentos contrademocráticos, deixando de perceber um repertório mais amplo de ação dos movimentos e organizações sociais, que vão além da influência e da função de aperfeiçoar a justificação pública e a troca de informações. A autora reconhece a possibilidade de um poder mais amplo, pois além do controle, veto e juízo,[144] a sociedade é chamada para partilhar o poder de decisão e propor alternativas às políticas públicas a partir de sua experiência e conhecimento adquiridos ao longo da vida associativa e democrática, como ocorre nos conselhos deliberativos brasileiros.[145]

Tal questionamento foi respondido por Rosanvallon, em boa medida, somente na sua teoria sobre o bom governo, na qual deixa assente a proposta de reconhecer a centralidade do poder do executivo na tomada de decisão. Em um discurso metafórico, Rosanvallon faz alusão à problemática do *too many hands* para a tomada de decisão, deixando claro que o primeiro passo para dar existência à opinião publica é conferir *too many voices*. Portanto, consciente de que as transformações exigem um trabalho de construção, o autor se concentra nas possibilidades para dar voz à opinião pública, visualizando as organizações cidadãs como mecanismos de canalização e estruturação da expressão social. Nesse sentido, põe em debate a necessidade de repensar novos modos de configuração, novas instituições permanentes, como as já mencionadas conferências *ad hoc*, que teriam como tarefa principal propor um marco e um método de organização de um debate público mais amplo, expandindo as formas de interação. Não propõe uma vinculação do governo a tais instâncias, mas uma consideração aos trabalhos realizados. Na verdade, o autor não formula propriamente um modelo, mas sugere a necessidade de novas instâncias.

Em síntese, esta seção aponta duas questões centrais para o debate proposto no livro. A primeira decorre da necessidade de compreensão do conceito de representação de modo dinâmico, uma representação contínua e permanente, capaz de reconfigurar o espaço democrático

---

[144] O controle, o veto e o juízo como instrumentos de exercício contrademocrático, ou seja, instrumentos da desconfiança sob o aspecto positivo.

[145] ALMEIDA, 2015, p. 193-194.

para inserir a particularidade da autoexpressão e a manifestação organizada da desconfiança.[146] A segunda é a de compreender que os requisitos para o exercício de bom governo, traduzidos nos imperativos da legibilidade, responsabilidade e responsividade, além de darem conteúdo ao conceito de *bom* (como aquele capaz de ser apropriado pelo exercício da cidadania, contrapondo-se à noção de mau governo), impõem-se também às demais instituições públicas e a estruturas sociais. É sob essas duas perspectivas que as instituições de controle devem adotar os pressupostos de uma democracia de apropriação como vetores direcionadores do seu agir.

1.2 Sociedade em transformação: a sociedade em rede

A quebra do pacto de confiança[147] não foi "tolerada" pela sociedade em rede, o que impulsionou, de modo autêntico, uma nova forma de exercício da "desconfiança", a construção de um caminho para a transformação das ideias que a seu tempo e devidamente apreendidas serão propulsoras de uma reinvenção conceitual e prática da democracia.

O poder da comunicação se fez presente no sistema de redes interligadas. A mudança na forma de se comunicar impulsionou alterações sociais significativas, representando um novo paradigma econômico, social e cultural na sociedade contemporânea, caracterizada pelo sociólogo espanhol Castells, pela importância da matriz tecnológica a serviço da informação. A percepção das variáveis espaço e tempo alcança um novo significado, assim como a passagem dos meios de comunicação de massa tradicionais para um sistema de redes horizontais de comunicação. A inserção da virtualidade na vida real é o eixo central da sociedade em rede que estrutura uma sociedade globalizada e informatizada.[148]

---

[146] Miguel põe em destaque o pensamento de Rosanvallon, no século XXI, com a preocupação em relação à ambição democrática de realizar a autonomia coletiva, posto que a questão central da desigualdade socialmente estruturada tem sido afastada pela preocupação com a desigualdade individualizada. (MIGUEL, Luís Felipe. O liberalismo e o desafio das desigualdades. In: MIGUEL, 2016, p. 61).

[147] CASTELLS, 2013a, p. 11.

[148] Na sua última edição de 2010, Castells aprofunda sua análise estrutural, considerando os efeitos sociais da transformação da comunicação pela expansão da internet e da comunicação sem fio. Toma como exemplo a crise financeira global, ocorrida em 2008, identificando dentre os fatores desencadeadores, a existência de um mercado financeiro interdependente voltado às redes globais de computadores; a liberalização e a

Mas, ao mesmo tempo em que as tecnologias digitais permitiram ultrapassar as limitações tradicionais dos modelos organizacionais de formação em redes, percebe-se que na Era da Informação a desigualdade permanece aprisionando as pessoas em seus grupos, pois como acentua Castells, as "redes globais incluíam algumas pessoas e territórios e excluíam outros, induzindo, assim, uma geografia de desigualdade social, econômica e tecnológica".[149] O desequilíbrio do acesso à informação desafia de forma inovadora não apenas as instituições privadas, mas as instituições públicas, responsáveis pelo acesso inclusivo da informação[150] digitalizada e em rede. Como inserir a matéria-prima da informação na caixa de instrumentos da cidadania inclusiva, capaz de influir nas decisões políticas, ou ao menos capaz de ampliar o acesso à tomada de decisões? O autor anuncia um rearranjo nas relações de poder social, que começa a repercutir em todas as esferas,

> isto inclui a difusão da e-governação (um conceito mais vasto do que o governo eletrônico — porque inclui a participação dos cidadãos e a tomada de decisões políticas); e-saúde, e-formação, e-segurança, etc.; e um sistema de regulação dinâmica da indústria de comunicação, adaptando-se aos valores e às necessidades da sociedade. Todas estas transformações requerem a difusão da interatividade, multiplicando as redes em função da forma organizacional do setor público.[151]

Novas possibilidades se abrem para a democracia contemporânea. A mesma rede digital que permitiu ampliar a desigualdade[152]

---

desregulamentação das instituições e mercados financeiros; a virtualização do capital e a eliminação de qualquer aspecto de transparência nos mercados; o desequilíbrio do acúmulo de capital nos países; e um mercado flutuante moldado pela turbulência das informações. (CASTELLS, 2015).

[149] CASTELLS, 2016, p. 11-12.

[150] Não se trata apenas de ter acesso à informação, mas de compreendê-la como mecanismo de inclusão, na sociedade do século XXI, em que a tecnologia digital torna-se fonte de poder.

[151] CASTELLS; CARDOSO, 2005, p. 27-28.

[152] O debate acadêmico tem apontado a desigualdade como o principal problema das sociedades contemporâneas. Não é outro o tema que autores como Joseph E. Stiglitz, vencedor do prêmio Nobel de economia, em sua obra *O preço da desigualdade*; Pierre Rosanvallon, em sua obra *La sociedade de iguales;* e tantos outros grandes autores têm se dedicado. No cenário brasileiro, a pesquisa realizada por Machado e Marques procura compreender como a temática da desigualdade é abordada na produção de artigos científicos no período de 2000 a 2010, especificando os diversos tipos de desigualdade (de classe, de renda, de gênero, quanto à sexualidade, racial, étnica, geracional, informacional e quanto à deficiência física e mental). (MACHADO, Carlos; DANUSA, Marques. As ciências sociais brasileiras e a temática da desigualdade (2000 a 2010). In: MIGUEL, 2016).

também permitiu aos excluídos uma nova forma de agregação, cuja voz se fez presente nas manifestações ocorridas no espaço físico das ruas e das praças entre 2011-2013. Movimentos sociais e globais que contestaram os resultados das políticas econômicas, a má qualidade dos serviços públicos, a financeirização como norma reguladora do cotidiano da vida dos cidadãos,[153] enfim, retrataram a indignação diante das escolhas políticas e do distanciamento da representação.

A ampliação da esfera de legitimidade política pressupõe novas formas de exercício da cidadania, sobretudo no que se refere ao conteúdo da ação estatal, produzido pelas políticas públicas.[154] Deve-se ressaltar, contudo, que a problemática vai além de uma proposta de inclusão formal do exercício da cidadania, pois pressupõe um trabalho de construção da autonomia individual, um dever que recai sobre as instituições públicas, mas que se depara com as barreiras protetivas do controle assimétrico dos recursos materiais, cognitivos e simbólicos,[155] e, portanto, com a limitação da arena pública. Os movimentos sociais questionam as fronteiras entre o público e o privado, entre o espaço de ampla liberdade das desigualdades e o espaço de uma igualdade convencional, exigindo respostas renovadas às questões atinentes à democracia.

1.2.1 Uma sociedade redesenhada pelas redes digitais

Desenvolvida, em 1973, por Robert Metcalfe e David Boggs, a "Ethernet" constitui o método de conexão mais usado para a formação de redes locais. A facilidade da comunicação compartilhada, com

---

[153] GOHN, 2014, p. 141.

[154] A formulação de Denhardt está centrada no dever do Estado em possibilitar o acesso ao processo de políticas públicas, inclusive aos circuitos de decisão, mas não apenas para atendimento de interesses individuais (de curto prazo), pois defende a possibilidade da construção de uma noção coletiva, compartilhada, do interesse público. Assim, para o autor "[...] as organizações públicas devem ser administradas de modo a aumentar e estimular o engajamento dos cidadãos em todos os aspectos e estágios do processo de formulação de políticas públicas e implementação. Por intermédio desse processo, os cidadãos envolver-se-ão na governança, em vez de apenas fazerem demandas ao governo para satisfazerem suas demandas de curto prazo". (DENHARDT, 2017, p. 288).

[155] A indagação posta por Miguel ao paternalismo é de que se todos nós somos autônomos e, portanto, por definição, igualmente capazes de definir o que queremos, então como se coloca a questão do controle assimétrico dos recursos materiais cognitivos e simbólicos que permitem aos diferentes grupos e indivíduos produzir sua identidade, seu entendimento do mundo e suas preferências. (MIGUEL, Luís Felipe. O liberalismo e o desafio das desigualdades. In: MIGUEL, 2016).

transmissão contínua de pacotes de dados digitais, sem controle central,[156] transporta à ideia de uma infinita expansão, de modo quase que instantâneo, de um emaranhado de novas conexões. Algo inimaginável até então.

Passadas mais de quatro décadas dessa mudança de paradigma na transferência das informações, é possível com maior clareza identificar que estamos vivenciando uma etapa importante do período de transição da forma pela qual está estruturada a sociedade. E, como todo período transitório, é necessário um tempo para a devida compreensão dos novos arranjos sociais.[157] A dificuldade de decodificação desse novo arquétipo também decorre da releitura das próprias categorias conceituais utilizadas, que não podem estar fechadas a conceitos anteriores.

A expressão de origem latina nó (*nodus*), refere-se ao ponto de conexão nas redes que se constituem, como sintetiza Castells, "um ponto no qual a curva se entrecorta".[158] Cada nó tem sua própria estrutura e conta com diversos campos, que serão utilizados como referência para outros campos.[159] A rede é definida por Castells como um "conjunto de nós interconectados".[160] Uma metáfora que simboliza uma estrutura capaz de se expandir de forma ilimitada, integrando novos nós, realizando novas conexões, mas com uma condição importante, que é a de compartilhar os mesmos códigos de comunicação.[161]

---

[156] METCALFE, Robert M.; BOGGS, David R. *Ethernet*: distributed packet-switching for local computer networks. Disponível em: <http://citeseerx.ist.psu.edu/viewdoc/download?rep= rep1&type=pdf&doi=10.1.1.219.4152>. Acesso em: 07 dez. de 2016.

[157] O euforismo de uma democracia participativa está presente em outros momentos históricos de ruptura, como na Revolução Industrial, como aponta Merquior: "seja como for, todo o debate sobre critérios empíricos para a expansão da democracia participativa corre o risco de tornar-se acadêmico. De acordo com Samuel Huntington, a emergente sociedade pós-industrial muito provavelmente há de experimentar níveis sem precedentes de participação política. Por quê? Porque os indivíduos, executando tarefas de colarinho ranço, melhor educados e residindo em subúrbios, estão a ponto de se tornar a maior parte da população no período pós-industrial, e é característico desse grupo "envolver-se mais em política do que em qualquer outro grupo". Além disso, por conta deste envolvimento, "seu impacto ultrapassa quantitativamente seu simples crescimento numérico [..] a política possivelmente virá a conhecer novas e vigorosas formas de militância partidária, de motivação principalmente cívica e ideológica. (MERQUIOR, 1990, p. 247).

[158] CASTELLS, 2016, p. 554.

[159] Cf. BARABÁSI, 2003.

[160] O conceito de rede de Castells é resultado de um contínuo diálogo intelectual com François Bar, que tem se dedicado ao estudo das tecnologias de informação e comunicação e políticas públicas. (CASTELLS, 2016, p. 553-554).

[161] Redes que têm promovido mais exclusão do que inclusão, como alerta Melo, "no contra-fluxo da euforia digital, os movimentos populares reivindicam políticas públicas capazes

A tecnologia da informação introduziu a virtualidade como uma dimensão essencial da realidade,[162] cujas alterações nas ordens econômica, cultural e social impulsionaram uma nova estrutura, a de uma sociedade constituída por redes em todas as dimensões fundamentais da organização e da prática social. As redes, na visão de Castells, constituem uma nova morfologia social, cuja lógica modifica substancialmente a operação e os resultados dos processos produtivos e de experiência, poder e cultura. Entretanto, ainda que evidente que a rede, sob o paradigma da tecnologia da informação, desempenhe um papel central no redesenho social que a distingue pelo uso da própria informação como matéria-prima, não se pode desconsiderar que alguns campos sociais, ainda que aparentemente abertos, permanecem fechados aos agentes que dele participam.[163]

Uma sociedade sob o paradigma da tecnologia da informação apresenta características próprias, que em grande medida são anunciadas na formulação da teoria da sociedade em rede de Castells. A primeira é ter a informação como matéria-prima, ou seja, não se trata apenas de possuir a informação para agir sobre a tecnologia, como ocorre nas revoluções anteriores, mas de desenvolver tecnologias para agir sobre a informação.[164] Uma segunda questão relevante é a penetrabilidade dos seus efeitos, na medida em que a vida passa a ser moldada pelo novo meio tecnológico. Um sistema em rede, que pode ser aplicado a qualquer sistema ou conjunto de relações, com flexibilidade e altamente integrado, permitindo a reversibilidade dos processos, além de alterações nas organizações e nas instituições.[165]

---

de reduzir ou eliminar as barreiras que dividem grupos, comunidades ou até nações, em ambiente conflituoso. Elas identificam claramente a raiz do problema, ou seja, a criação de um "fosso digital". (MELO, 2014, p. 166, 167).

[162] CASTELLS, 2016, p. 11.

[163] Como considerar as preferências das minorias nas escolhas políticas, uma problemática que está presente desde Tocqueville e que encontra em Robert Dahl um modelo de poliarquia, com a existência de múltiplos centros de poder dentro da sociedade, já que como reconhece o próprio autor, a plena realização da democracia é um ideal normativo utópico. (DAHL, 1997).

[164] A informação como matéria-prima constitui a base do conceito de Organização Exponencial (ExO), que surgiu pela primeira vez na *Singularity University*. São organizações construídas com base nas tecnologias da informação e que crescem numa velocidade exponencial, pois não mais precisam possuir o mercado, mas recrutá-lo para os seus objetivos. Assim, "desmaterializam o que antes era de natureza física e transfere ao mundo digital sob demanda". Assim, na definição do autor "uma organização exponencial é aquela cujo impacto (ou resultado) é desproporcionalmente grande – pelo menos dez vezes maior – comparado com seus pares, devido ao uso de novas técnicas organizacionais que alavancam as tecnologias aceleradas". ISMAIL; MALONE; GEEST, 2015, p. 19.

[165] CASTELLS, 2016, p. 124-125.

Importante observar que Castells utiliza a topologia definida pelas redes para demonstrar uma expansão em toda a estrutura social, ou, ao menos, a possibilidade de tal expansão. Assim, a arquitetura da rede determina a distância, ou melhor, a intensidade e a frequência da interação entre dois pontos. Essa distância será menor e, portanto, terá frequência maior ou mais intensa, se ambos os pontos pertencerem à mesma rede. Dentro de uma mesma rede de fluxos, frisa-se, não há distância entre os nós. Portanto, a distância física, que se traduz nas diferenças sociais, econômicas, políticas e culturais, para um determinado ponto ou posição, varia entre zero (para qualquer nó da mesma rede) e infinito (para qualquer ponto externo à rede).[166]

Nota-se que o que vai configurar os processos e as funções predominantes na sociedade decorre da inclusão ou da exclusão em redes, assim como da arquitetura das relações entre as próprias redes.[167] Não se trata propriamente de uma apreensão de que tal transformação ocorreu como resultado natural e exclusivamente benéfico,[168] pois, como percebe Castells, a tecnologia não determina a sociedade, já que "a sociedade é que dá forma à tecnologia de acordo com as necessidades, valores e interesses das pessoas que utilizam as tecnologias".[169]

A reflexão de Castells é sensível ao argumento de que difundir a *Internet* ou colocar mais computadores nas escolas, por si só, não constituem necessariamente grandes mudanças sociais. Vai depender, por óbvio, de onde, por quem e para quê são usadas as tecnologias de comunicação e informação. O que se coloca é que o paradigma tecnológico tem capacidades de *performance* superiores em relação aos anteriores sistemas tecnológicos.[170] Para isso, é preciso reconhecer que as tecnologias da informação suscitaram também mudanças juspolíticas na estrutura e na organização do Estado. O investimento em tecnologia

---

[166] Cabe ressalvar que a possibilidade de comunicação não estabelece, necessariamente, uma relação de identidade capaz de estabelecer uma verdadeira horizontalidade nas relações, mas constitui um facilitador dessa comunicação.

[167] O Decreto Federal nº 7.175/10 institui o Programa Nacional de Banda Larga (PNBL), em âmbito nacional, com o propósito de fomentar e difundir o uso e o fornecimento de bens e serviços de tecnologias de informação e comunicação.

[168] Uma das críticas formuladas por Fiori à teoria de Castells põe em debate a possibilidade de transformação social em razão do uso da tecnologia informacional, como se fosse possível redesenhar a estrutura social a partir de redes horizontais e comunicativas, cada vez mais extensas e democráticas. (FIORI, 2002, p. 14-15).

[169] A Sociedade em Rede do conhecimento à Ação Política. (CASTELLS; CARDOSO, 2005, p. 17).

[170] CASTELLS; CARDOSO, 2005, p. 19.

é resultado de uma escolha política, justamente com investimento na tecnologia da informação, de modo a permitir o acesso daqueles que não possuem recursos financeiros para tanto. É com tal propósito, por exemplo, que alguns programas governamentais foram criados, destinando recursos públicos para suprir a desigualdade digital.[171]

No entanto, as infovias, ainda excludentes,[172] acentuam a desigualdade das relações de poder que interagem nas redes globais da organização social. Essa é uma conclusão central na medida em que

> a lógica das redes gera uma determinação social em nível mais alto que a dos interesses sociais específicos expressos por meio das redes: o poder dos fluxos é mais importante que os fluxos de poder. A presença na rede ou a ausência nela e a dinâmica de cada rede em relação às outras são fontes cruciais de dominação e transformação de nossa sociedade.[173]

É assim que o autor relaciona a tecnologia da informação com alterações significativas e estruturais na organização da sociedade. É a rede que constitui, portanto, a nova morfologia social, a qual se sobrepõe à ação social, de modo que a exclusão digital constitui uma dimensão relevante da exclusão social e do poder dos fluxos.

A perspectiva de que as relações de poder passariam a ser construídas com base na presença ou ausência na rede, assim como na interação entre as próprias redes e seus códigos interoperacionais, deve ser tomada com certa cautela. Por certo que há um novo núcleo que irá irradiar efeitos para todas as dimensões da vida social, estabelecendo a estrutura de funções e processos dominantes. Não se pode desconsiderar, contudo, as redes econômicas, políticas e sociais que passam a operar pela nova matriz da informação. Assim, ainda que ilimitada a possibilidade de expansão da rede, há os limites estabelecidos pelos códigos de identidade, pelas estruturas existentes, que

---

[171] Atente-se para o fato de antes o desenvolvimento da infraestrutura de comunicação demandava vultuosos programas de investimentos governamentais. No entanto, a flexibilização das barreiras reguladoras e o advento de novas tecnologias sem fios reduziram significativamente os custos com a infraestrutura de comunicações. BAR, François; GALPERIN, Hernan. Geeks, Burocratas e Cowboys: criando uma infraestrutura de Internet, de modo Wireless. In: CASTELLS; CARDOSO, 2005, p. 291.

[172] As taxas de penetração do uso da *internet* revelam ainda grande distorção, conforme dados do IBGE, obtidos em 2013, o número de domicílios brasileiros com conexão à *internet* foi de 50%. Na região Sudeste, 60% dos entrevistados tinha acesso, e na região norte, 35%. Na classe A, a proporção de domicílios com acesso à *internet* foi de 98%, enquanto nas classes D e E apenas 14% estavam conectados.

[173] CASTELLS, 2016, p. 553.

reproduzem valores, interesses e visões de mundo. Assim, ainda que haja um momento de euforia quanto às possibilidades de penetrabilidade na estrutura social, com base em um sistema aberto e dinâmico suscetível de inovação, certo é que novas barreiras, agora digitais, são postas como um mecanismo, ainda que invisível, de manutenção do *status quo*.[174]

Numa visão sensível, o sociólogo identifica que as principais dimensões materiais da vida humana, tempo e espaço, passam a ser ressignificadas pela sociedade em rede. Percebe Castells[175] que tanto o espaço quanto o tempo estão sendo transformados sob o efeito combinado do paradigma da tecnologia da informação. E, ao contrário das teorias clássicas, parte da hipótese de que o espaço organiza o tempo na sociedade em rede. O espaço dos lugares é sucedido pelo espaço de fluxos, em que os fluxos são a expressão dos processos que dominam a nossa vida econômica, política e simbólica. Importante a conceituação proposta pelo autor sobre o espaço de fluxos como sendo a "organização material das práticas sociais[176] de tempo compartilhado que funcionam por meio de fluxos".[177] É nesse sentido que a cidade informacional é percebida não como uma forma, mas como um processo caracterizado pelo predomínio estrutural do espaço de fluxos.

A proposta para definição do espaço de fluxos parte de uma estratificação em três camadas constitutivas que devem ser devidamente compreendidas, na medida em que são condicionantes do poder dos fluxos. A primeira camada constitui o suporte material do espaço de fluxos formado por um circuito de impulsos eletrônicos. A configuração espacial central passa a ser a própria rede de comunicação. É a rede que vai redefinir a lógica e o significado dos lugares, do espaço das cidades. A segunda camada, por sua vez, é constituída por seus nós (centros

---

[174] A importância da matriz da informação nas redes de política abre novas possibilidades na abertura dos circuitos de decisão. Ainda que sob uma perspectiva pluralista o acesso aos circuitos da decisão pudesse ser relativamente aberto e pouco hierárquico, fato é que as assimetrias sociais e econômicas se refletem no campo político, criando códigos de acesso aos circuitos de decisão que restringem a participação democrática na tomada de decisões. (MIGUEL, 2016, p. 11).

[175] CASTELLS, 2016, p. 554.

[176] Deve considerar ainda que as práticas sociais dominantes são aquelas que estão embutidas nas estruturas sociais dominantes. Por estruturas sociais dominantes Castells define como "aqueles procedimentos de organizações e instituições cuja lógica interna desempenha papel estratégico na formulação das práticas sociais e da consciência social para a sociedade em geral". (CASTELLS, 2016, p. 494).

[177] CASTELLS, 2016, p. 483-494.

de importantes funções estratégicas) e centros de comunicação. É a rede que irá se conectar com os lugares específicos com características sociais, físicas e funcionais distintas. Os lugares assumem funções bem definidas, assumindo a posição de centros intercambiadores, os quais irão permitir a interação dos elementos integrados à rede; ou de centros da rede (nó), com funções estratégicas importantes. E a terceira camada refere-se à organização espacial das elites gerenciais dominantes (e não das classes) que exercem as funções direcionais em torno das quais esse espaço é articulado. A lógica espacial dos interesses e funções dominantes vai condicionar a lógica espacial. Assim, mesmo que a lógica dos fluxos não seja a única da sociedade, ela acaba se sobrepondo às demais, passando a ser a lógica espacial dominante.[178]

Em suma, não se trata de uma dominação estrutural, mas decidida e implementada por atores sociais. O espaço é a expressão da sociedade, e não o seu reflexo. Assim, conclui Castells que o espaço de poder e riqueza é projetado pelo mundo, através do fluxo de informações, enquanto a vida das pessoas fica enraizada nos lugares, em sua cultura, em sua história. Portanto, quanto mais há a preponderância de fluxos a-históricos, substituindo a lógica de qualquer lugar específico, mais a lógica do poder global escapa do controle sociopolítico das sociedades locais e nacionais historicamente específicas.[179] Assim, a visão de proliferação de redes de qualquer espécie, cada vez mais além do domínio dos Estados, põe em discussão a capacidade de "uma economia de funcionar como uma unidade em escala planetária e em tempo real".[180] O discurso do progresso tecnológico como propulsor de mobilidade social reduz a capacidade de direcionamento das políticas pelo Estado. A questão é posta por Muller, no que diz respeito especificamente à capacidade do Estado-nação para ser o "lugar geral", quando a tecnologia da informação adota como lugar o espaço dos fluxos, derrubando, assim, as fronteiras físicas de cada Estado.

A segunda variável é o tempo, que na sociedade em rede é o tempo fragmentado. O tempo local, linear, mensurável e previsível cede lugar ao *tempo intertemporal e simultâneo*. A informação instantânea

---

[178] CASTELLS, 2016, p. 496-497.

[179] Castells propõe como hipótese que "o espaço de fluxos é formado por microrredes pessoais que projetam seus interesses em microrredes funcionais em todo o conjunto global de interações no espaço de fluxos". As decisões são tomadas em almoços de negócios, em encontros, ao passo que sua execução ocorre nos processos decisórios instantâneos dos computadores. (CASTELLS, 2016, p. 498).

[180] BADIE, Bertrand. La fin territórios. 2013, *apud* MULLER, 2015.

derruba as barreiras do tempo linear, com maior flexibilidade e alcance global.[181] Segundo Castells,

> a mistura de tempos na mídia dentro do mesmo canal de comunicação à escolha do espectador/interagente, cria uma colagem temporal em que não apenas se misturam gêneros, mas seus tempos tornam-se síncronos em um horizonte aberto sem começo, nem fim, nem sequência.[182]

É a intemporalidade do hipertexto de multimídia que, frisa-se, não obscurece a compreensão do tempo real, mas apenas cria uma nova dimensão.

Os movimentos sociais demonstraram a consciência dos limites da instantaneidade da comunicação quando ela é traduzida para o mundo real. Um dos *slogans* dizia: "Somos lentos porque vamos longe". Foi um dos lemas mais populares do Movimento dos Indignados[183] e que deixou assente a percepção dessa dualidade, uma lentidão que poderia, em uma visão apressada, parecer incompatível com a instantaneidade do tempo digital, mas que constitui na verdade os seus limites, os limites impostos pela vida real. Portanto, modificado o tecido social e reconfigurada a sociedade em todos os seus aspectos, as barreiras do tempo e do espaço são deslocadas pela revolução tecnológica informacional, reconceituando o tempo e o espaço para a sociedade em rede.

De fato, a compreensão dessa sociedade contemporânea em formação inicia-se com a análise de sua estrutura,[184] na qual a economia capitalista em rede tem como pressupostos a inovação, a globalização e a concentração descentralizada. O *know-how* tecnológico passa a ser uma ferramenta indispensável para o acesso aos circuitos de poder.[185] No capitalismo informacional global, "o dinheiro tornou-se quase totalmente intradependente da produção, inclusive da produção de serviços, fugindo pelas redes de interações eletrônicas mais sofisticadas,

---

[181] CASTELLS, 2016, p. 517.

[182] CASTELLS, 2016, p. 541.

[183] CASTELLS, 2013a, p. 120; GOHN, 2014.

[184] Uma precisão conceitual é posta por Giddens, como "o conjunto de regras e recursos, implicados na articulação institucional de sistemas sociais. Estudar estruturas, inclusive princípios estruturais, é estudar aspectos importantes das relações de transformação/mediação que influenciam a integração social e sistêmica". (GIDDENS, 2009, p. 28-29; 442).

[185] CASTELLS, 2016, p. 554-555. Esta afirmativa busca enfatizar o poder da tecnológica da informação, sem desconsiderar, contudo, as redes de poder, econômico, social e político, que em grande medida a utiliza para a manutenção da sua própria posição.

dificilmente entendidas pelos gerentes de produção".[186] É o que se tem constatado pela crescente desigualdade social e econômica.

O processo de trabalho, altamente flexível e adaptável, tornou-se cada vez mais individualizado, com uma mão de obra que se caracteriza pela desagregação no desempenho e pela agregação no resultado. O local passa a ser uma variável secundária, na medida em que a presença deve ocorrer no espaço de fluxos, e não necessariamente em determinado ambiente físico. As instituições públicas começam a aderir ao trabalho remoto,[187] mensurando o desempenho individual, que pode ocorrer na própria residência ou em espaços compartilhados de trabalho, pela produtividade. A mão de obra, na atenta percepção de Castells, "está desagregada em seu desempenho, fragmentada em sua organização, diversificada em sua existência e dividida em sua ação coletiva".[188] E isso tem consequências econômicas e sociais. A individualização reduz a identidade coletiva no fluxo espacial, o que é agravado por uma entidade capitalista coletiva sem rosto, formada por fluxos financeiros operados por redes eletrônicas. Assim, se na nova estrutura o capital é global e, via de regra, o trabalho é local, ocorre um descolamento do modelo clássico da relação capital-trabalho. Cada um desses polos passa a operar sob lógicas distintas de espaço e tempo: o espaço dos fluxos e o tempo instantâneo das redes computadorizadas *versus* o espaço dos lugares e tempo cronológico da vida cotidiana. O capital global depende cada vez menos do trabalho específico e cada vez mais do trabalho genérico acumulado, operado por um pequeno número de gênios da informática que habitam espaços virtuais das redes globais.[189]

No campo econômico, a era da particularidade assume uma identidade própria, na compreensão de Rosanvallon,[190] capaz de caracterizar esse conjunto de mudanças. Bens cada vez mais diversificados e adaptados às demandas, assim como os serviços, cada médico, cada

---

[186] CASTELLS, 2016, p. 557. A desigualdade material, de modo amplo, refere-se ao conceito de classe econômica, renda e rendimentos. (MACHADO, Carlos; MARQUES, Danusa. As ciências sociais brasileiras e a temática da desigualdade (2000 a 2010). In: MIGUEL, 2016, p. 406).

[187] Observa-se, por exemplo, que no âmbito do Poder Judiciário, a Resolução nº 227, de 15.06.2016, já regulamenta o teletrabalho como a modalidade de trabalho realizada de forma remota, com a utilização de recursos tecnológicos.

[188] CASTELLS, 2016, p. 558.

[189] CASTELLS, 2016, p. 558-559.

[190] ROSANVALLON, 2009, p. 101-102; 105.

restaurante, cada experiência. O mundo econômico que metaforicamente se aproxima da arte, sendo cada objeto, por definição, único. Para orientar-se e realizar opções nesse novo universo abundante e complexo, o consumidor não pode confiar somente em si mesmo, seja por questões de tempo, seja por não possuir os meios para apreciar e comparar todas as singularidades entre as quais deve escolher. É assim que tomam forma as escolhas, através de guias de todo modo, etiquetas, marcas, múltiplos testes comparativos, direcionando o modo de produção, que passa, cada vez mais, a ser ordenado pela singularidade. A relação de emprego também incorpora essa nova exigência, qualificando como competente aquele que é capaz de dizer o que fazer, e não como fazer. A singularidade se converteu num fator decisivo da produção.

O objetivo dessa incursão é buscar perceber outras modalidades de constituição do laço social e da identidade coletiva, redesenhados pelas conexões digitais. A morfologia das redes é, sob a ótica de Castells, uma "fonte de drástica reorganização das relações de poder",[191] em que os conectores dessa rede ocupam a posição de detentores de poder, podendo interagir em toda a estrutura social. E é justamente através da tecnologia da informação e sua ampla penetrabilidade que as redes definem os processos sociais predominantes. Como adverte Castells,

> as funções dominantes são organizadas em redes próprias de um espaço de fluxo que as liga em todo o mundo, ao mesmo tempo em que fragmenta funções subordinadas e pessoas no espaço de lugares múltiplos, feito de locais cada vez mais segregados e desconectados uns dos outros.[192]

O cenário das redes de detentores do poder econômico e social, como se extrai da advertência acima, deve considerar o fluxo informacional específico, no qual devem estar conectados os poderes políticos do Estado e de suas instituições. É possível assinalar novas relações entre os indivíduos e as instituições, assim como novas maneiras de conceber a ação coletiva e a proteção individual?[193] Esse é o debate a

---

[191] CASTELLS, 2016, p. 554; CASTELLS, 2015, p. 37. A sociabilidade é construída como individualismo conectado e comunidade por meio de busca por indivíduos com visões de mundo e interesses semelhantes, numa interação *on-line* como *off-line*.

[192] CASTELLS, 2016, p. 560.

[193] ROSANVALLON, 2009, p. 107. A mudança do processo de individuação é percebida por Giddens, com o declínio das formas tradicionais de comunidade entendidas em termos de espaço, trabalho, família e atribuição em geral.

que se pretende levar ao longo desta obra, buscando apontar que o movimento verticalizado se distancia de uma perspectiva de estrutura social moldada por redes inclusivas e mais horizontais. O trajeto-desafio é o inverso do que tem sido percorrido pelo modelo de racionalidade, que busca aproximar a lógica do Estado ao mecanismo da concorrência e da competitividade, pois o papel das estruturas institucionais deve ser o de se conectar, sobretudo, nos locais segregados e desconectados pelo espaço da desigualdade. Há de se considerar, portanto, que a metarrede ignora, em grande medida, as funções não essenciais, os grupos sociais subordinados e os territórios desvalorizados. Assim sendo, alarga-se a distância social entre essa metarrede e a maioria das pessoas, atividades e locais no mundo.[194]

Num horizonte de novas expectativas sociais e políticas, há de se reconhecer, todavia, que o desempenho das funções juspolíticas do Estado ainda permanece operando sob a lógica do tempo e do espaço da sociedade do século XX, impondo-lhe um desafio renovado, o de adotar a informação como matéria-prima e o de dialogar com proximidade das estruturas sociais, facilitado, na sociedade do século XXI, pela lógica da rede, isto é, pelas novas possibilidades do exercício democrático em um sistema altamente integrado de comunicação.

Em suma, o modo informacional do desenvolvimento, redesenhado pelas redes interconectadas de geometria variável, promoveu uma mudança nas variáveis de espaço e tempo dessa nova sociedade conectada nas redes de inclusão, mas também nas da exclusão social, econômica e agora digital. Uma estrutura social edificada em torno de redes pessoais e organizacionais e que se movimenta no fluxo digital, que se abre à construção de um espaço *pervasive*,[195] operacionalizado digitalmente por grupos e interesses que se desconectam dos interesses comuns de uma sociedade pautada pelo ideal de igualdade e acabam promovendo, portanto, novas formas de exclusão. É preciso reconectar os excluídos da metarrede, cabendo ao Estado um papel ativo na democracia contemporânea, erguendo estruturas sólidas entre governante e governados, a serem construídas no espaço de fluxos e no tempo instantâneo das redes computadorizadas, em prol da cidadania inclusiva.

---

[194] CASTELLS, 2016, p. 560.

[195] Ainda que não tenha uma correspondência na língua portuguesa, alguns autores adotam a tradução de pervasivo, para significar que *se infiltra*, que *penetra*. O conceito de "espaço persuasivo" foi empregado por André Lemos e Marcos Palácios. (LEMOS; PALÁCIOS, 2001).

1.2.2 #NovosCódigosNovosValores#: a comunicação em rede

A maneira como sentimos e pensamos determina a maneira como agimos, tanto individual, quanto coletivamente,[196] pois como bem sintetiza Denhardt, "a ação humana requer reflexão e, sem o ato de pensar, nossas ações são cegas".[197] E sob essa premissa ganha especial relevo o estudo da ciência da comunicação,[198] como instrumental necessário para a construção de uma subjetividade individual e coletiva.[199] A fonte de poder da *ordem existente* consolida-se pela capacidade de fazer cumprir as regras que orientam as instituições e as organizações da sociedade, regras que expressam o resultado dos processos de luta e conciliação entre os atores sociais conflitantes, que se mobilizam em defesa de seus interesses e valores. Uma disputa na qual a comunicação constitui o elemento central de formação da mente humana, possibilitando a interação com o ambiente social e natural.[200]

A comunicação como fonte de poder sempre ocupou um papel central na arte de governar,[201] desafiando não apenas a prática social, mas também a prática política. Castells chega a afirmar que o processo de formação e exercício das relações de poder é transformado de forma decisiva no novo contexto organizacional e tecnológico, em que as redes horizontais permitem uma espécie de autocomunicação de massa, conferindo autonomia dos sujeitos comunicantes em relação

---

[196] CASTELLS, 2015, p. 21.

[197] Ao formular sua teoria sobre o Novo Serviço Público, Denhardt também expõe sua preocupação com a formulação das ideias. DENHARDT, 2015, p. XV (prefácio).

[198] A teoria do agir comunicativo foi desenvolvida por Jurgen Habermas, filósofo e sociólogo alemão considerado como pertencente à denominada segunda geração da Escola de Frankfurt. Sua obra "Theorie des Kommunikativen Handelns" foi publicada em 1981.

[199] MELO, 2014.

[200] CASTELLS, 2015, p. 21. A partir de pesquisas experimentais, os insights teóricos revelaram a importância da comunicação como ferramenta necessária para auxiliar a sinalizar o desejo de cooperar, a troca de informações sobre a reputação dos outros e o sinal (des)conhecido da confiança de alguém. Os autores percebem que a comunicação é um dos elementos centrais para o desenvolvimento de estratégias e posterior execução de ações conjuntas. (POTEET; JANSSEN; OSTROM, 2011, p. 251; 284).

[201] O modo de dominação dos governados pelos governantes está intimamente relacionado à arte de sedução metodicamente elaborada pelos especialistas em comunicação. Em que pese todo o avanço tecnológico, Rosanvallon percebe ainda pouca evolução ao se comparar os modelos históricos, "são sempre as mesmas receitas, os mesmos subterfúgios, os mesmo elementos de linguagem que guiam a conduta dos governantes obcecados pela conservação do seu poder; o advento da era mediática e logo eletrônica não fez senão multiplicar os instrumentos de manipulação. (ROSANVALLON, 2015d, p. 197).

às corporações de comunicação.[202] Em larga escala, a comunicação mediada constitui o "ambiente simbólico no qual as pessoas recebem, processam e enviam os sinais que produzem sentido em suas vidas", interferindo, portanto, no processo individual cognitivo de reflexão.[203] A Era da Informação Digital trouxe inovações na forma de comunicação mediada, que passa de um modelo de comunicação de massa para o modelo de intercomunicação individual, definida pelo autor como um processo de comunicação interativa, que tem o potencial de alcançar uma audiência de massa, "mas em que a produção da mensagem é autogerada, a recuperação da mensagem é autodirigida, e a recepção e a recombinação do conteúdo oriundo das redes de comunicação eletrônica são autosselecionadas".[204]

Por certo que as redes horizontais de comunicação se misturaram aos modelos unidirecionais, como televisão, rádio e mídia impressa, formando um sistema de comunicação híbrido, que se apropria da flexibilidade da tecnologia digital para migrar do hipertexto genérico e unificado para o "meutexto", individualizado e diversificado (meu horário nobre, meus hipertextos, minhas imagens selecionadas). As redes de comunicação digital se espalharam rapidamente e hoje contam com mais de 6,4 bilhões de usuários de dispositivos de comunicação sem fio.[205]

À parte das críticas formuladas acerca de uma considerável autonomia dos sujeitos comunicantes, fato é que os usuários alcançaram mais autonomia na medida em que passaram a ser tanto emissores quanto receptores das mensagens.[206] Cada indivíduo pode gerar seu

---

[202] A compreensão da afirmativa de Castells não pode desconsiderar a sua preocupação com a forma de construção das relações de poder nas múltiplas esferas da prática social, mas ao mesmo tempo, não pode ingenuamente considerar emancipado e autônomo o indivíduo que dispõe de recursos tecnológicos que lhe permitem interagir na rede de comunicação digital. (CASTELLS, 2015, p. 22).

[203] CASTELLS, 2015, p. 29.

[204] CASTELLS, *loc. cit.*

[205] No relatório sobre o Desenvolvimento Mundial de 2016, um estudo do Banco Mundial aponta para 98 milhões de pessoas desprovidas de acesso à *internet* no Brasil. No entanto, o Ministério das Comunicações aponta uma divergência destes números em relação ao levantamento do Instituto Brasileiro de Geografia e Estatística (IBGE), que estimou em 78,9 milhões de pessoas com 10 anos ou mais de idade *off-line*, com uma previsão da população total de 204 milhões de pessoas. Ainda que se considerem os números apresentados pelo IBGE, há ainda, na realidade brasileira, uma significativa parcela de excluídos digitais. Relatório disponível em: <http://documents.worldbank.org/curated/en/896971468194972881/pdf/102725-PUB-Replacement-PUBLIC.pdf>. Acesso em: 18 jan. 2017.

[206] Como bem alerta Fiori, a *internet*, como todas as demais formas de comunicação, também possui um controle monopolizado. (FIORI, 2001, p. 43). Essa perspectiva tem direcionado

próprio conteúdo de mensagens, disponibilizando-os no espaço das redes com alcance global. Os meios tradicionais de comunicação de massa cedem espaço para um sistema horizontal de comunicação inclusivo, que se forma a partir da *internet*. A virtualidade projeta-se para a realidade, ocupando um espaço significativo na vida real.

Há uma mudança estrutural significativa em decorrência desse sistema horizontal de comunicação, cuja perspectiva sociológica aponta para um alcance inclusivo[207] dos segmentos sociais. Além disso, a batalha pela *internet* livre é uma constante. A cultura da liberdade encontra-se acoplada ao projeto de comunicação compartilhada sem centro de controle. Contudo, não se pode desconsiderar que o poder político e a ordem social foram ao longo da história construídos sob a lógica do controle do processo de comunicação.

A trajetória da comunicação de massa como instrumento de poder decorre da própria forma verticalizada da divulgação das informações, o que se torna mais relevante do que pressupor que os receptores das mensagens eram de fato uma audiência passiva. Na verdade, como aponta Castells, cada indivíduo processa a mensagem a partir de suas próprias categorias e percepções, no entanto, o *feedback* dessa mensagem possui menor relevância num modelo de comunicação vertical.[208] Ocorre que o poder da comunicação vertical perde sua supremacia num mundo caracterizado pela prevalência das redes horizontais de comunicação multimodal,[209] em que múltiplas mensagens e múltiplos sentidos são construídos e alteram a forma de interação entre comunicação e poder.

Na percepção de Castells, a penetrabilidade por toda a estrutura social afasta uma visão limitada do uso da rede, de modo que não caberia falar em uso exclusivo por determinados segmentos ou estruturas, como o uso pelos movimentos sociais ou mesmo pelas elites dominantes. Na verdade, a concepção de exclusividade é oposta ao novo sistema. Há, sim, para o autor, um impacto de profundidade, permitindo a interação de uma diversidade de códigos e valores que circunscrevem um novo espaço de fluxos de tecnologia autônomos.

---

os estudos dos algoritmos e a maneira pela qual se estabelece limites à autonomia dos sujeitos comunicantes de forma invisível.

[207] Como aponta Castells, pode-se perceber um hiato intergeracional entre aqueles que nasceram antes da Era da *Internet* (1969) e aqueles que nasceram no mundo digital, o que produzirá efeitos mais significativos nas novas gerações e nos seus elos de identificação. (CASTELLS, 2015, p. 32).

[208] CASTELLS, 2015, p. 32.

[209] CASTELLS, 2015, p. 32.

O impacto de profundidade decorre *da possibilidade de* se conectar diretamente com o eu, num processo de individuação,[210] em que novos laços sociais são criados com base não apenas nas relações genuínas de convivência, trabalho, família, mas também em razão de interesses, valores e projetos individuais. A sociabilidade é reconstruída como individualismo conectado,[211] interagindo num espaço que conjuga o ciberespaço com o espaço local, de modo que o indivíduo passa a ser o centro das novas relações sociais. É a cultura da liberdade individual projetada pelas conexões da rede.

A individuação, como percebe Castells, é o processo principal na constituição dos sujeitos (individual e coletivo). Os atores sociais se tornam sujeitos no processo de construção da sua própria autonomia, definem seus projetos específicos em interação com as instituições da sociedade, sem se submeter a elas. Trata-se de um eu real que estabelece conexões com o espaço virtual, ou seja, são pessoas reais que se conectam com pessoas reais, havendo uma estreita relação entre as redes virtuais e as redes na vida normal.[212] Trata-se de um mundo híbrido, mas que existe no mundo real, no qual a sociabilidade é facilitada pelas conexões virtuais. As tecnologias adequadas devem estar disponíveis na hora e no lugar exato em que as necessidades são diretamente sentidas pelas pessoas e suas organizações.[213]

Essa é a nova lógica da comunicação em rede e digital, que tem significativas repercussões no campo político institucional. A aproximação diária entre políticos e cidadãos, sob a modelagem da mídia eletrônica, tem consequências profundas sobre as características, a organização e os objetivos do processo, os atores e as instituições políticas. De fato, há uma modificação na prática do poder em diversas dimensões institucionais e sociais, aumentando a influência da sociedade civil e de atores sociopolíticos não institucionais na forma e na dinâmica das relações de poder.

---

[210] Sobre as mudanças socioculturais, Giddens observa que "[...] os locais são completamente penetrados e moldados em termos de influências sociais bem distantes deles. Há um deslocamento das relações sociais de contextos locais de interação e sua reestruturação através de extensões indefinidas de tempo-espaço". (GIDDENS, 1991, p. 22-24).

[211] Expressão utilizada por Rainie e Wellman. (RAINIE; WELLMAN, 2012).

[212] Ainda que o vínculo de identidade não produza os mesmos efeitos que a comunicação face a face, experimentos recentes nos quais os participantes podem trocar mensagens de textos somente com outros participantes desconhecidos também demonstram uma melhora significativa para o desenvolvimento de estratégias conjuntas. (POTEETE; JANSSEN; OSTROM, 2011, p. 284).

[213] CASTELLS, 2015, p. 36.

Assim, como relaciona Castells, a construção das relações de poder, ou seja, a interação do poder e do contrapoder, é intermediada de forma decisiva pelo processo de comunicação. Um dos exemplos de mudança da interação do poder e contrapoder em decorrência do sistema das redes digitais é a ascensão dos movimentos sociais em mais de cem países e em milhares de cidades do mundo que utilizam a *internet*, produzindo efeitos significativos no cenário político.

Dessa forma, é a comunicação o eixo que se ergue entre as relações de poder e as possíveis movimentações na estrutura social. Os boatos, sermões, panfletos e manifestos passados de pessoa a pessoa, a partir do púlpito, da imprensa ou de qualquer outro meio de comunicação disponível que ocorrera outrora, cede lugar para as redes digitais, multimodais, de comunicação horizontal, amplificadores de sua própria história.[214] É a lógica interativa das tecnologias da informação que impulsiona a alteração da forma de comunicação da massa. O fluxo de informações que percorria uma única via, na qual os destinatários eram apenas receptores, é substituído pelo fluxo da rede, um fluxo de informações contínuo, horizontal e interativo. Trata-se de uma premissa fundamental na construção do diálogo entre governantes e governados, capaz de influir na construção de um diálogo democrático que leve à continuidade, à horizontalidade e à interatividade.

Por certo que a comunicação vertical, de cima para baixo, foi uma constante na história, sendo um desafio imposto pela sociedade em rede a alteração no modo em que a Administração Pública se comunica, que está aquém dos elementos necessários para estabelecer uma relação de confiança com a sociedade. Na verdade, o poder formula-se no modelo tradicional, ainda de modo vertical, como se essa fosse a única forma de sua sobrevivência, o que o leva a resistir à lógica de uma rede da sociedade do século XXI, cujo caminhar direciona para a horizontalidade e a legibilidade das informações. Paradoxalmente, a não inclusão nessa rede global o tem conduzido ao "isolamento" e, portanto, ao seu enfraquecimento. A questão que se coloca, portanto, vai além da mera utilização da tecnologia da informação, que tem sido, de fato, cada vez mais incorporada e presente nos sistemas governamentais: cada vez se fala mais e mais rápido, disponibilizam-se dados, acesso às informações, governo aberto, mas ao contrário de todas as expectativas, o efeito produzido tem sido um distanciamento a cada dia mais

---

[214] CASTELLS, 2013a, p. 23.

CAPÍTULO 1 | 81

alargado. A sociedade e seus atores sociais não querem mais só escutar, querem ter vozes. As vozes que ecoaram nos movimentos sociais.

Tem-se, portanto, como premissa central dessa seção, o entendimento de que a generalidade de uma opinião pública sem rosto cede lugar para a percepção da singularidade e da particularidade, possibilitada pela comunicação digital. A opinião pública, que historicamente sempre possuiu baixa influência nas decisões do poder, se transforma numa rede de opiniões individuais e passa a exercer o contrapoder na lógica própria da sociedade em rede. Mas ao mesmo tempo em que o *self* amplificou a possibilidade do "eu", as redes sociais incluíram um novo valor na práxis social: o pacto de partilha.

1.3 O exercício da desconfiança nos movimentos sociais do início do século XXI

Inicia-se na Grã-Bretanha[215] e na França, durante o século XVIII e princípios do XIX, a prática das mobilizações coletivas como instrumento de expressão das demandas sociopolíticas e culturais. Na época, representaram a disputa entre o poder do capital e o poder do trabalho, mobilizando uma multidão organizada de trabalhadores, na tentativa de repactuar a esfera limítrofe das condições mínimas de dignidade individual e social. Uma prática que percorreu países e séculos e que assume novos contornos na sociedade contemporânea, impelida pela mudança das formas de comunicação. A Tunísia e a Islândia tornaram-se os pontos de referência para os movimentos sociais do século XXI. As diferenças culturais, econômicas e institucionais não formaram uma barreira ao novo elo de identificação,[216] construído pelo compartilhamento das experiências de revolta, sob a estrutura da rede globalizada.

É a partir do olhar teórico de Castells que se propõe compreender a rede de indignação dos recentes movimentos sociais. A visão do autor para esses movimentos parte de sua experiência de vida, de quem participou do movimento de 1968 e de quem se dedica a compreender as possíveis mudanças da relação de poder a partir das formas de

---

[215] Referência aos movimentos operários do Ludista e do Cartismo.

[216] A Praça Tahrir, no Cairo, teve como *slogan* "A Tunísia é a solução!", o que foi reproduzido nos demais movimentos, na Espanha, nos EUA. O primeiro acampamento dos EUA foi designado de Praça *Tahrir*.

comunicação existentes na sociedade.[217] O seu olhar denuncia as suas expectativas de rupturas, de horizontalidade, sem, entretanto, perder a consciência das dificuldades para que o modelo de comunicação na rede digital possa constituir, de fato, fator determinante para unir os pleitos dos movimentos sociais às necessárias reformas políticas.[218]

O que afinal está em jogo? Há um deslocamento das forças que compõem a relação de poder? O descontentamento, a indignação em relação ao cinismo dos que estavam no poder, seja ocupando o poder político, seja detendo o poder econômico-financeiro ou mesmo o poder cultural,[219] alavancaram uma onda de manifestações que se espalharam por vários países, pondo em xeque os não limites do poder, ou seja, essa capacidade irrestrita de "ser capaz de" tudo.[220] Por certo que a capacidade de impor pode ser exercida ou por meio da coerção ou pela construção de significado com base em ideias, através das quais os atores sociais orientam suas ações. É a partir desse jogo entre poder do Estado e contrapoder da sociedade civil que Castells[221] procura analisar a repercussão social dos movimentos de 2011, produzidos sobre a dinâmica de uma possível horizontalidade das sociedades em rede. Um contrapoder remodelado pela prática da comunicação em rede e pelas novas ideias, interconectado pelos elos digitais ou na roupagem teórica proposta por Rosanvallon, o exercício legítimo da desconfiança, como será melhor estudado a seguir.

1.3.1 Uma nova experiência política

Os movimentos sociais foram definidos por Gohn como "ações sociais coletivas de caráter sociopolítico e cultural que viabilizam

---

[217] O autor relembra sua passagem pelos movimentos: "esse fenômeno fazia eco à minha experiência pessoal como veterano do movimento de Maio de 1968 de Paris". (CASTELLS, 2013a, p. 7).

[218] Castells intitula a última seção antes do capítulo final justamente com esse questionamento: "Movimentos sociais em rede e reforma política: um amor impossível? (CASTELLS, 2013a, p. 175).

[219] De acordo com Castells, a percepção de cumplicidade entre as elites financeiras e políticas provocou um elo de identidade entre os jovens cidadãos empoderados pelas redes. Há também a percepção de que os canais de comunicação, longe de constituírem espaços autônomos, funcionam como alicerces desses poderes. (CASTELLS, 2013a, p. 7-13).

[220] CATELLS, 2015, p. 57. O *poder* é definido por Castells como a "capacidade relacional que permite um ator social influenciar assimetricamente as decisões de outro(s) ator(es) social(is) de forma que favoreçam a vontade, os interesses e os valores do ator que detêm o poder.

[221] CASTELLS, 2013a, p. 14.

distintas formas da população se organizar e expressar suas demandas", cujas estratégias de ação podem ser diversas, desde mobilizações, marchas, distúrbios à ordem constituída, até outras atuações indiretas.[222] No entanto, a clássica modelagem foi alterada pela tecnologia da informação e pelas infinitas conexões possíveis de uma comunicação em rede. Há a identidade própria da sociedade do século XXI, na qual os sujeitos sociais constroem seus elos de identificação.

Ainda que por razões diversas, inúmeros movimentos sociais se espalharam pelo mundo, em milhares de cidades,[223] numa velocidade inimaginável, mas que convergiram no seu sentir: "Um sentimento individual e coletivo de indignação em relação à injustiça social e à humilhação fomentadas pela arrogância da classe política".[224] A organização ocorre pela conexão, facilitada pela autonomia comunicativa da *internet*. Há, portanto, uma interação entre a *internet* como espaço de autonomia,[225] sem o controle do mercado e de governos, e o espaço urbano ocupado.[226]

Mas esses movimentos que se iniciam de modo virtual, no ciberespaço, precisam atingir o mundo real. A ocupação do espaço público simboliza essa "invasão" às instituições, de modo que a visibilidade dos movimentos sociais em rede ocorre com a ocupação do espaço urbano e dos prédios simbólicos.[227] A autonomia não é percebida apenas na forma de organização, mas é incorporada como elemento constitutivo dos movimentos, que afirmam uma horizontalidade sem líderes, sem partidos, sem sindicatos, enfim, sem centros de controle. A comunicação sem apoio da mídia opera-se em redes *on-line* e *off-line*, bem como em

---

[222] Como acentua a autora, diferentes formas podem ser adotadas pelos movimentos sociais, e não apenas as pressões diretas como mobilizações, concentrações, passeatas, mas também as pressões indiretas. (GOHN, Maria da Glória. Movimentos sociais na atualidade: manifestações e categorias analíticas. In: GOHN, 2011, p. 13).

[223] Conforme dados levantados por Gohn, no Brasil estima-se que cerca de 2 milhões de pessoas saíram às ruas entre junho e agosto de 2013, em 483 municípios, de um total de 5.570. (GOHN, 2014, p. 8).

[224] CASTELLS, 2015, p. 48.

[225] Espaço de autonomia também é utilizado por Castells para identificar esse espaço híbrido entre o espaço de fluxos na internet e nas redes de comunicação sem fio, onde os movimentos de regra se iniciam, e o espaço urbano dos locais ocupados. (CASTELLS, 2015, p. 49).

[226] Cabe, contudo, o alerta de Bauman: "Pense nos movimentos Occupy, o protesto generalizado dos chamados 99% contra o privilégio e o poder de 1% nos países mais ricos do mundo; ou na Primavera Árabe de 2011. Entretanto, essa é uma área a ser cuidadosamente observada, no mínimo porque já está sob vigilância". O autor alerta para o poder de vigilância no interior da mídia social ser endêmico e significativo. (BAUMAN; LYON, 2013, p. 14).

[227] CASTELLS, 2013a, p. 19.

redes preexistentes e redes geradas no curso do movimento. Uma plataforma que permita a flexibilidade necessária para uma prática expansiva e constante, que se modifica na velocidade dos próprios movimentos.

Essa ausência de delegação de poder é destacada por Gohn, ao constatar que a gestão dos movimentos foi realizada de forma descentralizada.[228] Foram, na verdade, redes de redes, sem qualquer centro identificável, o que levou a um duplo benefício, tanto em relação aos perigos externos aos movimentos, quanto em relação aos próprios perigos internos de manipulação e burocratização. Assim, as possíveis ameaças externas passaram a ter dificuldade em se articular, pois não havia propriamente alguém a ser combatido. São redes que estão abertas e sem fronteiras definidas, configurando-se de acordo com o nível de envolvimento da população em geral e sempre com a perspectiva de ampliar essa participação. Outra questão central, muito debatida durante o período das mobilizações, foi a de como chegar a uma decisão construída por todos. O poder era conferido à Assembleia Geral, que disporia de legitimidade democrática para a tomada de decisão dos assuntos que envolvessem a totalidade do coletivo. Uma nova experiência política, precursora de um modelo que põe em discussão as formas clássicas de representação.

A horizontalidade da rede acaba por reduzir a vulnerabilidade dos movimentos. A exposição é apenas maior quando há a ocupação dos espaços urbanos, mas essa ocupação é apenas uma das múltiplas formas de atuação, já que sua existência se dá efetivamente no espaço livre da *internet*. Na verdade, a ocupação é uma forma de mensuração da intensidade de seu poder, ou seja, da sua capacidade de sujeição. Simultaneamente locais e globais, os movimentos constroem sua própria rede e se conectam com o mundo, incorporando e rejeitando, respectivamente, boas e más experiências globais. Há uma consciência mais acentuada sobre questões interligadas e problemas humanitários.[229]

O impacto das mensagens nos múltiplos destinatários decorre da habilidade em suscitar emoções que se conectam ao conteúdo e à forma da mensagem. Nesse cenário é o poder das imagens que tem impulsionado o agir. As imagens através de fotos e de vídeos retratando as formas de repressão violenta às manifestações são ferramentas eficientes para sensibilizar um número cada vez maior de atores sociais.

---

[228] GOHN, 2014, p. 9.
[229] CASTELLS, 2015, p. 49.

Isso, associado ao tempo da instantaneidade, permite uma difusão rápida e viral das ideias que impulsionam a ação. A inércia do agir é rompida pelo sentimento de união,[230] promovido pelas redes sociais. O medo paralisante é substituído pela ação coletiva. Uma ação coletiva autorreflexiva[231] e questionadora, que é expressa no processo de deliberação em assembleias, nos fóruns da *internet*, nas discussões dos *blogs* e em grupos de redes sociais.

Uma experiência democrática construída em fóruns permanentes de discussão, em que todos possuíam direito a expressar sua opinião, desde que sem longos discursos.[232] Assim, poderiam exercer plenamente a sua liberdade de expressão.[233] A pluralidade foi observada, inclusive, com a participação das gerações mais antigas, assumindo a feição de movimento intergeracional, embora a confiança tenha sido estabelecida primordialmente entre os jovens.[234] Esse é o traço de identificação: "A maioria dos políticos tem cabelos brancos e coração negro. Queremos pessoas que tenham cabelos negros e coração branco".[235] São jovens usando as redes construídas pelo compartilhamento de experiências, pela identificação das particularidades, cuja linguagem é virtual, fragmentada e expressiva.[236] Um ponto central que, em certa medida, contradiz a perspectiva de ampla penetrabilidade das redes

---

[230] Como coloca Castells, a unidade é o ponto de partida e a fonte de empoderamento. (CASTELLS, 2015, p. 50).

[231] Sobre o tema da modernidade reflexiva, cf. BECK; GIDDENS; LASH, 2012. Giddens, em sua precisão terminológica, adota a expressão reflexividade institucional.

[232] Gohn considera que os coletivos e as manifestações têm sido grandes laboratórios de experimentação sobre novas formas de operar a política. (GOHN, 2014, p. 12).

[233] Sobre o exercício pleno da liberdade de expressão, a obra de referência é a de Martins Neto. Ao se debruçar sobre os fundamentos da liberdade de expressão, o autor aproxima a liberdade de expressão do seu princípio estruturante, que é a liberdade plena. As ações comunicativas significam o exercício de um direito próprio. Assim, ainda que criticáveis, as opiniões e as emoções estão plenamente cobertas pela liberdade de consciência. A liberdade de expressão é um direito de intervir nos processos de construção do saber e da democracia, sendo lesivas apenas em situações específicas, como a ameaça (na classe dos compromissos); a calúnia (na classe das asserções de fato); e a incitação (na classe das exortações). (MARTINS NETO, 2008, p. 93-97).

[234] CASTELLS, 2013a, p. 32. A utilização do verbo "permitir" foi empregada para traduzir as discussões travadas entre os jovens para decidir se permitiam ou não a participação irrestrita de pessoas que sequer estariam conectadas nas redes digitais.

[235] CASTELLS, 2013a, p. 32.

[236] SANTOS, 2014. A modalidade escrita da e na *internet* é constituída por aspectos morfológicos e fonológicos específicos que justificam o conceito de escrita fragmentada e expressiva. A linguagem *on-line* é uma interação verbal organizada e estruturada por regras e características semelhantes à interação face a face.

sociais virtuais.[237] Na mesma linha, apontando para a aglutinação de diferentes classes e camadas sociais, com certo destaque para a classe média,[238] Gonh percebe a penetrabilidade promovida pelas redes sociais, em que pese ter verificado que os movimentos contaram com a maior participação de jovens, com educação superior e em sua maioria desempregados, que conectavam suas redes pessoais com as suas redes sociais.

Nesse laboratório político, a linguagem é utilizada como instrumento de interação, permitindo que o discurso digital amplie a capacidade de se comunicar com o mundo externo. O movimento contra o Governo Provisório de Mohamed Ghannouchi, na Almedina de Túnis, em Kasbah, ocupou a praça do Gouvernement, escrevendo em seus muros *slogans* em francês, inglês e árabe. Uma interação do espaço virtual, que dialoga com o real. As redes sociais interagem com redes pessoais, formando interconexões com os nós da realidade (família, amigos, etc.). Após os primeiros movimentos, o da Tunísia, "a revolução da liberdade e da dignidade", o da Islândia, "a revolução das panelas", seguiram outros movimentos, como a Revolução Egípcia, os Indignados na Espanha. O Movimento *Occupy*, ocorrido nos EUA, em 2011, apresentou um alto grau de diversidade social e política entre os seus participantes,[239] mas manteve as características de um movimento difuso e sem líderes. A revolução Rizomática, ou os Indignados, na Espanha,[240] surgiu pelo crescente corte orçamentário nas áreas da saúde, da educação e dos serviços sociais. As escolhas políticas estavam direcionadas para a recapitalização das instituições públicas e a redução do déficit público.[241]

---

[237] Ainda que facilite a comunicação, não se pode colocar propriamente a existência de uma horizontalidade, como bem acentuou Fiori, que faz uma crítica à percepção de uma sociedade na qual as relações de classe seriam substituídas por redes horizontais e comunicativas, cada vez mais extensas, envolventes e democráticas. (FIORI, 2001, p. 16).

[238] GOHN, 2014, p. 8.

[239] Occupy Research Network, General Demographic and Political Participation Survey, 2012. Disponível em: <http://occupyresearch.net>. Acesso em: 16 out. 2016.

[240] Deve-se registrar, com relação à percepção de Castells, o movimento para ele tão próximo, que era o da Espanha, no qual as propostas não resultaram em políticas. "Foi então que o movimento 15-M na Espanha declarou, em 19 de dezembro de 2011, greve em relação à sua atividade e em situação de reflexão indefinida". A questão colocada por Castells é: O que conseguiu realizar esse movimento, a maior mobilização autônoma da Espanha depois de um longo período? A verdadeira transformação estava ocorrendo na mentalidade das pessoas. (CASTELLS, 2013a, p. 113).

[241] CASTELLS, 2013a, p. 90.

Ao tratar especificamente sobre a realidade brasileira dos movimentos sociais, Castells[242] percebeu que mais do que centavos, reivindicou-se pela defesa da dignidade de cada um. Movimentos que ocorreram com a mesma espontaneidade, sem líderes, sem apoio de partidos, sindicatos, nem mídia. Pede-se o resgate da democracia que, sequestrada pelo mercado, deixa de atender as expectativas de seus cidadãos. Decisões indiscutíveis que ignoram a dimensão humana e ecológica do desenvolvimento. A imobilidade como resultado de um modelo de crescimento urbano produzido pela especulação imobiliária e pela corrupção municipal. E um transporte a serviço da indústria subsidiada pelo governo. Qual o resultado disso para o cidadão? A imobilidade que se traduz como tempo de vida roubado. É precisa, portanto, a análise de Castells.[243]

A indignação é dirigida à conjuntura ético-política dos dirigentes e representantes civis eleitos nas estruturas do poder estatal, às prioridades selecionadas pelas administrações públicas e aos efeitos das políticas econômicas na sociedade, como bem sintetiza Gohn.[244] Em sua análise, a autora procura delinear um cenário político social do momento que antecede os movimentos, enfatizando justamente as más escolhas públicas com a realização da Copa das Confederações, em 2013, e da Copa do Mundo, em 2014, megaeventos que exigiram a realização de despesas vultosas com a construção de estádios, contrastando com a prestação de serviços públicos de baixa qualidade, sobretudo nas áreas da saúde, educação, transporte e segurança pública. Observa-se, portanto, que está presente em sua exposição sempre uma referência ao elo substantivo da legitimidade, o das políticas públicas.

As transformações políticas concretas ocorridas na Tunísia e na Islândia projetam uma perspectiva real de atendimento às principais demandas dos manifestantes, o que fortalece a sensação de empoderamento dos movimentos. A realização de eleições limpas e abertas, em 21 de outubro, na Tunísia, e a realização de um processo constitucional singular[245] na Islândia mostraram que é possível a mudança.

---

[242] CASTELLS, 2013a, p. 182-183.

[243] Castells utiliza o termo "Móbil-izados" ao se referir ao movimento de 2013 no Brasil, fazendo alusão ao antagonismo entre a facilidade da mobilidade tecnológica e a imobilidade provocada pelo não acesso de todos à infraestrutura que deveriam ser ofertadas. (CASTELLS, 2013a, p. 182).

[244] GOHN, 2014, p. 13.

[245] Observa-se o processo constituinte realizado na Islândia, no qual o Parlamento nomeou uma comissão constitucional que reuniu uma Assembleia Nacional composta por mil

A capacidade autônoma de comunicar-se e organizar-se impulsiona novos meios de mudança social, eis o caminho traçado pelos movimentos sociais para transformar a realidade democrática. Insta observar, como acentua Castells, que a operação estável do sistema, assim como a reprodução das relações de poder em cada rede, depende, em última instância, das funções de coordenação e regulação do Estado, na medida em que "o Estado constitui uma rede-padrão para o funcionamento adequado de todas as outras redes de poder".[246] Assim, verificado que o espaço público institucional está ocupado por interesses da elite dominante (interesses diversos), os movimentos sociais precisaram abrir um novo espaço público que não estivesse limitado à *internet*, mas que pudesse se tornar palpável, ou seja, visível nos lugares da vida social.[247]

Sob a possibilidade de reinvenção da democracia, Castells também questiona tal perspectiva ao avaliar o verdadeiro impacto da ação conjunta dessas redes de indivíduos sobre as instituições da sociedade, assim como sobre si mesmos. "Para que as redes de contrapoder prevaleçam sobre as redes de poder embutidas na organização da sociedade, elas têm que reprogramar a organização política, a economia, a cultura ou qualquer outra dimensão que pretendam mudar".[248]

Assim, uma nova reconfiguração das instituições é a exigência dos movimentos sociais. A mensagem implícita é a de que a opinião pública existe e está atenta. Ao se referir ao primeiro movimento, o da Tunísia, Castells reconhece os desafios vindouros e ao mesmo tempo projeta um futuro autodeterminado pelo processo construído pelos movimentos sociais, a partir da "organização política democrática em funcionamento e, o que é mais importante, com uma sociedade civil consciente e ativa, ainda ocupando o ciberespaço e pronta a retornar ao espaço urbano se e quando necessário".[249]

Porém, como mensurar a reverberação desses movimentos na vida das pessoas e das instituições? Pode-se extrair dessa indagação o

---

cidadãos, que ao final concluiu pela necessidade de elaboração de uma nova Constituição. O Conselho da Assembleia Constitucional (CAC) foi formado por 25 membros, que buscou a participação de todos os cidadãos, via *internet*, utilizando as plataformas do *Facebook*, do *Twitter*, *YouTube* e do *Flickr*. Após 16 mil sugestões e 15 versões para levar em conta o resultado das amplas deliberações, foi aprovado o texto com 114 artigos, produzidos por um processo de *crowdsourcing* genuinamente popular, cujo conteúdo é fruto da participação social.

[246] CASTELLS, 2013a, p. 17.

[247] CASTELLS, 2013a, p. 19.

[248] CASTELLS, 2013a, p. 23.

[249] CASTELLS, 2013a, p. 36.

primeiro ponto central desta seção: a construção de novas esferas de intercessão entre o poder e o contrapoder, sobre as quais as instituições devem se debruçar. Essa questão reintroduz o debate, já anunciado, do novo processo democrático em construção, mas agora apontando o que Castells denomina de curva de aprendizagem da democracia, um verdadeiro laboratório de experimentos, em nível global e interconectado, vivenciado pelos movimentos sociais do século XXI. Ao direcionar sua percepção dos movimentos, Rosanvallon enfoca também a perspectiva procedimental da legitimidade e visualiza uma revitalização na noção de foro democrático. Foi introduzido um conjunto de iniciativas cidadãs de um tipo inédito, cujo objetivo não é o de "tomar o poder", senão vigiá-lo e controlá-lo.[250]

Um controle que se projeta para as políticas públicas, para a definição de um modelo de Estado de exercício democrático, ou sob a voz dos movimentos sociais, ou, melhor ainda, para a resistência ao modelo de Estado "que envereda por uma senda autodestrutiva" com o discurso enganoso que o conduz a promotor de desigualdade. Eis o segundo ponto central desta seção, que se extrai de uma argúcia analítica de Castells, direcionada para entender as questões que são relevantes para a condição do humano:

> A escolarização sem uma verdadeira melhoria do ensino não é educação, mas armazenamento de crianças. E que a saúde sem a potencialização de médicos e enfermeiros e sem um viés preventivo é um poço sem fundo, no qual a produtividade se mede pela ocupação de camas de hospitais, contando os enfermos, e não os sadios.[251]

Assim, o que se coloca é a necessidade de aproximar o exercício da cidadania do debate das políticas públicas, que começa já no momento da construção de sentido aos problemas sociais.

1.3.2 Os elos de não identidade em uma democracia na rede de exclusão

A sociedade na rede tecnológica avança ressignificando sua identidade pela singularidade cultural e pelo direcionamento de suas

---

[250] ROSANVALLON, 2015b, p. 29.
[251] CASTELLS, 2013a, p. 183.

próprias escolhas. No espaço público, os laços de identidade são construídos como redes que interligam significados e experiência de um povo, permitindo aos atores sociais compartilhar um conjunto de atributos culturais inter-relacionados. São múltiplas as identidades sobre as quais o indivíduo se associa.

A construção da identidade envolve um processo de reorganização de significado em função de tendências sociais e projetos culturais enraizados na sua estrutura social. Assim, indivíduos, grupos sociais e sociedade constroem sua identidade a partir de sua história, de sua geografia, biologia, instituições produtivas e reprodutivas, pela memória coletiva e por fantasias pessoais, pelos aparatos de poder e revelações de cunho religioso complexo.[252] A organização de significados, como conceitua Castells, parte da identificação simbólica por parte do ator social, da finalidade da ação praticada por ele próprio. Há na sociedade em rede uma identidade primária, como aponta o autor, para quem "os sujeitos, se e quando construídos, não são mais formados com base em sociedade civil que estão em processo de desintegração, mas sim como processo de prolongamento da resistência comunal".[253]

A construção dessa identidade destinada à resistência[254] leva à formação de comunidades que constroem um novo elo de identidade-ligação. Por certo que as crises estruturais desafiam a legitimidade do Estado e lhe conferem a tarefa de contribuir com a reconstrução da cidadania. Castells[255] aponta para três tendências, sendo a primeira direcionada a fortalecer o vínculo de proximidade, com a recriação de uma esfera do "Estado local". A descentralização nas comunidades e a participação dos cidadãos têm impulsionado um ressurgimento da democracia local, pondo em discussão os limites à fragmentação do Estado-Nação. Nos novos espaços de governança local permeia também a temática das políticas públicas, que será desenvolvida no segundo capítulo. Antecipando o que será abordado com maior profundidade

---

[252] CASTELLS, 2013b, p. 23.

[253] CASTELLS, 2013b, p. 28. Para Castells, a identidade pode originar-se de três formas primárias: a identidade legitimadora, introduzida pelas instituições dominantes da sociedade como mecanismos de racionalizar a dominação em relação aos atores sociais; a identidade de resistência, oriunda dos atores que estão em posição ou condição de desvalorização e/ou estigmatização pela lógica da dominação; a identidade de projeto, quando os atores sociais constroem uma nova identidade capaz de redefinir sua posição na sociedade e, ao fazê-lo, buscar a transformação de toda a estrutura social. (CASTELLS, 2013b, p. 24).

[254] Resistência compreendida como uma legítima desconfiança democrática, para utilizar a terminologia empregada por Rosanvallon.

[255] CASTELLS, 2013b.

no capítulo seguinte, tem-se que essa também é uma das preocupações centrais de Pierre Muller,[256] na medida em que a recriação do estado local, ou seja, de uma esfera de competências locais solidificada, assume a forma de divisão da agenda política, até então controlada pela administração central do Estado.

O que se observa é a existência de problemas estruturais específicos que devem ser objeto de debates em fóruns permanentes de discussão sobre as políticas locais. O governante na esfera da municipalidade deve manter o diálogo permanente de interação com a agenda política local. Um fenômeno denominado por Muller como uma espécie de "ambiente de tomada de decisão local".[257] A questão enfrentada pelo autor decorre da capacidade dos territórios para definir o seu próprio espaço político, em que os atores de diversas origens pudessem participar do desenvolvimento de um repositório global-local, capaz de integrar as diferentes facetas da política local.[258]

A segunda tendência é a oportunidade oferecida pela comunicação eletrônica de aprimorar formas de participação política e comunicação horizontal entre os cidadãos. A facilidade de difusão e recuperação da informação (acesso a qualquer tempo em qualquer lugar) é um estímulo renovado aos debates em fóruns eletrônicos independentes. Sem cair no simplismo de política de referendo,[259] as novas formas de interação começam a ganhar espaço,[260] atendendo as expectativas de Castells:

> Se a representação política e os responsáveis pela tomada de decisão tiverem condições de estabelecer uma relação com essas novas fontes de contribuição dos cidadãos interessados na política, sem que o processo fique restrito à elite tecnologicamente capacitada, um novo modelo de sociedade civil pode ser reconstruído, possibilitando a popularização da democracia, via eletrônica.[261]

---

[256] MULLER, 2015.

[257] MULLER, no original: *"milieu décisionnel local"*.

[258] MULLER, 2015. No original: *"La question posée ici est celle de la capacité des territoires à définir un espace politique propre au sein duquel des acteurs d'origines très diverses pourraient participer à l'élaboration d'un référentiel global-local, susceptible d'intégrer les différentes facettes des politiques locales"*.

[259] CASTELLS, 2013b, p. 410.

[260] Diversos aplicativos e plataformas digitais estão em fase de testes e em debates constantes. OGP - Parceria do Governo Aberto. A Declaração de Paris dos Governos Subnacionais, aprovada durante a Cúpula Global da Parceria em dezembro de 2016 na França, está disponível em: <http://www.opengovpartnership.org/sites/default/files/OGP_subnational-declaration_EN.pdf>. Acesso em: 23 jan. 2017.

[261] CASTELLS, 2013b, p. 411.

E a terceira, apontada pelo autor, é a do desenvolvimento da política simbólica, bem como da mobilização política em torno de causas "não políticas", via eletrônica ou por outros meios.

Diversas são as concepções de democracia, cada qual estruturada segundo as concepções que retratam interesses e valores próprios. A proposta teórica de Manuel Castells identifica, sob uma perspectiva de mudança, de transformação, a nova estrutura social, a qual se apresenta como sociedade em rede. Ela irá provocar uma remodelagem cultural, econômica, social e juspolítica. Todavia, deve-se sublinhar que ao lado da dimensão que impulsiona a mudança, há também uma dimensão real, que é a da inércia das estruturas sociais, daquilo que é uma constante, do que é regular nas hierarquias sociais. A força da inércia que não deve ser desconsiderada e que projeta para as redes digitais a exclusão e a desigualdade do mundo real.

Pelo exposto até aqui, a título de recapitulação, é importante reafirmar os dois pressupostos teóricos deste capítulo, o primeiro, o da rede contínua, não episódica de exercício da desconfiança, que postula uma democracia de exercício, sob os imperativos da legibilidade, responsabilidade e responsividade, a qualificar não apenas o *bom* governo, mas também as instituições públicas, sobretudo, as de controle de ação do Estado. Essa é, portanto, a compreensão das diretrizes teóricas que adjetivam uma legitimidade inclusiva e atenta às particularidades do indivíduo. E, o segundo pressuposto, oriundo justamente da preocupação com as especificidades do indivíduo e com as novas demandas dos atores sociais do XXI, alicerça-se sobre a compreensão da sociedade em rede, e, portanto, da influência da tecnologia da informação na estrutura social. É com base nesses dois pressupostos que caminhar-se-á para a travessia da velha Administração Pública, para a Administração Pública de exercício legítimo. O diálogo entre Castells e Rosanvallon preocupou-se em sublinhar o legado histórico da representatividade democrática, identificando um *passado* que ainda se faz *presente*, com pequenas mudanças ocorridas em dois séculos de expectativas democráticas e, ao mesmo tempo, no outro extremo, uma abordagem ávida por transformações, que se projeta para o *futuro*. Desse modo é que se compreende a teoria de uma democracia em rede, como uma força a impulsionar, ciente de que será ela, em muitos momentos, retida pelo ritmo próprio das estruturas sociais, havendo ainda todo um percurso a ser construído.

CAPÍTULO 2

POLÍTICAS PÚBLICAS:
O DESAFIO DE UM "FAZER" DEMOCRÁTICO

Uma longa história, de um passado curto,[262] marca a trajetória das políticas públicas. A concepção de Estado, do papel que ele desempenha na sociedade, é o que conduz as atividades e os serviços que direcionam o poder público a se posicionar diante dos desequilíbrios da segmentação social[263] e, assim, diante da complexidade das sociedades modernas. A atuação do Estado torna-se cada vez mais presente no cotidiano da vida das pessoas, sobretudo a partir da década de 50, com a criação dos programas econômicos e sociais e a inserção de novas funções públicas. Um marco que introduziu o estudo das práticas políticas dos Estados[264] modernos nas agendas das pesquisas científicas.

Ainda que recentes, tais estudos são quantitativamente expressivos e oferecem distintas perspectivas de abordagens, resultado da própria complexidade inerente à natureza das políticas públicas. Com a definição do papel do Estado como o do Bem-Estar, as políticas públicas sociais passaram a se traduzir em despesas de bens e serviços consumidos pelos cidadãos: educação, saúde, serviços sociais, habitação,

---

[262] HOWLETT; RAMESH; PERL, 2013, p. 21.

[263] Adota-se a representação de sociedade como um conjunto de setores, de modo que, como acentua Muller, o conceito de ordem pública é inseparável do de segmentação social. (MULLER, 2015).

[264] Ao se debruçar sobre o nascimento das políticas públicas, Muller atribui o fenômeno como consequência de uma luta contra os efeitos do mercado, isso justifica a natureza social das primeiras políticas públicas implantadas. A política pública como ciência da ação do Estado é o mais recente ramo da ciência política. Essa perspectiva põe em evidência um corpo de conhecimentos teóricos próprios que vai muito além de métodos simples e lista de verificações para uso dos tomadores de decisão. (MULLER, 2015).

transporte urbano e atividades culturais.[265] Atribuições que implicaram, por conseguinte, uma nova repactuação orçamentária, impulsionando estudiosos e profissionais para a descoberta de *insights* que pudessem ser decisivos para a eficácia da política pública.

Quem recebe o quê, quando e como, questiona Lasswell,[266] em 1936, inaugurando a perspectiva norte-americana de compreensão das políticas públicas, sob o enfoque da noção de um "bom" governo. A obra de Lasswell introduz um conceito de política pública e inicia a perspectiva do *policy-making process*. A inserção das políticas públicas no universo das ciências sociais ocorre na obra de Lasswell e Lerner, posteriormente, em 1951,[267] com a intenção de contribuir para a melhoria da racionalidade das decisões governamentais, de modo que o próprio processo de política pública passaria a ter autonomia, atribuindo, assim, uma certa "inteligência" ao processo.

Portanto, é a partir da necessidade de avaliação sistemática dos produtos (*outputs*) e resultados (*outcomes*)[268] gerados pelos programas de governo que o estudo científico norte-americano das atividades do setor público passa a constituir um novo campo do conhecimento, principalmente pela necessidade de que as novas funções estatais possam se beneficiar com o conhecimento agregado no processo de formulação e implantação das políticas públicas. O debate passou, então, a ser construído sob a perspectiva da *ação do governo*. As indagações sobre o que se entende e o que se espera de uma "boa" política, na abordagem americana, associam-se aos conceitos de eficácia e eficiência, de tal maneira que há um direcionamento no objeto de pesquisa da ciência política para o pragmatismo. Uma supervalorização da dimensão técnica na tentativa de identificar a relação ótima entre objetivos e instrumentos. Assim, a teoria política prescritiva e suas indagações sobre a finalidade do governo e quais atividades este deveria empreender sucumbem aos anseios da prática política.

A tradição europeia, por outro lado, centrou-se no conceito de Estado, sob a forte influência da tradição de Hegel a Max Weber através de Marx, ou seja, centrou-se no papel do Estado e de suas

---

[265] SANTOS, Boaventura. O Estado social, Estado previdência e de bem-estar. In: SANTOS, 2014, p. 651.

[266] LASSWELL, 1958.

[267] Em sua obra posterior, Lasswell inaugura a perspectiva do *policy making process*, reconhecendo um novo campo do conhecimento com objeto de estudo próprio dentro do campo da Ciência Política. LASSWELL; LERNER, 1951, p. 3-15.

[268] HOWLETT; RAMESH; PERL, 2013, p. 21.

organizações como elemento central na produção de políticas públicas. Uma abordagem que parte da compreensão do papel assumido pelo poder público nas relações sociais,[269] superando a percepção meramente técnica, vinculada à "solução de problemas". Mais do que solucionar problemas, as políticas públicas são consideradas, na verdade, como resultados do comando político na definição da agenda pública.

A combinação dessas duas tradições, com perspectivas tão distintas, é fundamental para superar as cegueiras de uma visão reducionista e parcial das políticas públicas, cuja complexidade envolve diversos campos do saber. Assim, torna-se valioso um resgate histórico das contribuições das diversas abordagens sobre a política pública, para compreender as raízes de sua trajetória. Pois, é preciso apropriar-se da compreensão da gênese da política pública, como pressuposto necessário para identificar novos elos de legitimidade entre um Estado voltado ao Bem-Estar[270] e as necessidades de uma sociedade conflituosa. Insere-se a política pública, portanto, dentro de uma perspectiva dinâmica e sob o olhar de uma democracia de exercício participativo, de maneira que além de um sistema concreto de ação, no qual os atores irão mobilizar recursos para a solução de problemas, as políticas públicas constituam também um instrumento de participação política, de legitimação *na sociedade* e, sobretudo, de legitimação *da sociedade*.

E este ponto de interseção entre democracia e política pública é fulcral para o desafio que se impõe de reflexão e de construção de uma cidadania ativa. Uma transparência ampliada[271] sobre o processo das políticas públicas e a demanda por novas formas de participação dos cidadãos, nem sempre devidamente considerados, figuram como elementos propulsores de uma legitimidade renovada da relação entre

---

[269] MULLER; SUREL, 2002, p. 32-36.

[270] SANTOS, Boaventura. O Estado social, Estado previdência e de bem-estar. In: SANTOS, 2014, p. 650-653. "O Estado social é o resultado de um compromisso histórico entre as classes trabalhadoras e os detentores de capital [...] Nos termos desse compromisso ou pacto, os capitalistas renunciam a parte de sua autonomia, enquanto proprietários dos fatores de produção e a parte dos lucros no curto prazo, enquanto os trabalhadores renunciam às suas reivindicações mais radicais de subversão da economia capitalista. Essa dupla renúncia é gerida pelo Estado, o que confere a este alguma autonomia em relação aos interesses contraditórios em presença. O Estado tutela a negociação coletiva entre o capital e o trabalho (a concertação social) e transforma os recursos financeiros que lhe advêm da tributação do capital privado e dos rendimentos salariais em "capital social", ou seja, num vasto conjunto de políticas públicas e sociais". (SANTOS, 2014, p. 650).

[271] Ao se debruçar sobre as políticas públicas, Muller elenca a complexidade e a opacidade da máquina do governo como obstáculos à democracia, os quais devem ser superados através de uma visão mais precisa da ação pública. No original: "*En réalité, avoir une vision plus juste de l'action publique est aujourd'hui une condition même de la démocratie*". (MULLER, 2015).

governados e governantes. Um desafio novo que obriga a revisão dos referenciais estabelecidos pelas instituições de controle do orçamento, responsáveis, portanto, pelo controle das escolhas governamentais.

2.1 Recortes de uma história em construção

É a partir da análise da gênese do Estado que Pierre Muller[272] vai indagar a origem das políticas públicas e a relação intrínseca que se estabelece com o Estado, instituição que, de uma forma ou de outra, é responsável por gerir os interesses contraditórios de uma sociedade.[273] O estudo da evolução da política pública é pressuposto necessário para uma compreensão real da complexidade que envolve a disputa de interesses e valores para a inclusão de determinada pauta na agenda pública.[274]

Para estabelecer sua conexão com os fundamentos teóricos das políticas públicas, Muller[275] retoma as ideias centrais das três grandes escolas de pensamento, a da burocracia, a da teoria organizacional e a da gestão pública. O desenvolvimento burocrático evocado por Hegel representou um avanço ao superar o modelo das sociedades arcaicas. Foi um dos primeiros estudiosos da burocracia enquanto poder administrativo e político. A burocracia na visão hegeliana é o elemento de mediação entre governantes e governados, ou seja, entre o interesse universal do Estado e os interesses particulares da sociedade civil. Para Hegel, o Estado como realidade moral, como síntese do substancial e do particular, contém o interesse universal enquanto tal, que é sua substância, deduzindo-se, então, ser o Estado a instância suprema que elimina todas as particularidades no seio de sua unidade.[276] Assim, deve-se ter em conta que o conceito de burocracia se associa a uma formalidade política.

Max Weber, um dos mais importantes pensadores da teoria burocrática, atrela a burocracia ao tipo ideal de organização racional,

---

[272] MULLER, 2015.

[273] No original: *"En Europe au contraire, la tradition, de Hegel à Max Weber en passant par Marx, a surtout mis l'accent sur le concept d'État, c'est-à-dire une institution qui, d'une façon ou d'une autre, domine la société, la façonne et la transcende"*. (MULLER, 2015).

[274] ROSANVALLON chama a atenção para a importância das funções de agenda. A ciência política contemporânea tem se ocupado em dar forma ao debate público. (ROSANVALLON, 2015b, p. 59).

[275] MULLER, 2015.

[276] TRAGTENBERG, 2006, p. 26.

instituída de modo impessoal, objetivo e adstrita a um expediente, sob a direção monocrática na qual as palavras de ordem são a pontualidade, a continuidade e a eficiência. Valores que passam a condicionar a ação, como uma tentativa de eliminar as incertezas do comportamento humano, e operam-se pelo procedimento burocrático. Há um distanciamento que permite que as decisões tomadas por superiores hierárquicos sejam aplicadas pela base "sem ódio ou paixão" e sem a necessidade de renegociar a cada vez com todo o sistema dominante.[277] Porém, uma burocracia tecnicamente funcional no plano administrativo é inepta no plano político. O sociólogo alemão do início do século XX evidencia que a burocracia racional no plano administrativo pode tornar-se irracional nas decisões políticas. Para Weber, os políticos funcionam como elementos de equilíbrio ante a burocracia, o que fundamenta a formulação de sua tese do controle parlamentar da burocracia.[278]

Os reveses da formalidade regulamentar e da impessoalidade vão de encontro à preocupação com a eficácia. Ganha corpo uma teoria organizacional que busca aproximar a administração pública da privada, admitindo que o estudo da política pudesse ser realizado separadamente.[279] Uma nova conceituação de atores, poder e sistema organizado introduz a dimensão da estratégia no âmbito da administração pública.[280] Uma aproximação com a lógica das empresas introduz a eficiência como compromisso para a gestão pública. Assim, como nas empresas privadas, caberia ao governo melhor gerir os recursos que lhe são atribuídos. Metas, resultados, enfim, toda a lógica do mercado para melhorar o que foi denominado de *performance pública*. Contudo, essa tentativa de aproximação, ou melhor, de apropriação, entre mercado e Estado, suscitou críticas de uma nova corrente de pensamento, como a de Patrick Gibert,[281] preocupado não apenas com eficiência e produtividade, mas também com a noção de responsabilidade democrática.

Essa preocupação é central na doutrina francesa. Muller e Surel se dedicam a uma análise para além da abordagem sequencial,

---

[277] MULLER, 2015.
[278] TRAGTENBERG, 2006, p. 260.
[279] O debate sobre a interação entre política e administração esteve presente desde o começo da delimitação do campo de conhecimento da disciplina. DENHARDT, 2015, p. 65.
[280] DENHARDT, 2015, p. 69.
[281] GIBERT, 1996, p. 29-30.

considerando justamente que não é possível reduzir uma política a um conjunto de estratégias organizacionais, mesmo se a análise dessas estratégias for indispensável para compreender as formas concretas, os mecanismos pelos quais o sentido é fabricado. Ao contrário, é preciso ultrapassar esse quadro restrito para que as políticas públicas constituam um elemento de participação política. Muller reconhece que algumas condições específicas da França contribuíram para essa abordagem própria nos estudos das políticas públicas,[282] quais sejam: a) importância do Estado e das administrações, legado de uma tradição da ciência administrativa;[283] b) uma dimensão global da ação pública, devido, em particular, para a importância da teoria marxista que se aproxima até a década de 1980; c) o desejo de enfatizar a dimensão cognitiva da ação pública; e d) uma herança da sociologia das organizações, observando de perto o papel das partes interessadas, o que tem consequências importantes em termos de metodologia e conduta da pesquisa.

Essa abordagem francesa foi destacada na recente obra de Muller sobre o toque francês na análise das políticas públicas.[284] Tais especificidades permitiram uma contribuição importante dos pesquisadores franceses que invocam uma abordagem mais global da política pública, aderindo ao seu núcleo de análise a complexidade inerente ao jogo político. Uma compreensão da política pública como "um fazer política",[285] pois enfatiza a sua compreensão a partir das ideias, crenças e representações elaboradas pelos atores na construção de sua relação

---

[282] No original: *On devine que cette genèse de l'analyse des politiques publiques, telle qu'on l'a présentée ici, est en partie propre à la situation française. De fait, même si cette sous-discipline est probablement parmi les plus ouvertes à l'international, elle présente en France plusieurs caractéristiques originales qui sont liées aux conditions spécifiques de sa mise en place depuis les années 1980: importance de l'État et des administrations, héritage d'une tradition de science administrative; prise en compte de la dimension globale de l'action publique, liée notamment à l'importance des approches marxistes jusque dans les années 1980; souci de mettre en avant la dimension cognitive de l'action publique; accent mis sur l'observation fine du rôle des acteurs, héritage de la sociologie des organisations, qui a d'importantes conséquences sur le plan méthodologique et la conduite de l'enquête. À un certain niveau, cette spécificité peut être source d'isolement, mais elle peut aussi être à l'origine d'un apport spécifique des chercheurs français par rapport aux paradigmes dominant au niveau international, et notamment les approches en termes de choix rationnel.* BOUSSAGUET; JACQUOT; RAVINET, 2015.

[283] Em seu curso *Science Administrative*, Chavallier dedica todo um capítulo para a ação administrativa, discutindo as questões centrais desde a agenda administrativa, passando pelo sistema decisional, a implementação e os resultados. CHAVALLIER, 2013.

[284] BOUSSAGUET; JACQUOT; RAVINET, 2015.

[285] MULLER; SUREL, 2002, p. 30.

com o mundo.[286] Adeptos dos estudos políticos, B. Guy Peters e Francis Castles têm argumentado com frequência que tanto o conteúdo da política, quanto a forma tomada pela *policy-making* variam de acordo com a natureza do sistema político vigente e as espécies de vínculo que os tomadores de decisão possuem com a sociedade.[287]

A *policy analysis*, por sua vez, tende a se concentrar na avaliação formal ou na apuração dos efeitos ou "impactos políticos" (*policy impacts*), por meio do uso frequente de técnicas quantitativas, como a análise de custo/benefício ou a avaliação e a gestão de risco. Ela envolve a avaliação dos efeitos diretos e indiretos das políticas específicas, mediante o uso de técnicas de interferência estatística que visam analisar as conexões entre, por exemplo, programas governamentais específicos e várias medidas de consequências políticas (*policy "outcomes"*), como os indicadores de mudança e progresso social. Essa abordagem foca nos efeitos dos produtos políticos (*policy outputs*) e está pouco relacionada aos processos político-administrativos que criam esses *outputs*.

Ainda que seguindo percursos distintos, a combinação de ambas conduz a reflexões importantes sobre o processo das políticas públicas, que revelam um espaço de constante abertura e transformação. É a partir dos pontos de aproximação dessas duas abordagens que se pretende estabelecer um diálogo, mas reconhecendo a importância de suas diferenças. Enquanto a abordagem cognitiva deve ser apreendida, sobretudo pela possibilidade de identificar o fim último da ação pública, da perspectiva da *policy analysis* deve-se absorver o aperfeiçoamento dos procedimentos do agir administrativo.

2.2 O debate científico das políticas públicas

Harold Lasswell aproximou a teoria política da prática política, inaugurando o que denominou de *policy science*. Pretendia que seus estudos permitissem uma reformulação no estudo da teoria política que, até então, focava em dimensões eminentemente formalistas e

---

[286] MULLER; SUREL, 2002, p. 11-14.

[287] Além disso, é preciso ter em conta também a polissemia do termo *politique* na língua francesa, o que não ocorre na língua inglesa, que possui termos diferentes para os significados da palavra política, *politics, polity, policie* (MULLER; SUREL, 2002, p. 11). Howlett; Ramesh e Perl também chamam a atenção para as implicações metodológicas para o estudo das políticas públicas, distinguindo a análise política (*policy analysis*) dos estudos políticos (*policy studies*). Os estudos políticos (*policy studies*) possuem um escopo mais amplo, preocupando-se não apenas com programas individuais e seus efeitos, mas também com suas causas e pressuposições e os processos que levaram à sua adoção. (HOWLETT; RAMESH; PERL, 2013, p. 10-11).

morais do governo ou em normas de funcionamento das instituições. Sua preocupação passou a ir além das regras, dos programas governamentais e dos discursos, para estudar o que de fato os governos fazem. A complexidade do fenômeno da política pública implicaria igualmente a necessidade de conjugar diversas áreas do conhecimento, tais como a política, a sociologia, a economia e o direito. Só assim poderia alcançar soluções reais para os diversos problemas da sociedade, não se limitando a concepções puramente teóricas e acadêmicas distantes da realidade social, como ocorria na maioria das vezes. Um segundo ponto recaía na necessidade de apresentar resultados eficazes, direcionados à melhor solução dos problemas. Assim, a ciência política incorporava o princípio da relevância que se orientava para a resolução de problemas do mundo real, desconectando-se dos debates puramente acadêmicos. Terceiro, deveria se reconhecer a impossibilidade de separação dos objetivos e meios ou valores e técnicas, no estudo das ações governamentais. Há um afastamento da *policy science* da aparência de "objetividade científica", pois pretende ofertar como resultado a identificação, em termos comparativos, da melhor solução entre as propostas apresentadas.[288]

Resumidamente, Lasswell apresenta três inovações na abordagem da política pública: ser multidisciplinar, voltada para a solução de problemas e explicitamente normativa.[289] Os três componentes específicos identificados por Lasswell sofreram mudanças com a evolução da perspectiva da *policy science*. A preocupação quase que exclusiva com a solução concreta dos problemas esbarrou no filtro do conflito político, no qual uma melhor solução técnica pode não ser uma melhor solução para as demandas políticas. A multidisciplinaridade alcançou novos contornos na medida em que a própria *policy science* adquiriu autonomia, com conceitos, terminologias e interesses próprios. Quanto à normatividade na análise dos objetivos e dos meios, houve uma redução na prescrição de objetivos e normas específicas, visto que estas eram pouco ou muito pouco consideradas no embate político. Os pesquisadores se debruçaram, então, mais sobre a eficiência e a eficácia, deixando de avaliar[290] se os próprios objetivos seriam desejáveis ou racionais.

---

[288] HOWLETT; RAMESH; PERL, 2013, p. 23.

[289] Os autores avaliam como essas características se apresentam no cenário atual. (HOWLETT; RAMESH; PERL, 2013, p. 23-24).

[290] A questão da avaliação dos objetivos, ou seja, a possibilidade de avaliação do momento *ex ante*, será retomada no último capítulo.

A necessidade de se empreender estudos sistemáticos da ação governamental valida as proposições de Lasswell, que sedimentou o alicerce do estudo das políticas públicas. A evolução dos estudos percorre dois grandes caminhos conforme o método utilizado, o indutivo ou o dedutivo.[291] As teorias que se baseiam no método indutivo de análise desenvolvem generalizações somente a partir de uma cuidadosa observação dos fenômenos empíricos e subsequente verificação dessas generalizações em outros casos. Adotam tal método, por exemplo, as teorias como o pluralismo e o corporativismo, o neoinstitucionalismo histórico e sociológico e as teorias estatísticas. As teorias que se baseiam no método dedutivo, por sua vez, extraem suas conclusões da aplicação dos pressupostos, conceitos ou princípios gerais aos fenômenos específicos. São teorias como *public choice*, análise marxista e algumas teorias institucionalistas da área da economia.

Como alerta Radin,[292] os padrões bem sucedidos de análise política não dependem simplesmente da escolha e da habilidade dos analistas políticos e dos gestores, mas são condicionados por elementos contextuais que favorecem técnicas e preferências particulares. Deve-se levar em conta o pragmatismo revelado pelos estudos empíricos das formas como se produz, interpreta e utiliza a *policy analysis*. Circunstâncias específicas condicionam os processos, tornando as oportunidades analíticas peculiares e distintas. Os processos são afetados pelas necessidades e crenças dos usuários finais, pelo melindre ou delicadeza das relações, pelas avaliações e conflitos políticos entre os tomadores de decisão, pela história dos esforços anteriores de reforma política, pelas agendas e personalidades individuais, pelas rotinas organizacionais e por outros fatores.[293]

Os estudos empiristas mostraram como a política pública é, acima de tudo, uma disciplina prática cujo propósito é aconselhar os *policy-makers* sobre a melhor maneira de lidar com os problemas

---

[291] A complexidade dos problemas relacionados à agenda política da ação coletiva é posto por Poteete, Ostrom e Janssen, ao perceberem a importância na utilização de múltiplos métodos, o que levou a conjugar os métodos de pesquisa de estudos de caso, meta-análise, programas de pesquisa de campo colaborativa, experimentos de laboratório, modelos baseados em agentes e estudos que combinam modelos baseados em agentes com experimentos. Para os autores, a batalha sobre indução *versus* dedução revela uma falta de sensibilidade para com os diversos métodos de pesquisa, conduzindo a um debate intensificado pela escolha metodológica, frágil a críticas muitas vezes injustas. (POTEETE; JANSSEN; OSTROM, 2011, p. 13, 19).

[292] RADIN, 2000.

[293] HOWLETT; RAMESH; PERL, 2013, p. 25.

públicos.[294] Os críticos a esta abordagem, da *policy analysis* como busca do conhecimento científico, os definem como "racionalistas" ou "positivistas". A década de 1990 vivenciou uma mudança argumentativa em razão da importância dos fatores sociopolíticos e de sua influência no estudo das políticas públicas. O contramovimento autodenominado de pós-positivista repudiou a obsessão por fatos quantificáveis, a separação objetiva entre fatos e valores e as conclusões generalizáveis e independentes de contextos sociais particulares.[295]

Os pós-positivistas consideram que a análise empírica (positivista) deveria ser conjugada com a análise normativa (pós-positivista). Percebem que o olhar tecnocrata apresenta uma falha significativa ao excluir uma variável central que é a própria política. Assim, identificam que ao desconsiderar a política pluralista e seus interesses concorrentes na metodologia de análise estar-se-ia igualmente incorrendo num problema metodológico. Ao enfatizar a eficiência e a eficácia na determinação e no *design* dos meios necessários para alcançar os fins, a abordagem positivista se distancia da realidade, negligenciando questões centrais inerentes ao jogo democrático. Os pós-positivistas, ao contrário, conferem importância central à democracia e à participação pública. Isso leva a preocupações, como o amplo acesso das informações, a explicação de dados a todas as partes, a compreensão das informações pelo público, enfim, tudo que possa contribuir com o discurso público sério. O *policy analyst* assume, portanto, o papel de facilitador, devendo promover deliberações políticas pela remoção da desigualdade entre os participantes, de modo que a escolha de uma política decorra do consenso do argumento, e não do *status* da pessoa que o propõe.[296]

O pós-positivismo adota como metodologia principal a análise discursiva. Como acentuam Howlet, Ramesh e Perl,

> na visão pós-positivista, persuadir pela argumentação desempenha papel vital em cada estágio do processo político. Da montagem da agenda à avaliação político-administrativa, o processo político é essencialmente exercício retórico e interpretativo, em que os protagonistas se envolvem em discursos que têm por objetivo tanto definir, quanto promover suas ideias e interesses.[297]

---

[294] Atenta-se para o fato de que a abordagem está associando o conceito de política pública à forma de resolução de problemas.

[295] HOWLETT; RAMESH; PERL, 2013, p. 31.

[296] HOWLETT; RAMESH; PERL, 2013, p.33.

[297] HOWLETT; RAMESH; PERL, *loc. cit.*

A tarefa dos analistas de políticas públicas se direciona para a produção de evidências e argumentos. Em um nível micro, as questões postas se relacionam com os programas reais que estão sendo executados, as metas e os contextos abstratos, verificando, por exemplo, se o programa atende ao objetivo declarado; se o programa atende a esses objetivos de forma mais eficiente do que outros meios alternativos; se os objetivos do programa são relevantes para o problema; se a meta política agrega valor para a sociedade como um todo; e se a meta da política causa problemas imprevistos com consequências importantes para a sociedade.

Outro ponto relevante da abordagem pós-positivista é a ênfase na participação e na tomada de decisão democrática. Essa questão tem especial relevo, sobretudo, na proposta de estabelecer um diálogo com uma cidadania diretamente ativa. Esta é, pois, a ênfase de Dryzek, para quem,

> um processo político mais participatório ajuda a criar cidadãos mais eficazes e competentes, que se tornam também solucionadores de problemas mais efetivos dentro e fora do processo político. Eles também são mais capazes de construir relações produtivas com outros interessados em diferentes aspectos dos problemas complexos.[298]

A participação pública como geradora de legitimidade democrática é um dos pressupostos para o fortalecimento do elo entre governo e sociedade. Os pós-positivistas não ficaram imunes às críticas que se concentraram em três pontos centrais. O primeiro relativo à falta de um método claro de pesquisa, ou seja, à ausência de critérios aceitos a partir dos quais se possa avaliar os argumentos concorrentes. Há, na verdade, uma grande permissividade, um excesso de tolerância. O segundo decorre da dificuldade de implantação de mudanças, pela indisposição daqueles que ganham com a manutenção do *status quo*; e, por fim, ao se acreditar que o discurso é tudo, passa a ilusão de que somente com palavras pode-se construir uma sociedade melhor.

Na tentativa de evitar um debate infrutífero sobre as diversas teorias, Mayer, Van Daalen e Bots[299] buscaram na experiência europeia

---

[298] DRYZEC, 2002, v. 11, n. 1, p. 34-35. No original: "*A more participatory policy process helps to create more effective and competent citizens, who are also more effective problem solvers, within the policy process and beyond. They are also more capable of constructing productive relationships with others concerned with different facets of complex problems*".

[299] MAYER; VAN DAALEN; BOTS, 2004, v. 4, n. 2, p. 169-191.

uma perspectiva refinada da função de *policy analysis,* propondo então estilos distintos, não excludentes, para a pesquisa das políticas públicas, agrupando-os em seis modelos distintos, mas não mutuamente exclusivos. Seriam eles o racional, em que a tarefa principal do analista é produzir novo conhecimento, aplicando métodos empíricos a casos singulares; o aconselhamento a cliente, em que a tarefa é a de oferecer um conselho político e estratégico; o argumentativo, quando há um envolvimento ativo no debate; o interativo, em que o analista serve como um facilitador nas consultas em que os atores e participantes-chaves definem seus *outcomes* preferidos; o participativo, no qual o analista é o patrocinador da defesa dos atores silenciosos no processo político, como pobres, interesse geral, e, por fim, o processo, no qual o analista assume o papel de "gestor de rede, conduzindo o processo político como parte da tarefa analítica".[300]

Trata-se, na verdade, de uma disciplina que se relaciona diretamente com a prática e envolve diversos campos de conhecimento, o que contribui para a adoção de múltiplos métodos e teorias. O estudo das abordagens que deram contribuições sólidas para a ciência das políticas públicas é o reflexo de compromissos e visões de vários grupos, em épocas distintas, ainda que num curto espaço de tempo. É a partir dessa trajetória que os debates mais recentes pretendem, sob a lente da tradição humanística, aproximar a ação pública das questões relativas à cidadania.

2.2.1 Modelos de análise das políticas públicas e seu embasamento teórico

Em verdade, os modelos para análise de políticas públicas constituem uma representação simplificada do processo da política pública, sob o enfoque de determinados aspectos; neles, busca-se esclarecer as ideias conceituais que o sustentam, reforçando algumas características pontuais na condução da política pública. Cada modelo tem como foco um aspecto distinto da disputa política, onde são ressaltadas características específicas, advindas de determinados fatores. Trata-se da construção de uma visão linear da relação causa-consequência, onde se busca isolar determinada causa, para melhor especificação das consequências que, de fato, poderiam ser ensejadas.

---

[300] MAYER; VAN DAALEN; BOTS, 2004, v. 4, n. 2.

Não há caráter excludente nos modelos propostos, pois a realidade do fenômeno social compreende, de modo aleatório, um conjunto de causas bem diversificadas, que concorrem, paralelamente, para a produção de consequências específicas. A compreensão isolada de um fator auxilia no entendimento do processo como um todo e permite a identificação de aspectos de relevância, no contexto das questões político-sociais em análise. O mapeamento e a seleção dos modelos de análise, proposto por Dye,[301] compreende nove abordagens: o modelo institucional, o de processos, o de grupo, o da elite, o da escolha racional, o incremental, o da teoria dos jogos, o da opção pública e o sistêmico.

O primeiro modelo, o do processo, procura enfocar o processo político, colocando-o como um encadeamento de atividades que levam a compreender *como* as decisões são tomadas e, até mesmo, a forma *como deveriam* ter sido tomadas. Entretanto, esse modelo teórico não adentra no campo específico do conteúdo das políticas públicas, limitando-se, simplesmente, à verificação sequencial de diversos atos.[302] Um de seus defensores, Charles O. Jones, atribui ao cientista político a competência em relação ao processo político e ao modo pelo qual ele funciona, afastando a natureza política da análise da substância em si das políticas públicas.[303]

O modelo de grupo, enfocado por Dye, concentra-se na perspectiva dos grupos de interesses, que, no caso, são como instrumento que dispõe o indivíduo para estabelecer uma aproximação com o governo. O interesse de indivíduos isolados ganha força com a associação de outros interessados, capazes de dialogar com as estruturas governamentais. Assim, o grupo assume maior relevância que o indivíduo isoladamente, pois é através da organização em grupo que as demandas individuais serão levadas ao governo, de modo que a política pública, neste cenário, é fruto do equilíbrio alcançado na luta dos mais variados grupos.[304]

---

[301] É de Dye o mapeamento dos modelos de análise. DYE, Thomas R. Mapeamento dos modelos de análise de políticas públicas. In: HEIDEMANN; SALM, 2009, p. 101.

[302] Dye, ao contrário, reconhece a importância da relação entre processo e conteúdo, pois para o autor "[...] mudar tanto os processos formais quanto os informais de tomada de decisão pode ou não alterar o conteúdo das políticas públicas". (DYE, Thomas R. Mapeamento dos modelos de análise de políticas públicas. In: HEIDEMANN; SALM, 2009, p. 106).

[303] De acordo com o autor "o interesse de alguém pela substância dos problemas e das políticas está, portanto, em como ele interage com o processo, não necessariamente com a substância em si mesma". (JONES, 1984, p. 6).

[304] Observa-se que a questão central decorre do poder de influência dos grupos, pois é este que irá determinar o resultado da atividade política significativa. "A influência dos grupos

Por outro lado, a teoria da elite vem sugerir ser a política pública um reflexo das preferências e dos valores da elite, que, em última análise, responsabiliza-se pelo comando da opinião pública das massas. A análise desse aspecto teórico avulta que o processo de formação de uma política pública nasce de cima para baixo ou, mais exatamente, do topo para as bases da pirâmide social, sendo que o povo acaba sendo um elemento meramente legitimador, sem qualquer influência real.[305] A natureza simbólica da eleição confere o *status* democrático das instituições. De acordo com Dye, as "eleições ajudam a ligar as massas ao partido político, dando-lhes um papel a desempenhar no dia da eleição e um partido político com o qual possam se identificar".[306]

Relativamente ao modelo racional, este se traduz numa perspectiva de máximo benefício social. Pode-se de imediato identificar duas importantes diretrizes básicas: a primeira, proclamando que não se devem adotar políticas cujos custos excedam os benefícios e, a outra, apresentando a necessidade de se promover rigorosa seleção dentre as opções de políticas públicas, aprovando-se, finalmente, aquela capaz de gerar o maior benefício em relação aos seus custos. Esse sopesamento técnico-político-jurídico deve, por esta tese, recair sobre os valores sociais, políticos e econômicos envolvidos no processo, porém, sem ser restringido a uma mera análise, em termos monetários. A matriz que envolve o binômio custo-benefício também é incorporada pelo princípio da razoabilidade, adotado como valioso instrumento de controle dos gastos públicos.[307]

é determinada por seu tamanho, riqueza, poder organizacional, liderança, acesso aos formuladores de decisão e coesão interna". (DYE, Thomas R. Mapeamento dos modelos de análise de políticas públicas. In: HEIDEMANN; SALM, 2009, p. 108). Atente-se para o fato de que nesse modelo o equilíbrio decorre do poder de competição entre os grupos.

[305] As mudanças em políticas públicas são mais incrementais que propriamente revolucionárias e refletem, nesse sentido, redefinições nos valores das elites, sendo praticamente imunes as demandas da maioria dos atores sociais. No entanto, Dye desconsidera o antagonismo dos conflitos de interesses e considera possível a tomada de decisão não com base nos próprios interesses, mas com base no interesse público, em suas palavras "o elitismo não significa que as políticas públicas serão contra o bem-estar das massas, mas apenas que esse bem-estar repousa sobre os ombros das elites, não das massas". (DYE, Thomas R. Mapeamento dos modelos de análise de políticas públicas. In: HEIDEMANN; SALM, 2009, p. 110; 109-111).

[306] DYE, Thomas R. Mapeamento dos modelos de análise de políticas públicas. In: HEIDEMANN; SALM, 2009, p. 111. A teoria da elite está presente nas discussões no campo das ciências sociais, sobretudo em relação à preocupação com a esfera de decisão das elites econômicas e políticas. O próprio realismo elitista, abordado por Schumpeter transforma a política em um espaço de competição entre elites. (SCHUMPETER, 1984).

[307] DYE, Thomas R. Mapeamento dos modelos de análise de políticas públicas. In: HEIDEMANN; SALM, 2009, p. 111-112.

Em alternativa ao modelo racionalista da decisão, Lindblom enunciou as matrizes epistemológicas da ciência da decisão incremental.[308] Nessa abordagem, a política pública é vista como uma simples continuação de políticas anteriores, apenas com certas modificações incrementais. A decisão, no caso em questão, deve ser edificada sobre o passado, incorporando as experiências de teorias anteriores. Contrapôs-se à análise racional da decisão que parte da identificação de "objetivos claros, da avaliação explícita, uma perspectiva amplamente abrangente e, sempre que possível, valores quantificados para possibilitar análise matemática".[309]

A concepção de Lindblom delineava esse procedimento racional como adequado apenas para a resolução de problemas de pouca importância, com um número de variáveis pequeno. A crescente complexidade de valores e variáveis pressupõe um movimento inverso com relação à especialização da tomada de decisão, onde importantes resultados possíveis são deixados de lado; valores afetados não são levados em conta; e propostas potenciais simplesmente são ignoradas. O incrementalismo, por conseguinte, distancia-se do plano teórico racional que preconiza a análise de qualquer fator de maior relevância, detendo-se em pequenas modificações construídas passo a passo.

Para essa dicotomia, Lindblom[310] oferece o exemplo seguinte, na tentativa de ilustrá-la: um administrador tem a incumbência de formular uma política pública sobre a inflação. Sob a perspectiva da decisão racional, deveria, inicialmente, listar, em ordem de importância, todos os valores e variáveis que pudessem, de algum modo, influir na política inflacionária, tais como: o pleno emprego, o nível aceitável de lucro empresarial, a intervenção na economia, a proteção das pequenas poupanças, as bolsas de valores, os mercados interno e externo, entre outros. Em seguida, deveria estabelecer os possíveis resultados e as consequências que cada política proporcionaria, classificando-os sob o prisma da maior e menor eficiência para a administração pública.

---

[308] Pode-se identificar Charles Lindblom, como um defensor da versão empírica do pluralismo, cuja ideia central é a concorrência entre grupos de interesses como elemento-chave do entendimento pluralista da democracia. LINDBLOM, Charles Edward. Mudding through 1: a ciência da decisão incremental. In: HEIDEMANN; SALM, 2009, p. 161.

[309] O autor leva em consideração o interesse na preservação do sistema. (LINDBLOM, Charles Edward. Mudding through 1: a ciência da decisão incremental. In: HEIDEMANN; SALM, 2009, p. 164).

[310] LINDBLOM, Charles Edward. Mudding through 1: a ciência da decisão incremental. In: HEIDEMANN; SALM, 2009, p. 162-163.

Depois de todas as análises de causas e consequências, como ainda, dos valores envolvidos, estaria apto a enumerar as opções políticas possíveis.

Seguiria, então, para uma terceira etapa de sua lógica construtiva, para realizar a comparação sistemática das múltiplas alternativas com o fito de escolher qual delas reúne um maior número de valores que representassem um ganho social. Ou simplesmente, o administrador, incumbido do mesmo propósito, iria definir como meta a manutenção do nível de preços. Na prática, deixaria de lado outros valores sociais, que nem sequer seriam ordenados. Num segundo momento reflexivo, caberia delinear as propostas relativamente escassas, comparando-as entre si, com base em registros de experiências anteriores. Na etapa final, por certo, combinaria em uma só decisão a escolha dos valores e dos instrumentos necessários ao alcance imediato desses valores.

Evidencia-se que o segundo método empregado pretenderia alcançar apenas parte de suas metas, enquanto que o primeiro primaria por um processo de escolha dos meios que melhor satisfizessem aquelas metas, previamente esclarecidas e escalonadas. A crítica de Lindblom recai na plena inviabilidade de aplicação prática do primeiro método, direcionado apenas a problemas mais complexos e que envolvam múltiplas variáveis. Em suas palavras: "talvez, no estágio atual do estudo e prática da formulação de políticas, prevaleça a visão de que somente passos pequenos ou incrementais – apenas avanços que demandem pouco esforço ou planejamento (*muddling-through*) – são de fato, ordinariamente praticáveis".[311]

Em seu mapeamento, Dye[312] ainda identifica a teoria convencional dos jogos em que cada participante tem opções a fazer e na qual as escolhas feitas por cada um irão influenciar diretamente o resultado das políticas públicas. São, por conseguinte, escolhas interdependentes, mas que acabam sendo, nesse processo, direcionadas conforme a escolha realizada pelo outro participante. Dessa sequência sistemática origina-se a própria denominação, teoria dos jogos, pois a busca por interesses próprios acaba sendo sucumbida, ao final, pelas estratégias de cada jogador.[313] Tal perspectiva evidencia o caráter racionalista e

---

[311] LINDBLOM, Charles Edward. Mudding through 1: a ciência da decisão incremental. In: HEIDEMANN; SALM, 2009, p. 181. Nesse segundo texto, publicado em 1979, Lindblom, aperfeiçoa as ideias do incrementalismo.

[312] DYE, Thomas R. Mapeamento dos modelos de análise de políticas públicas. In: HEIDEMANN; SALM, 2009, p. 117-121.

[313] Um debate sobre uma perspectiva ética cf. SEN, 2012; NEUMANN; MORGENSTERN, 1947. A afirmação radical de Garrett Hardin de que os usuários locais estavam presos ao

competitivo do comportamento individual nos dilemas sociais. Uma variação é o clássico exemplo do dilema do prisioneiro, em que dois indivíduos acusados de serem cúmplices de um crime são mantidos como prisioneiros em celas separadas, não podendo se comunicar. Suas decisões são tomadas antes de saberem se o outro prisioneiro irá cooperar ou desertar,[314] o que levou a adoção de diversas estratégias, como a do "olho por olho", começando pela cooperação, e depois repete a decisão tomada pelo oponente na rodada anterior. Essas estratégias são muitas vezes utilizadas em negociações, diplomacia e conflitos internacionais, entre outros inúmeros casos.

O modelo da teoria sistêmica preconiza as políticas públicas como um produto do sistema político, como resposta às forças geradas no meio ambiente e que se revelam importantes fatores de influência nos dilemas sociais. A definição de meio ambiente, sob tal prisma, é qualquer condição ou circunstância externa que afete de algum modo o núcleo do sistema político, o qual se define como um conjunto identificável de instituições e atividades sociais capazes de transformar as demandas ocorridas em decisões oficiais.

Finalmente, resgatando, sobremodo, os ideários do contrato social, surge a teoria da opção pública[315] (*public choice*) alicerçada pelo estudo econômico da tomada de decisão fora do espaço do mercado. A teoria parte da premissa de que os interesses dos indivíduos não se diferenciam quando estão no mercado ou quando se encontram na arena política. Esse modelo pressupõe que os atores estão direcionados à maximização de seus benefícios pessoais, quer no espaço da política, quer no ambiente do mercado. A teoria do *public choice* repousa, portanto, numa perspectiva empírica com as pretensões de aplicação normativa.[316]

---

uso excessivo dos bens comuns foi superada por Elinor Ostrom, vencedora do premio Nobel de economia, que reformulou a teoria da ação coletiva. (POTEETE; JANSSEN; OSTROM, 2011, p. 282).

[314] Como estímulo, quando ambos cooperam recebem três fichas, se ambos desertam recebem uma ficha. Se um coopera e o outro deserta, o cooperador não recebe nada, ao passo que o desertor recebe cinco fichas. Sobre uma análise metodológica do dilema do prisioneiro, ver também POTEETE; JANSSEN; OSTROM, 2011, p. 234.

[315] O principal expoente da teoria moderna da opção pública é o economista James Buchanan, defensor de que os indivíduos se associam politicamente pelo mesmo motivo pelo qual eles se reúnem no mercado, isto é, para se proporcionarem benefícios mútuos; e mediante acordo (contrato) entre si, podem aumentar seu próprio bem-estar da mesma forma que o fazem quando transacionam no mercado. (BUCHANAN, James. Politics without romance: a sketch of positive public choice theory and its normative implication. In: BUCHANAN; TOLLISON, 1984).

[316] BUCHANAN, James. Politics without romance: a sketch of positive public choice theory and its normative implication. In: BUCHANAN; TOLLISON, 1984.

O uso da racionalidade para a promoção do seu autointeresse. Os atores políticos, assim como os econômicos, tomam decisões de modo a maximizar sua "utilidade" ou "satisfação", sendo a unidade de análise o indivíduo. Um dos seus fundadores foi o economista James Buchanan,[317] o qual afirma que "em certo sentido, toda *public choice*, ou teoria da economia política, pode ser reduzida à 'descoberta' ou 'redescoberta' de que as pessoas devem ser tratadas como maximizadoras racionais de utilidade, em todas as suas capacidades comportamentais". Segundo Buchanan, a teoria não leva à conclusão que toda ação coletiva ou iniciativa governamental são indesejáveis. Ao contrário, o desafio é canalizar o comportamento "egoístico" dos indivíduos para o bem comum, no sentido descrito por Adam Smith.[318]

A crítica a esta abordagem parte da visão simplista da psicologia e do comportamento humano. Ademais, ignora-se o papel do Estado não apenas de estabelecer a base da economia nos direitos e na defesa da propriedade, mas também de organizar as atividades econômicas fundamentais, como educação e inovação tecnológica. Insta observar que os próprios teóricos dessa abordagem reconheceram a necessidade de reformular alguns de seus pressupostos, diante do fosso entre o modelo dedutivo proposto e a realidade empírica.[319] Ademais, como apontam Poteete, Ostrom e Janssen, a teoria da escolha racional é um modelo útil para conduzir análises formais das decisões humanas em ambientes competitivos e altamente estruturados, ou seja, para os autores o enfoque está voltado mais para o ambiente competitivo, do que propriamente para o modelo comportamental racional.[320]

Outros mapeamentos, além da divisão apresentada por Dye, acabam sendo relevantes, sobretudo pela tipologia adotada, como o

---

[317] BUCHANAN, James. Rent seeking and profit seeking. In: BUCHANAN *et al.*, 1980, p. 5.

[318] BUCHANAN, James. Rent seeking and profit seeking. In: BUCHANAN *et al.*, 1980.

[319] A perspectiva colocada por Massardier, sobre a monopolização da decisão de ordem técnico-político-econômica, aponta também para a abordagem do *public choice*, na qual *the best way* reside num sistema de preferências reduzido à maximização dos interesses dos atores. Segundo o autor, "nesse sentido, podemos perceber que o vocabulário econômico permanece atrelado ao termo "preferência", eliminando as representações sociais como opção possível num sistema de escolha". A análise cognitiva das políticas públicas irá romper com essa perspectiva, que concede à razão econômica, técnica ou burocrática uma visão reduzida das representações do mundo. Assim, além da representação econômica, há outras razões para agir (equidade, justiça, emoções, segurança, meio ambiente, entre outras). (MASSARDIER, 2011, p. 73-75).

[320] POTEETE; JANSSEN; OSTROM, 2011, p. 287-288. No campo da psicologia, algumas pesquisas sustentam que a hipótese de que é a situação, e não as características da personalidade, que determina essencialmente o comportamento dos sujeitos.

agrupamento realizado por Howlett, Ramesh e Perl,[321] que adotaram como elemento central as unidades de análise (indivíduo, coletividade e estruturas), conjugando tais unidades com as abordagens das políticas públicas. Assim, tem-se como modelos de análise, que colocam em foco não mais o indivíduo como unidade de pesquisa, mas a coletividade, as abordagens da análise de classe e da análise de grupo, como o pluralismo e o marxismo. Teorias que enfatizam as entidades coletivas, os interesses organizados e as associações que procuram influenciar as agendas, as opções e os produtos da política pública. O olhar passa a estar direcionado para a maximização dos interesses do grupo.

A teoria marxista identifica as políticas públicas como reflexos dos interesses da classe capitalista, cujo domínio que detém sobre a economia a projeta para o controle do Estado e de suas ações. O Estado é mero instrumento de realização dos interesses do capital, de modo a manter o *status quo*. As críticas formuladas à teoria marxista, como a de Nicos Poulantzas, reconheciam a *autonomia relativa* do Estado. Os próprios conflitos entre segmentos do capital, em conjunto com uma burocracia integrada por indivíduos não oriundos da classe dos capitalistas, confeririam um certo grau de autonomia do Estado em relação ao capital. Uma proposta de reformulação da teoria marxista deu ensejo ao neomarxismo, cuja análise atenua a percepção de que os *policy-making* serviam ao interesse do capital.

Por sua vez, o pluralismo, tendo como defensores Robert Dahl,[322] Nelson Polsby e David Truman,[323] põe em evidência os grupos de interesses na modelação das políticas públicas. São os grupos, numerosos e de livre formação, os atores políticos. Os indivíduos podem atuar em diversos grupos, potenciais ou organizados, ao mesmo tempo, em prol de seus distintos interesses. A superposição de membros constitui um requisito que possibilita a convivência entre os interesses conflitantes e, ao mesmo tempo, permite a cooperação entre os grupos. Essa é a ideia central que vai subsidiar a formulação do conceito de políticas

---

[321] HOWLETT; RAMESH; PERL, 2013, p. 37.

[322] Os autores revitalizaram a teoria de Arthur Bentley, da primeira geração do pluralismo. Robert Dahl e Charles Lindblom são autores do pós-guerra mais identificados com a versão empírica do pluralismo, cuja ideia central é a concorrência entre grupos de interesses como elemento-chave do entendimento pluralista da democracia. Uma obra conjunta responde as expectativas de um aprofundamento ao pluralismo. (DAHL; LINDBLOM, 1953).

[323] Truman ampliou a noção de interesses, incluindo, ainda, uma subdivisão entre interesses latentes e interesses manifestos. Sua contribuição é no sentido de conferir um movimento mais dinâmico nos grupos de interesses. (HOWLETT; RAMESH; PERL, 2013, p. 44).

públicas, que passa a ser o "resultado da competição e colaboração entre os grupos que trabalham para promover os interesses coletivos de seus membros".[324]

Ainda que consciente das variações dos grupos de interesses, a abordagem de tradição americana pluralista[325] acata a tese de que a distribuição de poder ocorre de modo mais ou menos permanente nas sociedades, especialmente, nas de democracia liberal. O Estado, analisado dentro deste contexto, nada mais é que o resultado de processos sociais irredutíveis, permeável aos interesses que emergem das lógicas sociais. Sob este influxo, a sociedade é vista como conjunto de centros de poder, os quais, de forma autônoma, são responsáveis por delinear o campo das políticas públicas em sua total abrangência. Sob o enfoque da premissa pluralista, o contorno do conteúdo de uma política pública será obtido pelo resultado da interação de diversas pressões exercidas pelos grupos de interesses envolvidos no processo. A ação estatal está, no caso, direcionada à conciliação dos interesses particulares mais expressivos,[326] os quais nem sempre guardarão afinidade com o interesse geral. Tal perspectiva põe em destaque, conforme advertem Muller e Surel, a existência de múltiplas racionalidades concorrentes e sustentadas por atores, cujos interesses não coincidem necessariamente e, sobretudo, poderiam ser distintos do interesse geral da coletividade.[327]

Com clareza, Muller e Surel apontam que o sentido político será orientado pela capacidade dos grupos envolvidos de mobilizar recursos, exercer pressões ou impor suas visões de mundo, convertendo, por fim, suas ideias em decisões políticas. Sob o influxo dessa abordagem, enfatiza-se a criação de objetivos e métodos que possam explicar o fenômeno das políticas públicas, permitindo um avanço no seu estudo procedimentalizado. A centralização na ação, de igual modo, põe em evidência a diversidade de relações a dialogar com o Estado,

---

[324] O dilema entre o ganho individual e os benefícios da cooperação levou Ostrom a perceber que a "tragédia dos comuns" poderia ser evitada, levantando questões sobre as condições que favoreciam a ação coletiva bem-sucedida. POTEETE; JANSSEN; OSTROM, 2011.

[325] DAHL, 1961. A concepção pluralista de centro de poder afasta a existência de um único poder soberano, legitimando a incorporação de múltiplos centros de interesses. Cf. DAHL, 1961.

[326] MULLER; SUREL, 2002, p. 36.

[327] Compartilhando desse entendimento acentuam que "[...] a noção de interesse geral não tem grande sentido, na medida em que a ação do Estado não é mais do que o resultado aleatório do livre afrontamento dos interesses particulares. [...] Num tal esquema, os indivíduos são postulados a buscar a maximização de seus interesses pela mobilização de fontes que podem conduzir (mas não necessariamente) à ação coletiva". (MULLER; SUREL, 2002, p. 37).

imprimindo, cada qual, um novo olhar para a política pública. Por óbvio, o poder de influência varia conforme os recursos financeiros e organizacionais, de tal sorte que não há igualdade no acesso da agenda política. A crítica à teoria pluralista reside justamente na dificuldade em mensurar a capacidade dos grupos para determinar ou influenciar a tomada de decisão governamental.

Outra dificuldade encontrada pela teoria pluralista decorre da indefinição do papel do governo na produção de políticas públicas. Inicialmente, o governo era tido como uma "arena", um mero espaço público para o qual os grupos de interesse deveriam se deslocar para iniciar o embate. Um espaço sem poder de decisão. Depois passou a árbitro. O governo era tido como autoridade imparcial que estabelecia as regras ao conflito de poderes entre os grupos. Uma perspectiva também reducionista por desconsiderar os interesses dos funcionários que operam a máquina governamental, desconsiderar a existência de vínculos especiais com certos grupos, desconsiderar a burocracia como elemento de impacto nas políticas públicas.

Em resposta às críticas e buscando o aperfeiçoamento dos pressupostos da teoria dos interesses dos grupos, o neopluralismo reconhece, como afirma Lindblom,[328] uma variação no poder de influência dos grupos. Mas, ainda assim, não conseguiu apresentar respostas a todas as questões, como, por exemplo, o papel que o sistema internacional desempenha na modelação das políticas públicas. Trata-se de uma questão central, uma vez que as políticas do Estado-nação têm se tornado cada vez mais vulneráveis às determinações internacionais. Ademais, o poder dos grupos também encontra outras barreiras nos

---

[328] LINDBLOM, Charles Edward. Mudding through 1: a ciência da decisão incremental. In: HEIDEMANN; SALM, 2009, p. 195. O autor propõe um "ajustamento mútuo entre as partes", em sua obra *The intelligence of democracy*, o que é melhor explicitado posteriormente quando aborda o incrementalismo político. Uma das características das decisões políticas é de que é mais fácil descrevê-las como fatos do que como decisões; uma segunda característica é de que são influenciadas por um amplo espectro de participantes; terceira, a obscuridade das razões de agir; e, quarto, o que o ator denomina de "ajustamento mútuo", ou seja, uma coordenação superior, que foge propriamente das tentativas de coordenações centrais. É a partir dessa percepção de ajustamento mútuo que Lindblom se aproxima do pluralismo. Uma visão consciente pode ser extraída do seu pensamento: "como já observei, as questões políticas que entram na agenda pública, nas assim chamadas democracias ocidentais, são quase inteiramente questões secundárias, e sua formulação decisória é de fato pluralística, mas flagrantemente adernada. Quanto às grandes questões, que raramente entram na agenda, o pluralismo é fraco a ponto de ser invisível". (LINDBLOM, Charles Edward. Mudding through 1: a ciência da decisão incremental. In: HEIDEMANN; SALM, 2009, p. 200).

países que adotam o sistema parlamentarista, como Austrália, Canadá, Japão, Reino Unido e Suécia. Assim como nos países totalitários.[329] O corporativismo, como modelo de análise, também adota como unidade a coletividade. Sua origem está na Idade Média, mais precisamente na necessidade de proteção dos "estratos intermediários" de associações que se formavam entre a família e o Estado. Forte tradição europeia,[330] o corporativismo não pressupõe a negligência do Estado na formação dos grupos, mas é o próprio Estado que irá atuar na formação desses, reconhecendo-os, seja por alguma forma de autorização, seja por sua criação direta.

Como coloca Schmitter, trata-se de um sistema de intermediação de interesses, em que as unidades constitutivas estão organizadas em um número limitado de categorias singulares, compulsórias, não competitivas, hierarquicamente ordenadas e funcionalmente diferenciadas, reconhecidas ou licenciadas (se não criadas) pelo Estado e providas de monopólio representacional deliberado dentro de suas respectivas categorias, em troca da observância de certos controles em relação à sua seleção de líderes e à articulação de demandas e apoios.[331] Sua influência foi fundamental para reforçar a importância de padrões institucionalizados das relações que se travam entre Estado e sociedade. Deve-se ressaltar, portanto, o papel autônomo do Estado na política.

Uma terceira perspectiva coloca as estruturas como unidade de análise, e não mais o indivíduo, como a *public choice*, nem a coletividade, como o marxismo, o pluralismo e o corporativismo. O institucionalismo como modelo de análise identifica a relação íntima existente entre as políticas públicas e as instituições governamentais, visto que são estas que, em caráter oficial, estabelecem, implantam e fazem cumprir as políticas públicas. Dye, em sua abordagem, enumera três características que, no seu entendimento, provêm da origem institucional da política pública: a legitimidade, a universalidade e a coerção. A primeira característica está relacionada ao fato de o governo conferir legitimidade às políticas, pois na expressão do autor, "são consideradas obrigações legais que cobram lealdade dos cidadãos".[332] A segunda característica reporta-se à inserção da totalidade de um universo de pessoas que são,

---

[329] HOWLETT; RAMESH; PERL, 2013, p. 47.

[330] Uma teoria de grupo que se desenvolveu paralelamente ao pluralismo.

[331] SCHMITTER, 1977, v. 10, n. 1, p. 9, *apud* HOWLETT; RAMESH; PERL, 2013, p. 48.

[332] DYE, Thomas R. Mapeamento dos modelos de análise de políticas públicas. In: HEIDEMANN; SALM, 2009, p. 101.

verdadeiramente, destinatárias das políticas públicas; ao contrário do que ocorreria se a promoção delas ficasse a cargo de grupos, ou mesmo organizações, visto que neste caso, fatalmente, apenas uma parcela da sociedade estaria sendo contemplada, com esses investimentos públicos. Por fim, a terceira característica decorre do monopólio da coerção que permite, na verdade, o sancionamento dos descumpridores de suas políticas públicas.[333]

O institucionalismo, sob a ótica declarada de Dye,[334] identifica-se com a capacidade do governo de cobrar lealdade de todos os seus cidadãos, de adotar políticas que governam toda a sociedade e de monopolizar o uso legítimo da força, que estimula os indivíduos e os grupos a se empenharem para que as políticas traduzam suas preferências. Na verdade, as instituições ocupam o centro da atenção dos estudiosos de políticas públicas, pois as atividades políticas gravitam em torno das instituições governamentais específicas, que definem, implementam e fazem cumprir as políticas públicas.

Na década de 1980, March e Olsen resgatam o estudo acerca do papel das instituições, lançando as bases de um modelo neoinstitucionalista que se contrapôs ao pluralismo e ao marxismo. Essa teoria introduziu o Estado no foco analítico privilegiado, conferindo certa autonomia às instituições políticas frente à sociedade. Assim, na concepção desses autores, a perspectiva neoinstitucionalista é posta como uma tentativa de relativizar a dependência do sistema político em relação à sociedade, e a favor, destarte, de uma interdependência entre as instituições sociais e políticas relativamente autônomas.[335] Os neoinstitucionalistas entendiam que as instituições não se deduzem dos comportamentos e das estratégias individuais, mas sim, repousam sobre lógicas próprias; seriam responsáveis pelo trabalho de interpretação e explicação do mundo. Na apreciação de Rocha, no neoinstitucionalismo, as ações do Estado, implementadas por seus funcionários, obedecem a uma lógica distinta, de buscar reproduzir o controle de suas instituições sobre a sociedade, reforçando sua autoridade, seu

---

[333] DYE, Thomas R. Mapeamento dos modelos de análise de políticas públicas. In: HEIDEMANN; SALM, 2009, p. 101-102.

[334] DYE, Thomas R. Mapeamento dos modelos de análise de políticas públicas. In: HEIDEMANN; SALM, 2009, p. 101. O autor refere-se às três características: a legitimidade, a universalidade e a coerção.

[335] MARCH; OLSEN, 2008, v. 16, n. 31. Os autores, como defensores da corrente neoinstitucionalista, propuseram um novo significado para as instituições ao estabelecerem a premissa de que as instituições são normas simultaneamente aceitas e estabelecidas.

poder político e sua capacidade de ação e controle sobre o ambiente que o circunda.[336] As instituições não são tidas apenas como organizações formais, mas como códigos legais e culturais que influenciam indivíduos e grupos na adoção de estratégias e ações. Assim, a abordagem neoinstitucionalista procura identificar como as regras, as normas e os símbolos afetam o comportamento político, como a configuração das instituições governamentais afeta as ações do Estado, como padrões singulares de desenvolvimento histórico podem restringir escolhas futuras relativas à solução de problemas públicos. Howlett, Ramesch e Perl, ao descreverem a teoria, chamam a atenção para o fato de que "as instituições constituem elemento essencial da vida política, porque podem superar os impedimentos causados pelas assimetrias de informação e outras barreiras às trocas 'perfeitas' na sociedade".[337]

As instituições não causam a ação, mas influenciam as ações, pois moldam os problemas e as possíveis soluções pelos atores políticos, assim como limitam a escolha de soluções e a forma e medida em que elas são implementadas. A crítica a esta abordagem decorre da dificuldade em identificar como as instituições e as regras são criadas e, uma vez estabelecidas, como poderiam ser modificadas. Dye também chama a atenção para a perspectiva limitada dos primeiros estudos institucionais, que pouco se preocupavam com as conexões entre a estrutura das instituições governamentais e o conteúdo das políticas públicas.[338]

A abordagem neoinstitucionalista, longe de ocupar-se tão somente do cenário das discussões sobre políticas públicas, apresenta, ainda, ramificações distintas, cujas vertentes principais são: o institucionalismo histórico, a escolha racional e a teoria da organização. A tratadista Immergut,[339] adepta do institucionalismo histórico, busca, através de uma análise empírica dos sistemas de saúde, extrair uma visão indutiva sobre o peso das instituições em relação às decisões de interesse coletivo.

---

[336] ROCHA, 2005, v. 5, n. 1, p. 14.

[337] HOWLETT; RAMESH; PERL, 2013, p. 51.

[338] Para o autor, as políticas públicas constituem problemas empíricos e como tal deve se estar atento para o impacto dos arranjos institucionais nas políticas públicas. Ou seja, sua visão vai além da indagação de *como* as decisões são tomadas, ou mesmo, *como deveriam* ser tomadas, e adentra propriamente no conteúdo da política pública, *quem ganha o quê* e *por quê*. (DYE, Thomas R. Mapeamento dos modelos de análise de políticas públicas. In: HEIDEMANN; SALM, 2009, p. 101-105).

[339] IMMERGUT, Ellen. O núcleo teórico do novo institucionalismo. In: SARAVIA; FERRAREZI, 2006, v. 1, p. 164.

Trata-se de uma vertente que direciona o seu olhar na necessidade de apreender o Estado em sua interação, pelo viés das análises comparadas, mas rejeitando a ideia de estudos exclusivamente normativos, baseados em descrição e comparação de estruturas legais, administrativas e políticas.[340]

Cabe pontuar os questionamentos levantados por Hall e Taylor, que se inicia pondo relevo a uma perspectiva um tanto geral da relação entre as instituições e o comportamento individual, assim como a ênfase que é conferida às assimetrias de poder associadas ao funcionamento e ao desenvolvimento das instituições. O resultado é uma abordagem que tende a formar uma concepção do desenvolvimento institucional privilegiando as trajetórias, as situações críticas e as consequências imprevistas. Finalizam seu pensamento acerca das versões do neoinstitucionalismo, ponderando que na verdade "elas buscam combinar explicações da contribuição das instituições à determinação de situações políticas com uma avaliação da contribuição de outros tipos de fatores, como as ideias, a esses mesmos processos".[341]

A segunda vertente, também apontada por Muller e Surel,[342] é a do institucionalismo da escolha racional. Esta perspectiva busca integrar uma dimensão suplementar, mas centrada no papel das instituições como redutoras de incerteza e fatores determinantes de produção e expressão das preferências dos diversos atores sociais. As instituições, sob essa ótica, ocupam uma posição privilegiada, de modo a influenciar ativamente o jogo das estratégias e, até mesmo, os resultados políticos. Na situação em tela existe a presença de um componente institucional na tomada de decisão, o qual assume um papel influenciador sobre as preferências e os interesses individuais, reduzindo, dessa forma, o campo das incertezas e da instabilidade.

Finalmente, chega-se ao institucionalismo sociológico, que apresenta como pressuposto teórico a identificação das chamadas variáveis culturais. Essas variáveis, no entendimento dessa corrente, atuariam na apreensão das condições formadoras das unidades sociológicas e de seu funcionamento enquanto organizações, implicando numa perspectiva bastante ampliada, já que tendendo a considerar os próprios fatores culturais, como instituições. Uma versão mais sociológica, com bases na historicidade, deu início à abordagem estatista, a qual reconhece que

---

[340] BUCCI, 2006, p. 236.
[341] HALL; TAYLOR, 2003, n. 58, p. 198.
[342] MULLER; SUREL, 2002, p. 43.

as preferências e as capacidades políticas são melhores compreendidas a partir do contexto social no qual o Estado está inserido. No entanto, há certa dificuldade nessa abordagem em "explicar a existência de liberdades e privilégios sociais ou de explicar porque o Estado nem sempre consegue fazer valer sua vontade, como em tempo de rebelião, revolução, guerra civil ou desobediência civil".[343]

Uma visão extremista do estatismo é defendida por poucos. Na verdade, o que se chama a atenção é para a necessidade de enfocar os dois fatores na análise dos fenômenos políticos. Deve-se ter em consideração que outras organizações e agentes, inclusive no plano internacional, também modelam as relações sociais e políticas. Sob a vertente sociológica, Skocpol[344] afirma a relevância da pesquisa histórico-comparativa, evidenciando a autonomia e a capacidade do Estado e os elos em relação às organizações e aos agentes, de modo que o analista deve também explorar a estrutura do Estado em relação a eles. Certamente essa abordagem neoinstitucional e suas variações constituem um referencial no estudo das políticas públicas. Apesar dessa relevância, não se pode olvidar que as premissas metodológicas que envolvem esse importante processo devem ir muito além da compreensão estrutural[345] da instituição, para, então, alcançar a conexão entre a instituição e o próprio conteúdo da política pública.[346]

Em sua conclusão, Howlett, Ramesh e Perl evidenciam que há uma base comum em todas as teorias: atores, ideias e estrutura. São os três elementos constitutivos de um arcabouço teórico sobre a política. São os atores que levantam as questões, identificam as opções, tomam as decisões e as implementam. São sujeitos, ora com o propósito de promover seus próprios interesses, ora influenciados pelas circunstâncias dos ambientes que os cercam. Em segundo lugar, os

---

[343] HOWLETT; RAMESH; PERL, 2013, p. 54.

[344] A socióloga Thed Skocpol, em sua obra "Democracia diminuída", procura explicar o declínio da participação cívica americana nas últimas décadas. *Diminished Democracy: from Membership to Management in American Civic Life*, 2003. *What a Mighty Power We Can Be*: *African American Fraternal Groups and the Struggle for Racial Equality*, *with* Ariane Liazos & Marshall Ganz, 2006. *The Tea Party and the Remaking of Republican Conservatism, with* Vanessa Williamson, 2011.

[345] A estrutura das instituições governamentais também se constitui em importante fator de análise, tendo em vista as consequências políticas que se extrai dessa relação.

[346] É de Dye a advertência: "[...] a abordagem institucional em ciência política não tem dado muita atenção às conexões entre a estrutura das instituições governamentais e o conteúdo das políticas públicas. Em vez disso, os estudos institucionais descrevem geralmente instituições governamentais específicas – suas estruturas, sua organização, suas atribuições e suas funções". (DYE, Thomas R. Mapeamento dos modelos de análise de políticas públicas. In: HEIDEMANN; SALM, 2009, p. 101-102).

valores atribuídos às ideias que moldam as deliberações políticas. Por fim, o *policy-making* acontece no bojo de um conjunto de estruturas sociais e políticas, que afetam as deliberações sobre o que deve ser feito.[347] Algumas conclusões a partir dessa trajetória histórica das abordagens podem ser postas: a primeira decorre da compreensão da pluralidade de interesses existentes na sociedade e de seus antagonismos; a segunda, do entendimento de políticas públicas como decisões sobre os problemas empíricos; a terceira, da necessidade de pôr como objeto de estudo não apenas o processo, mas também o conteúdo das políticas públicas, identificando a possibilidade de participação real dos diversos atores sociais nesse processo, e por fim, a quarta decorre da importância do papel das instituições, as quais devem ampliar as bases de sua legitimidade,[348] para que possam estabelecer uma relação dialógica com os diversos interesses, dos indivíduos e de seus grupos. Só assim pode-se falar, verdadeiramente, em escolhas políticas exercidas de forma democrática.

2.3 Como definir as políticas públicas?

Não há propriamente um consenso com relação à definição da expressão política pública. Dissensos que conservam o núcleo de um agir intencional do governo com alguns objetivos articulados e meios para alcançá-los. A sucinta definição apresentada por Thomas Dye,[349] que compreende a política pública como todo o agir do Estado, isto é, "tudo que o governo decide fazer ou não fazer", já mostra, visivelmente, o elemento central de toda e qualquer definição acerca da política pública, que é, justamente, o próprio Estado desempenhando a função de sujeito ativo na concretização das políticas públicas. São, assim, decisões tomadas em nome dos cidadãos pelo Estado, e não por atores privados. É uma escolha feita no sentido de promover determinado curso de ação, seja por decisões positivas, seja por decisões negativas ou não decisões. Decisões deliberadas no sentido de não fazer nada

---

[347] HOWLETT; RAMESH; PERL, 2013, p. 55.

[348] Uma legitimidade por proximidade, como propõe Rosanvallon (2009, p. 245). Múltiplos centros de controle, agindo em superposição, sem uma relação de proximidade com o Estado, representa um retrocesso. O caminho passa a ser o de ampliar as bases de irrigação do controle, permitindo uma aproximação e um diálogo constante, mas evitando a substituição de um pelo outro.

[349] DYE, 2005.

e manter a situação atual ou não atuar pode também constituir uma política pública. Ao definir como sendo tudo que o governo decide fazer e não fazer, Dye inclui também um terceiro elemento, que é a consciência dos efeitos produzidos. Ele exclui da esfera da política pública aqueles efeitos não intencionais que possam vir a ser produzidos.

Em outra abordagem, oferecida por Willian Jenkins,[350] tem-se como política pública o

> conjunto de decisões inter-relacionadas, tomadas por um ator ou grupo de atores políticos, e que dizem respeito à seleção de objetivos e dos meios necessários para lográ-los, dentro de uma situação específica em que o alvo dessas decisões estaria, em princípio, ao alcance efetivo desses atores.

A perspectiva dessa abordagem restringe, inicialmente, a política pública a um conjunto de decisões, afastando deste conceito os atos isolados praticados pelo Estado, uma vez que o seu campo de atuação pressupõe uma série de decisões inter-relacionadas, voltadas à resolução de um determinado problema público. Ocorre, aqui, a conjugação de diversas ações constitutivas de uma política pública.[351]

De outra feita, extrai-se do seu conceito o reconhecimento de limitações internas e externas, que atravancam a capacidade de agir do governo. As deficiências surgidas por estas limitações decorrem de diversos fatores, como as dificuldades orçamentárias, a falta de pessoal, a burocracia, os compromissos internacionais, entre outros. Um terceiro ponto que se observa nesse contexto diz respeito à necessidade de definição de um objetivo e, também, da especificação dos meios a serem utilizados. A incorporação desses elementos ao conceito de política pública contempla uma nova via, que é a do controle, que pode recair sobre a relevância e/ou a congruência do objetivo, além da adequação dos meios utilizados, como também sobre a realização do objetivo inicial.[352]

Nesse sentido, o estudo de Jenkins pode identificar o relacionamento entre a definição dos objetivos e os meios eleitos para atingi-los;

---

[350] JENKINS, 1978. No original: "*The public policy is 'a set of interrelated decisions taken by a political actor or group of actors concerning the selection of goals and the means of achieving them within a specified situation where those decisions should, in principle, be within the power of those actors to achieve*".

[351] HOWLETT; RAMESH; PERL, 2013, p. 6.

[352] HOWLETT; RAMESH; PERL, 2013, p. 7.

apresentando importância que se traduz, exatamente, na possibilidade de se delimitar, em paralelo, os parâmetros de avaliação, capazes de mensurar o grau de eficiência alcançado com a adoção de determinada política pública. A conceituação de Anderson propõe um novo elemento atuante, que é a ligação entre o agir do governo e a percepção real, ou não, da existência de um problema ou interesse que requer ação governamental eficaz. Conceituando a política pública, Anderson a descreve como "um curso de ação intencional perseguido por um ator ou conjunto de atores, quando tratam de um problema ou matéria de interesse".[353]

Na compreensão de Muller e Surel, a política pública compreende "processo pelo qual são elaborados e implementados programas de ação pública, isto é, dispositivos político-administrativos coordenados em princípio em torno de objetivos explícitos".[354] Esses autores, sob uma perspectiva cognitiva, conjugam três elementos fundamentais para a compreensão da política pública: o primeiro é o quadro normativo de ação, o qual funciona como uma estrutura de sentido, resultante da interação de recursos financeiros, intelectuais, materiais e reguladores, destinados a alcançar objetivos construídos pelas trocas entre atores públicos e privados; o segundo elemento é resultante da combinação da força pública e da competência; e o último, origina-se da construção de uma ordem local.[355]

O quadro normativo de ação, identificado por Muller e Surel, é formado por um conjunto de medidas concretas que constituem a "substância visível da política pública". Nesses termos, para que uma política pública passe a existir, é fundamental a conjugação de declarações e, ou, decisões que funcionem como uma estrutura de sentido, capaz de mobilizar atores públicos e privados na consecução de objetivos definidos. A política pública, neste contexto, define-se, na concepção dos autores, como "um conjunto de fins a se atingir", os quais poderão estar mais ou menos explícitos nos textos e nas decisões governamentais.[356] Essa compreensão expõe a dificuldade em

---

[353] ANDERSON, 1984, *apud* HOWLETT; RAMESH; PERL, 2013, p. 7.

[354] Os autores trazem à discussão o caráter polissêmico do termo política na língua francesa, o que não ocorre no inglês, em que há termos distintos para cada acepção – *polity* (o mundo da política e da sociedade civil); *politics* (atividade política em geral) e *policies* (para designar as políticas públicas). (MULLER; SUREL, 2002, p. 11).

[355] MULLER; SUREL, 2002, p. 14.

[356] MULLER; SUREL, 2002, p. 14-20. Para a abordagem proposta, construir uma política pública significa construir uma representação, uma imagem da realidade sobre a qual se quer intervir.

compreender a política pública, necessariamente como um programa de ação governamental, como propõe Richard Rose,[357] porque muitas vezes inexiste o caráter normativo da política pública, ou seja, um conjunto de fins a se atingir, acompanhado de uma ação mobilizada para atendê-los. Há que se considerar, todavia, que a existência de uma política pública não coincide necessariamente com uma pauta normativa bem delimitada, mas pode ser construída a partir de ações e decisões implícitas e aparentemente contraditórias entre si. Ainda que se tenha decisões implícitas, há algo que antecede que é propriamente o sentido da política pública.

Os objetivos identificados pelos tomadores de decisão podem se distanciar dos resultados alcançados, seja pela incapacidade de prever todas as consequências decorrentes das ações, seja pela necessidade de modificação no decorrer da implementação.[358] Assim, deve-se distinguir o sentido explícito de uma política, definido pelos tomadores de decisão, do sentido latente, que se revela progressivamente ao longo da implementação. Ademais, deve-se atentar para os conflitos decorrentes da complexidade da vida real. As incoerências podem conduzir a contradições ou a um certo grau de irracionalidade. O trabalho de pesquisa das políticas públicas pressupõe desvelar o sentido e a lógica mínima das ações governamentais, ainda que diante de uma realidade aparentemente caótica. Nesse sentido, Muller e Surel não ignoram a inexistência de um sistema lógico e coerente. No entanto, deve-se considerar a presença de uma política pública ainda que as ações e as decisões estudadas não formem um todo coerente, mas que estejam presentes dentro de um quadro de sentido. Esse quadro de sentido permite conferir certa racionalidade *à ação pública, ainda que haja múltiplas e constantes incoerências.*[359]

Não se pode olvidar, entretanto, que a existência dessas aparentes contradições deve subsidiar toda construção da matriz de controle, considerando-se a diversidade dos fatores que envolvem o campo da política pública. Verdadeiramente, não se trata de um processo apenas

---

[357] ROSE, 1985, v. 15, n. 1, p. 1-28.

[358] MULLER; SUREL, 2002, p. 22.

[359] MULLER; SUREL, 2002, p. 18. Como alerta Massardier, a construção do referencial proposto por Muller leva em consideração também os atores, que por sua posição social e suas atividades profissionais, constroem sentido e, ao mesmo tempo, auxiliam em sua circulação em diversos espaços categorizados e organizacionais que compõem um setor de política pública. A característica essencial central desses atores é permitir "levar", de maneira circular, o sentido da política pública para as esferas de decisão. MASSARDIER, 2011, p. 77.

baseado em atos ordenados e sucessivos, mas de um sistema incontestavelmente incoerente, já que oriundo de um conflito de interesses, onde a tomada de certas decisões pressupõe o não atendimento a outros interesses.

O segundo elemento do conceito proposto por Muller e Surel é resultante da combinação da força pública e da competência, ou seja, a política pública como expressão do poder público. É a dimensão coercitiva ou autoritária da política pública, reflexo da concepção de "poder" do Estado, amparado no monopólio legítimo da força física. Nessa dimensão, a problemática torna-se constante, questionando-se sobre a natureza evolutiva do Estado e das relações entre o espaço público e privado.[360]

Por fim, o terceiro elemento está relacionado ao conjunto de indivíduos, grupos ou organizações que interagem no processo de políticas públicas. Como acentua Muller e Surel, "toda política pública assume, de fato, a forma de um espaço de relações interorganizacionais que ultrapassa a visão estritamente jurídica que se poderia ter a respeito".[361] Determinar o modo, a intensidade e os fatores que condicionam a capacidade de influenciar constitui um dos grandes desafios na análise dos pesquisadores. O "público" de uma política, na definição de Cobb e Elder,[362] ou seja, aqueles cuja posição será afetada pela ação do Estado possuem graus distintos de persuasão no processo, conforme as variáveis tempo e espaço.

A ênfase na dimensão cognitiva da política pública defendida por Surel representa um traço marcante da doutrina francesa, contribuindo para a reflexão em relação à análise analítico prescritiva, pois não se trata somente de analisar a política a partir de sua capacidade transformadora da realidade, ou seja, considerando-a como instrumento racional de intervenção pública, mas sim, de compreendê-la como um processo de construção social em que os interesses são divergentes e até antagônicos.[363]

A dificuldade em definir políticas públicas também se estende para o campo do direito. Na percepção de Valle,[364] política pública

---

[360] MULLER; SUREL, 2002, p. 19.

[361] MULLER; SUREL, 2002, p. 20.

[362] COBB; ELDER, 1972.

[363] Cf. Bruno Jobert sobre a compreensão da dialética entre os atores e a transformação de matrizes cognitivas.

[364] O conceito proposto evidencia os *métodos* pelos quais se formulam as escolhas públicas; os *atores* que integram esse processo e as *consequências* possíveis dessa ação estratégica.

consiste em decisão quanto ao percurso da ação formulada por atores governamentais, revestida de autoridade e sujeita a sanções. O conceito proposto por Freitas ressalta o dever cogente de cumprimento da agenda constitucional, termos em que com a considerável minúcia define

> políticas públicas como aqueles programas que o poder público, nas relações administrativas, deve enunciar e implementar de acordo com prioridades constitucionais cogentes, sob pena de omissão especifica lesiva. Ou seja, as políticas públicas são assimiladas como autênticos programas de Estado (mais que de governo), que intentam, por meio de articulação eficiente e eficaz dos atores governamentais e sociais, cumprir as prioridades vinculantes da Carta, de ordem a assegurar, com hierarquizações fundamentais, a efetividade do plexo de direitos fundamentais das gerações presentes e futuras.[365]

A construção de um referencial envolve mais do que um conjunto de ideias sobre a sociedade ou uma política pública, incorporando também a leitura que os atores fazem de si mesmos, ou seja, são as ideias que constroem e definem a identidade social. Uma matriz cognitiva e normativa que alimenta as relações de poder e que deve estar em consonância com o modelo do desenvolvimento sustentável, cuja orientação é a de interferir na ação individual e coletiva para a promoção do bem-estar ético sustentável, ainda que consciente de que as atividades governamentais[366] não exercem influência sobre a ação coletiva ou individual de modo uniforme.[367]

A autora aprofunda ainda o conceito ao incorporar a ideia de multiplicidade e de continuidade das decisões políticas. "Políticas públicas expressam, portanto, decisões [...], que, todavia, se constroem a partir do signo da multiplicidade, e hão de ser entendidas numa perspectiva de continuidade, de projeção para o futuro, de resultados almejados, e de obrigações que se tenham por instrumentais o alcance desses mesmos efeitos". (VALLE, 2016, p. 33-35).

[365] FREITAS, 2014, p. 32.

[366] Adotando como referência a formulação de Lowi, que define quatro funções ao Estado, regulatória, redistributiva, distributiva e constitutiva. O modelo de Lowi e os aportes feitos por Subirt e Gomà, subsidiaram a identificação de quatro categorias ou tipos de políticas públicas, conforme propõe Romano. (ROMANO, 2011, p. 151-152). A mesma referência a Lowi é utilizada por Denhardt. (DENHARDT; CATLAW, 2017, p. 201).

[367] A teoria da ação coletiva, proposta por Ostrom, baseia-se na influência das variáveis contextuais, das condições microssituacionais (como tamanho do grupo, heterogeneidade), nas macrocondições (como pressões do mercado, direitos de propriedade e políticas governamentais). Concluindo com base nos estudos de campo, e experimentos de que algumas ou nenhumas dessas variáveis, inclusive as políticas governamentais, exercem influência sobre a ação coletiva de maneira uniforme. (POTEETE; JANSSEN; OSTROM, 2011, p. 285).

Assim, de modo sintético, conceitua-se políticas públicas como decisões políticas que impulsionam ações estatais coordenadas, com o objetivo de compor os conflitos resultantes da pluralidade de interesses existentes na sociedade, cujo exercício democrático pressupõe o envolvimento e a participação cidadã no processo de tomada de decisões.

2.3.1 Estrutura cognitiva e normativa da ação pública

A abordagem cognitiva enfatiza a compreensão das políticas públicas a partir das ideias, crenças e representações elaboradas pelos atores na construção de sua relação com o mundo.[368] O papel das ideias, ainda que fosse relevante para outras abordagens, desloca-se para uma posição central, ainda que não exclusiva. Como consequência lógica, a abordagem cognitiva põe em evidência a importância das dinâmicas de construção social da realidade, da determinação dos quadros e das práticas socialmente legítimas.[369] Ainda que sob enfoques distintos, tal abordagem tem sido adotada por pesquisadores na França,[370] nos Estados Unidos e na Inglaterra, procurando demonstrar que a ação pública é organizada em torno de quadros que constituem o universo cognitivo dos atores e que possui certa estabilidade no tempo.[371]

Peter Hall se inspira na obra de Thomas Khun sobre as revoluções científicas, fazendo eco na França com Yves Surel, que tem desenvolvido tal abordagem,[372] a qual tenta explicar as mudanças das políticas públicas sobre três ordens: ajustes nos instrumentos, troca de instrumentos e mudanças na forma de compreender os problemas e metas gerais. Há uma aproximação dessa terceira hipótese com a ideia de crise de paradigma, quando, então, uma nova política pública precisa ser elaborada.[373]

---

[368] MULLER, 2015.

[369] BERGER; LUCKMANN, 1986, *apud* MULLER; SUREL, 2002, p. 45.

[370] Dentre os estudiosos da abordagem cognitiva destacam-se Bruno Jobert, Pierre Muller, Yves Surel.

[371] No original: *"Cette approche qui met l'accent sur la fonction cognitive de l'action publique a été développée par de nombreux auteurs qui cherchent à montrer que l'action publique s'organise autour de cadres (frames) qui constituent l'univers cognitif des acteurs et qui présentent une certaine stabilité dans le temps".* Importante atentar que Muller ao mesmo tempo em que reconhece a estabilidade das estruturas, portanto, o peso do passado, ele dedica um capítulo para explicar a mudança, sob a perspectiva da analise cognitiva. (MULLER, 2015).

[372] Cf. SUREL, 2000, v. 7, n. 1.

[373] MULLER, 2015; GRISA, 2011, p. 95.

O americano Paul A. Sabatier[374] desenvolve a noção de coalizão de causa (sistema de crenças), incorporando a visão cognitiva. Seu estudo promove uma análise das abordagens das políticas públicas, verificando em cada uma a presença dos elementos cognitivos e dos elementos não cognitivos. O autor põe em destaque a abordagem da *Advocacy Coalition Framework* (ACF) que significaria um avanço na perspectiva cognitiva das políticas públicas, com a adoção de uma estrutura elaborada do sistema de crenças, construída sob três níveis: um núcleo profundo, formado por crenças gerais não relacionadas com políticas específicas (*deep core*); um segundo núcleo de crenças, relacionados com políticas específicas (*policy core*) e aspectos secundários, relacionados com questões mais técnicas.

Vivien Schmidt e Claudio Radaelli sugerem uma abordagem semelhante, concentrando-se na narrativa e no discurso nos processos de mudança das políticas públicas. O discurso comporta tanto uma função cognitiva, quanto uma função normativa. Na primeira dimensão estão postas as ideias que dão sentido ao mundo, assim como também estão postos os valores que permitem agir no mundo. A outra dimensão refere-se ao processo de construção do discurso e sua apresentação. Ainda que a veracidade esteja em questão, as narrativas visam que os receptores as interiorizem e tomem uma atitude em relação ao problema. Dessa forma, as narrativas tornam os problemas sociais inteligíveis e acessíveis à ação humana, sugerindo um conjunto de ações e ao mesmo tempo estabelecendo uma ligação entre o passado e o futuro.[375] Uma vez aceita a narrativa dominante, determina a escolha e reorienta as preferências. Como aponta Grisa, "a narrativa também é compreendida como um recurso construído e utilizado pelos atores e que, ao mesmo tempo, fornece a estrutura na qual a ação é circunscrita".[376]

---

[374] SABATIER, 2000, v. 50, n. 2, p. 209-234.

[375] Cf. RADAELLI, 2000, v. 50, n. 2, p. 255-275.

[376] GRISA, 2011, p. 117-118. De forma sintética, Grisa coloca as principais diferenças das abordagens: a primeira, relativa ao nível de análise, pois enquanto as perspectivas dos referenciais e de paradigmas situam-se num nível macrossociológico de análise, a proposta de Fouilleux e a noção de narrativas e discursos adotam níveis meso e microssociológicos. Outra distinção diz respeito às distintas interpretações sobre as mudanças das políticas públicas. Na abordagem do referencial essas mudanças ocorrem do ajuste global/setorial, enquanto que para Fouilleux, as mudanças significativas ocorrem quando o compromisso assumido no fórum de comunidades de políticas públicas é rompido. Nesta hipótese, as mudanças maiores ocorrem nas sucessões de coalizões, pois mantendo-se no poder as coalizões, só haverá modificações por aprendizagem nos aspectos secundários. (GRISA, 2011, p. 131).

A concepção de uma política pública é construída, portanto, a partir de uma imagem da realidade sobre a qual queremos intervir. Esta é a imagem cognitiva através da qual os atores percebem o problema, visualizam as soluções e definem as suas propostas de ação. Como sintetiza Muller, "essa visão de mundo é o referencial de uma política".[377] A ideia de referencial é central na teoria de Muller. Como a sociedade compreende e age sobre a realidade percebida: quais são os perigos que a ameaçam? Como distribuir riqueza? Qual deve ser o papel do Estado?[378] Cuida-se de não se limitar à resolução de problemas como única determinante desse processo, sob pena de incorrer em pura especulação de um pretenso objetivismo. Na verdade, a própria definição de problemas a serem enfrentados e sua inclusão na agenda pública já é o resultado dessa dinâmica política.

Sendo assim, o processo político assume um papel relevante. Há uma inter-relação com as esferas políticas e econômicas, incluindo como objeto de pesquisa as ideias e o conhecimento dos atores e das redes políticas, os quais influenciam o processo de política pública. É, na expressão de Théret:[379] "a independência na interdependência". Para ilustrar, Muller questiona, por exemplo, qual é o papel da indústria na sociedade, ou mesmo a política de saúde. Qual seria o lugar da doença na sociedade moderna.[380] As representações sobre sexualidade e o papel das mulheres está relacionado às políticas de interrupção voluntária da gravidez. O referencial de uma política de defesa nacional

---

[377] Sobre a ideia de referencial de Muller, Massardier conclui ser necessário estipular limites, dentre os quais elenca: o olhar macrossociológico; a inscrição num contexto em que as políticas públicas resultam de um universo relativamente coerente e seguro; e, a colocação, de modo um pouco normativo, do postulado de coerência como princípio da ação pública. A segurança, em ultima analise, estaria garantida pelo compartilhamento da "razão para agir". (MASSARDIER, 2011, p. 87).

[378] MULLER, 2015. No original: *"Elles constituent le lieu où une société donnée construit son rapport au monde, c'est-à-dire à elle-même: les politiques publiques doivent être analysées comme des processus à travers lesquels sont élaborées les représentations qu'une société se donne pour comprendre et agir sur le réel tel qu'il est perçu: quels sont les dangers qui la menacent? Comment répartir les richesses? Quelle place accorder à l'État?".*

[379] THÉRET, 2011, p. 18-59.

[380] No original: *Par exemple, les propositions que l'on pourra faire en matière de politique de la santé dépendront de la représentation que l'on se fait de la place de la maladie dans la société moderne et du statut des personnels chargés de mettre en œuvre les systèmes de soin. De même, l'exemple de l'interruption volontaire de grossesse montre que l'émergence d'une politique comme celle mise en place par Simone Veil supposait que se soient modifiées les représentations dominantes concernant la sexualité et la place des femmes. La réforme des systèmes de retraite renvoie clairement à un débat sur le rapport entre vieillissement et vie active, tout comme l'autorisation du mariage entre personnes du même sexe témoigne d'un changement du regard sur l'homosexualité.* (MULLER, 2015).

relaciona-se à percepção dos principais riscos e o papel a que se deve atribuir ao exército do país. Portanto, o referencial de uma política consiste em um conjunto de requisitos que dão sentido a um programa político, definindo critérios e objetivos dos modos de designação de seleção. Limita-se à complexidade do real para definir o processo prescritivo capaz de agir sobre essa realidade.[381]

As expectativas distintas sobre a vida em sociedade, com interesses, objetivos e valores diversos, importam no conflito não apenas de objetivos, como do modo a atingir tais propósitos. Assim, as políticas públicas devem ser concebidas como resultantes dessa disputa que é inerente à complexidade de qualquer sociedade. As representações que a sociedade se faz para compreender e agir sobre o real devem levar em consideração o referencial global e o referencial setorial, conforme se relacione aos valores mais gerais de uma sociedade, ou as representações mais específicas relativas ao setor. O quadro geral são os valores fundamentais que são as crenças básicas da sociedade, no qual não há um consenso, mas marcam a organização dos conflitos sociais num determinado momento. No mesmo sentido, Massardier[382] acentua a dificuldade em conciliar uma perspectiva setorial e a coerência. Assim, o referencial de política pública deve pressupor, não mais em setores institucionalizados do Estado, mas em múltiplas participações de seus agentes em redes concorrentes.

Os mediadores, nominados por Muller, são caracterizados pela sua capacidade de fazer a ligação entre os dois espaços de ação, o global e o setorial, produzindo um significado específico. No entanto, ainda que se reconheça a importância desses "operadores de transação", não se pode desconsiderar que a transformação da política pública está atrelada à ampliação dos atores, incluindo os atores privados na esfera de decisão.

A abordagem cognitiva tenta ultrapassar o dilema do determinismo e do voluntarismo, "propondo uma grade de análise que

---

[381] Muller apresenta quatro níveis de percepção do mundo: os valores, normas, algoritmos e imagens. Os valores são as representações fundamentais sobre o que é bom ou mau, desejável ou indesejável. Representam, portanto, um quadro global de ação pública. O debate é tipicamente a equidade contra o debate de igualdade de valores. As normas definem diferenças entre a realidade real e a percebida, desejada, estabelecendo princípios de ação. Os algoritmos são relações causais que expressam uma teoria da ação. Eles podem ser expressos como "se ... então", por exemplo, "se o governo reduz os custos das empresas, então eles vão ganhar em competitividade". E, por último, as imagens são atalhos cognitivos que fazem sentido imediatamente e representam, simplificadamente, os vetores dos valores, normas e algoritmos. (MULLER, 2015).

[382] MASSARDIER, 2011, p. 86.

combina certa forma de determinismo estrutural (os atores políticos não são totalmente livres nas suas escolhas) e certa forma de voluntarismo (as escolhas não são totalmente determinadas pelas suas estruturas)." Assim, a abordagem cognitiva repousa sobre a "ideia de que uma política opera como um vasto processo de interpretação do mundo, ao longo do qual, pouco a pouco, uma visão de mundo vai impor-se, vai ser aceita, depois reconhecida como "verdadeira" pela maioria dos atores do setor, porque ela permite compreender as transformações do seu contexto, oferecendo-lhes um conjunto de relações e interpretações que lhes permitem decodificar, decifrar os acontecimentos com os quais são confrontados".[383] Tal compreensão torna-se central para o estudo dos elos de legitimidade, buscando fortalecê-los pela instrução de novos mecanismos de diálogo perene entre governantes e governados. A importância das crenças, das representações e das ideias nesse processo de legitimidade contínua aponta para um desafio renovado para os órgãos de controle do orçamento das políticas públicas, que devem buscar novas soluções para uma perspectiva democrática.[384]

2.4 A abordagem sequencial em segundo plano

A complexidade desse processo também induziu os cientistas a uma tentativa de simplificação, decompondo o ciclo da política pública, em fases ou estágios, cujo estudo, de forma isolada, permite uma análise mais profunda e detalhada sobre fatores específicos e a forma pela qual eles interagem não só em cada um desses estágios, como também a forma como interagem no processo como um todo.[385] Esta abordagem está também presente nos primeiros trabalhos de

---

[383] MULLER; SUREL, 2002, p. 51. Por outro lado, não se pode desconsiderar as críticas à abordagem cognitiva. Grisa enuncia o uso vago da noção de ideias, sem precisar como apreendê-las na realidade social e qual a sua influência causal nas políticas públicas; a valorização excessiva das variáveis cognitivas e normativas, conduzindo a utilizações meramente teóricas; uma desvalorização da dimensão causal dos interesses dos atores e das lógicas institucionais. (GRISA, 2011, p. 133).

[384] Esse ponto de contato é enfatizado por Valle: "Inevitável perceber que no percurso da aproximação entre direito e políticas públicas a questão democrática se ponha como um relevante ponto de contato – eis que as escolhas públicas hão de encontrar a visibilidade e a legitimidade que são próprias a essa forma de governo". (VALLE, 2016, p. 36).

[385] O desafio teórico contém vários aspectos, de modo que uma teoria melhorada deve oferecer as ferramentas para a simplificação, inerentes à análise teórica, sem deixar de considerar a complexidade. Assim, deve conjugar a complexidade e a contingência, sem deixar de lado os padrões que se aplicam aos múltiplos casos. (POTEETE; JANSSEN; OSTROM, 2011, p. 285).

Lasswell,[386] no qual aborda sete estágios da política pública: informação, promoção, prescrição, invocação, aplicação, término e avaliação. De fato, a concepção de ciclo da política foi adotada por diversos autores, com pequenas variações na composição desta cadeia de fases. Charles O. Jones,[387] por exemplo, propõe cinco etapas no processo de políticas públicas: identificação do problema; desenvolvimento do programa; implementação do programa, avaliação do programa; e, finalmente, o término do programa, com o fechamento ou a criação de uma nova ação. Muller e Surel,[388] sob a perspectiva da abordagem sequencial, dividem o ciclo da política pública em seis distintas fases: a primeira refere-se à colocação na agenda, levando os atores a identificar, definir e construir o problema; a segunda, relaciona-se à produção de soluções ou alternativas para os objetivos desejáveis; em seguida, vem o tratamento da decisão propriamente dita; a quarta fase, a da implementação, refere-se à execução das decisões adotadas nas etapas anteriores; a fase seguinte, avalia, de diferentes modos, o impacto do programa, indagando-se sobre os efeitos da política decidida e implementada, e também, se esses efeitos correspondem à expectativa desejada; por fim, a sexta fase, a da conclusão do programa.[389]

A abordagem sequencial proporciona benefícios, pois, além de permitir um maior alcance de uma complexidade aparentemente indecifrável, torna possível identificar que a tomada de decisão não se explica somente pela competência jurídica. Cada uma das fases do ciclo da política pública sofre interferência de atores específicos, bem como fatores internos e externos, que contribuem para o direcionamento da ação estatal, circunscrevendo um espaço normativo e cognitivo determinado. Assim, não se pode deixar de levar em consideração que a ordem das etapas e mesmo a sequência de ações de cada fase não obedecem à identificação, propriamente, entre teoria e prática. Ainda que se pretenda uma abordagem linear, decompondo cada etapa, não se pode desconsiderar a sua complexidade. Na verdade, o propósito é o de estabelecer parâmetros que possibilitem prescrever um mínimo

---

[386] LASSWELL. Harold Dwight. La orientación hacia lãs políticas. In: VILLANUEVA, 2000. p. 79-103.

[387] JONES, 1984.

[388] MULLER; SUREL, 2002, p. 26.

[389] John W. Kingdon enuncia os seguintes estágios: "*setting of the agenda, the specification of alternatives from which a choice is to made, an authoritative choice among specified alternatives, as in a legislative vote or a presidencial decision and the implementation of the decision*". (KINGDON, 1995, p. 2-3).

de ordem num sistema considerado caótico por sua própria essência, partindo-se de uma melhor compreensão do sistema da política pública. Ocorre que muitas decisões são tomadas sem sequer ser possível verificar a fase de identificação do problema. Segue-se, ainda, a identificação das inversões de fase, quando, por exemplo, a pesquisa revela que a decisão foi tomada antes mesmo da inscrição do problema na agenda institucional. Muller denomina tais desvantagens da abordagem sequencial como inconvenientes consideráveis, os quais limitam a representação da realidade do processo das políticas públicas. Assim, o uso de um tipo de grade sequencial torna-se mais relevante pelas questões que levanta do que propriamente pelas respostas que proporciona. Como acentua Muller,[390] algumas indagações contribuíram para uma nova reorientação das pesquisas, a exemplo dos questionamentos sobre a formulação do problema, de quem são os atores que mais influenciaram na decisão, como ocorreu na implementação; os métodos de avaliação.

Um avanço na doutrina, como acentua Bonnal,[391] tem conduzido ao abandono, em certa medida, da análise a partir do ciclo de políticas públicas ou de sua visão sequencial. Uma leitura em termos das ideias, dos interesses e das instituições na análise dos diferentes tempos e ciclos da política pública. Deve-se ter em conta que sua representação pode ocorrer por diversas formas e não propriamente como uma série de sequências sucessivas, assim pode assumir, por exemplo, a forma de um conjunto de sequências paralelas que interagem e se modificam continuamente, ou ainda, uma forma invertida como visto acima.

Ainda que a abordagem sequencial não esteja atrelada propriamente à sequência do procedimento, deve-se atentar que além da dificuldade de coerência, há também uma dificuldade na adoção do referencial setorial. A nova ação pública, como denomina Massardier,[392] é oriunda da justaposição/concorrência entre espaços sociais. Para o autor, "a coerência das políticas públicas repousa, assim, sobre a partilha (de recursos, de sentido, de solidariedade...) nesses espaços sociais compostos". Sua atenção está voltada para as redes concorrentes que atravessam os setores e que impulsionam múltiplas participações, responsáveis por construir sentido às suas ações.

---

[390] MULLER, 2015.
[391] BONNAL; LEITE, 2011, p. 21-22.
[392] MASSARDIER, 2011, p. 86.

De modo geral, as questões políticas nunca são realmente resolvidas, e a conclusão de um programa de ação do governo advém da mudança ou da criação de um novo programa.[393] A reflexão que recai sobre tal assertiva decorre de uma crítica mais ampla formulada por Muller e Surel, qual seja, a orientação do *problem solving*. O objetivo das políticas públicas é o de resolver problemas? A partir desse questionamento é possível desconstituir a falsa compreensão de que as políticas públicas servem para "resolver problemas". Na verdade, a solução se dá por uma diversidade de atores e de fatores. Como acentua Muller e Surel, "na realidade, os problemas são resolvidos pelos próprios atores sociais, através da implementação de suas estratégias, da gestão de seus conflitos e, sobretudo, através dos *processos de aprendizagem* que marcam todo o processo de política pública".[394]Assim, fazer política pública segundo esses doutrinadores franceses é construir uma nova representação dos problemas que implementam as condições sociopolíticas de seu tratamento pela sociedade e pela ação do Estado.[395] Disso decorre uma segunda conclusão, a de que "as políticas públicas são, sem dúvida, um elemento de participação política que completa, concorre e/ou interage com os modos tradicionalmente consagrados que são o voto e a militância".[396]

Destarte, para além de uma abordagem sequencial, a política pública deve ser representada como um fluxo contínuo de decisões e procedimentos que devem tentar encontrar o significado nos espaços sociais compostos.[397] Uma conclusão importante, pois afasta a ideia de momentos únicos e sequencias que levam à tomada de decisões racionalmente qualificadas. Na verdade, as janelas de acesso ao circuito de decisão devem estar sempre acessíveis, permitindo que o exercício da cidadania possa influir nas decisões políticas. Ir além da inclusão formal[398] da cidadania, desdobra-se na perspectiva de legitimidade por proximidade, a ser melhor especificada no terceiro capítulo.

---

[393] MULLER, 2015.

[394] MULLER; SUREL, 2002, p. 29. Deve-se ter em conta que os processos de aprendizagem estão associados a mudanças acessórias das políticas públicas e não propriamente à sua reformulação.

[395] MULLER; SUREL, 2002, p. 29.

[396] MULLER; SUREL, 2002, p. 30. Sobre o tema cf. COBB; ELDER, 1983.

[397] MULLER, 2015. Sobre os espaços sociais compostos, cf. MASSARDIER, 2011, p. 86-87.

[398] No país, os analfabetos somente conquistaram o direito ao voto em 1985.

2.4.1 Por que uma questão sujeita à ordem pública? Um problema de agenda

Um problema a resolver. Nada mais automático do que associar políticas públicas à solução de problemas, enquanto o que na verdade impulsiona a ação pública não é propriamente o nível de intensidade do problema, mas como ele é representado e interpretado pelos atores sociais. De fato, a implementação de determinadas políticas está associada a uma transformação da percepção dos problemas, o que significa, portanto, tratar-se de um problema político. Isso é facilmente percebido quando, por exemplo, verificam-se os problemas de pobreza e desigualdade, ou mesmo de poluição, que ainda que latente, sua intensidade como problema social não necessariamente aciona a ação pública. Com acerto, Muller associa um problema de política a, necessariamente, uma construção social cuja configuração dependerá de vários fatores específicos.[399]

A agenda sistêmica ou informal, conforme identificada por Cobb e Elder, era composta das questões que segundo a percepção geral dos membros da sociedade deveriam suscitar a ação do Estado. É essencialmente uma agenda da sociedade para a discussão de problemas individuais e sociais. No entanto, essa agenda não é coincidente com a agenda institucional, que é aquela em que os problemas passam a ser dignos da atenção real do governo. Nas palavras de Howllet, Ramesh e Perl, "a agenda pública é voltada à discussão, enquanto a institucional, à ação".[400]

O cerne da questão é, portanto, como colocar e quais os mecanismos concretos que determinam a inclusão de certo tema na agenda do tomador de decisão. O papel dos atores, ou mesmo algumas determinantes objetivas, como catástrofes, nível de desenvolvimento econômico, entre outros, acabam reduzindo a multiplicidade de relações causais que constituem a alavanca para a sua inserção na pauta de prioridades da ação pública. Diversas abordagens se dedicaram ao estudo de suas causas. A abordagem *funnel of causality*,[401] por exemplo,

---

[399] MULLER, 2015. No original: *En revanche, la mise en place de ces politiques est liée à une transformation de la perception des problèmes. Cela signifie qu'un problème politique est nécessairement un construit social dont la configuration dépenda de multiples facteurs propres à la société et au système politique concerné. La question est alors de démonter les mécanismes concrets qui déterminent l'inscription de ce problème sur l'agenda du décideur".*

[400] HOWLLET; RAMESH; PERL, 2013, p. 113.

[401] Dedicaram-se ao modelo autores como Antonhy King e Richard Simeon. KING, 1973, v. 3, n. 4, p. 409-423; SIMEON, 1976, v. 9, n. 4, p. 541-552.

parte da premissa da necessária conjugação de diversas variáveis, que entrariam num funil, onde cada variável estaria entrelaçada com as demais. No entanto, ao mesmo tempo em que ela avança porque permite explorar distintas visões sobre as influências na agenda, ela não permite explicar as razões pelas quais esses fatores influenciam de modo diferente a agenda pública.

O modo de montagem da agenda, ou por assim dizer, a reunião de oportunidades, problemas e soluções levou John Kingdon[402] a desenvolver um arcabouço analítico, identificando três conjuntos de variáveis que se interagem: os fluxos de problemas, as políticas públicas e a política. O fluxo de problemas relaciona-se com o momento em que há a percepção do problema enquanto questão política. O fluxo de política pública decorre de uma análise técnica dos problemas com as possíveis soluções. E o fluxo político, que é composto pela oscilação da opinião pública, pressão de grupos de interesses, mudança de mandatos. Esses três fluxos seguem cursos em certa medida independentes até a abertura de uma janela política, quando, então, há uma aproximação e uma interconexão entre problemas, soluções e oportunidades.[403] Os empreendedores políticos, situados dentro e fora do governo,[404] desempenham papel relevante nesse processo, pois são responsáveis por unir as soluções e os problemas políticos às oportunidades, nesse momento abre-se a janela institucional, iniciando o processo das políticas públicas. Kingdon também considerou um fator relevante, que é a previsibilidade. Em que pese a aparente aleatoriedade, conclui que algum grau de imprevisibilidade sempre continua a existir, ainda que exista algum grau de padrão.[405] Assim, subdivide em quatro principais janelas, duas janelas políticas e duas janelas de problemas. As políticas são de fluxo rotineiro, em que os eventos com procedimentos institucionalizados desencadeiam aberturas de janelas previsíveis, e as janelas políticas discricionárias, em que o comportamento dos atores políticos individuais leva à abertura menos previsível de janelas. As janelas de problemas, por sua vez, são as de externalidade, em que

---

[402] O autor se dedicou à pesquisa, buscando explicar alguns questionamentos que antecedem a tomada de decisão, na verdade, seu enfoque é sobre uma decisão anterior que define como os problemas são reconhecidos, ou seja, como alguns itens tornam-se proeminentes e outros são negligenciados. Seus estudos basearam-se nos setores de transporte e saúde do governo dos EUA. KINGDON, 1995, p. xvii (*prafece to the first edition*).

[403] HOWLETT; RAMESH; PERL, 2013, p. 115.

[404] O conceito de mediadores é central na abordagem cognitiva de Muller.

[405] KINGDON, 1995, p. 165.

as questões conexas são atraídas para uma janela já aberta, e as janelas de eventos aleatórios, em que crises ou eventos aleatórios abrem janelas imprevisíveis.

Ainda que largamente utilizado o modelo de Kingdon para avaliar a natureza da montagem da agenda, há autores que sustentam que na verdade a imprevisibilidade é ainda menor, de modo que ímpetos de mudança são seguidos de longos períodos de estabilidade e, por conseguinte, as janelas permanecem mais fechadas do que propriamente abertas. Isso ocorre com as autorizações plurianuais que reduzem as possibilidades disponíveis para a discussão de questões e ajustes de prioridades. O sistema tributário também exerce um papel central, bloqueando em grande medida novas agendas, relacionadas, sobretudo, à arrecadação de receitas, com a definição de quem vai arcar com as despesas públicas e até mesmo com o que se vai gastar, através da vinculação tributária.

Frank Baumgartner e Bryan Jones se tornaram referências nos estudos da montagem da agenda, avançando, em certa medida, em relação à análise apresentada por Kingdon. Para eles, a questão central decorre da habilidade em controlar a interpretação dos problemas e, assim, como eles são concebidos e discutidos. Justificam a imagem dos problemas políticos como a variável significativa para a montagem da agenda. Assim,

> quando os problemas políticos são caracterizados como problemas técnicos e não como questões sociais, os *experts* podem dominar o processo de tomada de decisão. Quando as implicações éticas, sociais e políticas dessas políticas públicas assomam ao centro da cena, uma gama muito mais ampla de participantes pode subitamente ser envolvida.[406]

Os autores apontam para dois tipos de subsistemas político-administrativos, um monopolístico e o outro competitivo. No primeiro, há um monopólio bem estabelecido, em que as ideias antigas acabam sucumbindo às imagens homogêneas, mantendo-se o *status quo*. Há um discurso pela negação da agenda, evitando que novas imagens influenciem o governo. As novas ideias, por sua vez, podem produzir uma reformulação das questões ou da temática no subsistema. Há, portanto, uma reformulação interna no discurso. Já no sistema competitivo, novos atores e novos discursos permitem a contestação do *status quo*.

---

[406] BAUMGARTNER; JONES, 1991, v. 53, n. 4, p. 1047.

As ideias novas possuem um caráter inovador e imprevisível. No entanto, ideias antigas, ainda que num ambiente competitivo, apenas ensejam mudanças institucionais modestas no *status quo*. Há, portanto, uma variação entre ideias novas e ideias antigas numa primeira dimensão, que ao ser conjugada com uma segunda dimensão, a dos tipos de subsistema político-administrativo, permite uma melhor visualização do quadro analítico da montagem de agenda.

Atores, ideias e estrutura. Essa trilogia permite também uma melhor compreensão de como atores chaves nos subsistemas políticos vigentes, através do discurso de suas ideias, operam nas instituições de modo a influenciar a montagem da agenda. O estudo das narrações ou das explicações permitiu concluir que os atores possuem seus próprios esquemas cognitivos e normativos.[407] A maneira como os atores elaboraram as argumentações concorrentes é o reflexo de sua tradução do problema numa linguagem que corresponda a seus valores, suas crenças, suas posições, seus interesses, às características de suas organizações. Seu discurso vai ter mais ou menos influência, conforme sua habilidade para controlar o fluxo de informações.

Como coloca Kingdon, os processos de montagem da agenda ainda apresentem um grau de incerteza, também possuem uma parcela de previsibilidade, de modo que o momento de inclusão de questões depende de uma janela política e da habilidade dos empreendedores políticos de a aproveitarem.[408] Contudo, as determinantes centrais, como colocam Baumgartner e Jones, decorrem da natureza dos atores que iniciam as discussões políticas e das condições de operacionalização das ideias nas estruturas. A centralidade nos autores, que também é acentuada por Muller, pois são esses atores que desempenham papel central na construção do sentido aos problemas sociais e na circulação desses problemas nos diversas esferas de decisão. Assim, o conteúdo que será conduzido à agenda institucional está interligado com a natureza do

---

[407] Alguns trabalhos se dedicaram ao estudo da linguagem, como dimensão importante para a emergência do problema, tanto pela sua retórica, quanto pela substância da mensagem. Deborah Stone apresentou uma classificação dos argumentos, em históricos, as sinédoques que consistiam em tomar a parte pelo todo, as metáforas e as ambiguidades.

[408] A influência das técnicas metodológicas na visualização dos resultados foi trazida por Achen, em que, por exemplo, as técnicas de visualização, como as tabulações cruzadas, destacam as regularidades empíricas e a variação padronizada, ao passo que a exploração de dados permite verificar a heterogeneidade causal, as relações não lineares, os efeitos de interação e outros aspectos dos dados que acabam sendo obscurecidos por outras técnicas. ACHEN, 2002, n. 5, *apud* POTEETE; JANSSEN; OSTROM, 2011, p. 32.

subsistema político administrativo e do tipo de ideias que seus atores/mediadores defendem.[409]

Conclui-se, portanto, que os mecanismos que levam à inclusão de um tema na agenda política são complexos e refletem as relações de poder nas sociedades contemporâneas, assim como as possibilidades e os limites de acesso aos circuitos de decisão. Observa-se, ainda, a ampliação do cenário para uma esfera global, reduzindo a ação do Estado na sua capacidade de promover e direcionar as mudanças locais. É, nesse contexto, que se deve revitalizar a capacidade da ação governamental, permitindo o acesso democrático aos circuitos de decisão, de modo a restabelecer a capacidade estatal de direcionar as políticas públicas como instrumento de promoção, mais igualitária, do bem-estar sustentável.

2.4.2 Tomada de Decisão: o comportamento individual e os dilemas sociais

Centro das atenções dos estudiosos, o estágio da tomada de decisão é merecedor de inúmeras abordagens que tentam compreender o momento da escolha entre as alternativas que melhor atendam às finalidades que se pretende alcançar. É a seleção que irá sinalizar a intenção dos atores públicos em empreender alguma ação. Isso não significa que, mesmo após a tomada de decisão, as escolhas possíveis serão executadas, mas, ao revés, é possível que grande parte das escolhas eleitas nem sequer impulsionem qualquer tipo de ação estatal.[410] Essa fase pressupõe a escolha a partir de certo número de opções políticas, capazes de resolver um problema incluído na agenda pública. Enquanto que na montagem da agenda permite-se a participação um pouco mais ampla dos atores sociais, na fase da tomada de decisão, o grupo de atores cinge-se apenas aos detentores de competência para tomar decisões públicas vinculativas.

O conteúdo das decisões pode perpetuar o *status quo* ou pode alterá-lo por meio de ações que promovam modificações ampliativas ou mesmo restritivas da situação inicial. Indiferentemente se negativa ou positiva, a decisão pública pressupõe o desenvolvimento e a intenção volitiva por parte dos tomadores de decisão no sentido de se

---

[409] HOWLETT; RAMESH; PERL, 2013, p. 121.
[410] MULLER; SUREL, 2002, p. 99.

empreender algum curso de ação ou inação. E, justamente na tentativa de decifrar o vasto mundo que envolve a tomada de decisão, foi que as abordagens racionalista e do incrementalismo se desenvolveram, percorrendo dois caminhos distintos, na tentativa de identificar sobre quais premissas se dá a seleção de uma, dentre diversas outras alternativas existentes; quais elementos dispõem, ou quais elementos são necessários; ou, ainda, quais elementos de fato são utilizados nessas escolhas. É a partir dessas concepções que novas trilhas foram sendo construídas.[411]

A busca pelo melhor aproveitamento de uma ação pública motivou o desenvolvimento de alguns pressupostos sequenciais necessários para se alcançar a máxima racionalidade em uma tomada de decisão. Na aguçada observação de Etzioni,[412] as premissas racionalistas conduzem o ator a conscientizar-se de um problema, propor uma meta, pesando cuidadosamente os meios alternativos, e escolher um deles com base no cálculo que faz de seus respectivos méritos. Sob esta perspectiva, a tomada de decisão pressupõe um conjunto de informações que são introduzidas na qualidade de dados ou restrições sob os quais deve operar a adaptação racional. Na digressão de Carley,[413] o modelo idealizado da tomada de decisão racional implicava as seguintes atividades: (1) estabelecer um objetivo para a solução do problema; (2) explorar e listar todas as estratégias e alternativas para o alcance dos objetivos; e (3) selecionar a melhor estratégica, privilegiando o binômio custo-benefício.

A crítica[414] a esta abordagem centra-se na impossibilidade do tomador de decisão identificar e avaliar um número quase infinito de opções possíveis. As limitações do tempo, da informação e do conhecimento põem em discussão a real possibilidade de um tomador de decisão ultrapassar todas as etapas que propõe a teoria da escolha racional. Sob a abordagem racional, a tomada de decisão é, sobretudo,

---

[411] HOWLETT; RAMESH; PERL, 2013, p. 166-167.

[412] ETZIONI, Amitai. Mixed scanning: uma "terceira" abordagem de tomada de decisão. In: HEIDEMANN; SALM, 2009, p. 220.

[413] CARLEY, 1980 *apud* HOWLETT; RAMESH; PERL, 2013, p. 168.

[414] SIMON, Herbert A. Modelo comportamental da decisão racional. In: HEIDEMANN; SALM, 2009, p. 133-154. Um dos principais opositores à teoria racional, Simon detectou que as limitações à racionalidade não poderiam ser simplesmente "superadas" por uma análise mais cuidadosa, ou presentes apenas em circunstâncias excepcionais, ao revés, a gravidade das insuficiências comprometia as premissas da "racionalidade pura" e da maximização pretensiosa dos resultados. Em que pese a densidade de suas críticas, foi de Lindblom a propositura de uma alternativa ao modelo racional.

a busca por soluções maximizadoras para problemas complexos, onde são reunidas informações importantes à política, que condicionam o tomador de decisão a uma idealidade. Em contrapartida, o modelo incremental, concebido por Lindblom[415] descrevia a tomada de decisão sob uma perspectiva política, e não propriamente técnica, no qual as formas de interação e negociação conduziam à real tomada de decisão pelo governo.

Sob as bases do incrementalismo de Lindblom, os tomadores de decisão trabalham por meio de um processo de construção contínua, partindo da situação atual, passo a passo e em pequenos graus. Alguns questionamentos sobre esse modelo podem ser resumidos em duas questões centrais. A primeira decorre da não percepção dos conflitos de interesses que estão latentes na sociedade, pois parte da compreensão de uma dose acentuada de consensualidade das decisões. Nesses casos estar-se-ia adotando concepções que abrigariam os interesses das elites administrativas e políticas, negando os interesses antagônicos dos sub-representados, na medida em que caberia ao tomador de decisão optar por soluções centradas propriamente em aperfeiçoamento das políticas públicas e não propriamente em propostas inovadoras, de modo a contemplar grupos de interesses distintos. Ademais, uma segunda questão, bem ressaltada por Etzioni, é o fato de a teoria tender a negligenciar as inovações nas estruturas sociais, em razão do seu curto prazo e da busca de variações limitadas em relação a políticas passadas.[416]

Na combinação dos elementos do racionalismo e do incrementalismo surge o modelo da sondagem mista (*mixed scanning*) desenvolvido por Etzioni,[417] decompondo a tomada de decisão em dois estágios: um pré-decisional ou representativo de definição e modelagem de problemas, que utilizaria a análise incremental; e uma segunda fase na qual seriam definidas soluções específicas, sob o enfoque racionalista.

---

[415] LINDBLOM, Charles Edward. Muddling through 2: a ubiquidade da decisão incremental. In: HEIDEMANN; SALM, 2009, p. 186. O modelo do incrementalismo desconexo proposto por Charles E. Lindblom apresenta um modelo alternativo, cuja base reducionista acaba por simplificar o momento da tomada de decisão. "A tentativa (pretensamente) sinótica e convencional de escolher e justificar a localização de um conjunto novo de moradias populares, pela análise de todas as necessidades de terra e de todas as configurações de desenvolvimento potenciais do município, sempre degenera em pelo menos superficialmente quando não em fraude. A análise incremental desconexa pode fazer algo melhor".

[416] HOWLETT; RAMESH; PERL, 2013, p. 169-170.

[417] ETZIONI, Amitai. Mixed scanning: uma "terceira" abordagem de tomada de decisão. In: HEIDEMANN; SALM, 2009, p. 219.

Ou seja, a partir de um levantamento mais célere obter-se-ia alternativas mais promissoras; mas, apenas no momento posterior, o tomador de decisão se debruçaria sob o viés racional. Na lição de Etzioni, enquanto o racionalismo propõe um levantamento exaustivo com observações detalhadas que acabariam por paralisar a capacidade de ação, o incrementalismo concentra-se nas pequenas modificações similares de ação, a sondagem mista, por sua vez, incluiria elementos de ambas as abordagens, deixando escapar alguns detalhes, mas não deixando de perceber pontos problemáticos óbvios em áreas não conhecidas.[418]

Na década de 1980, March e Olsen negavam ao processo de tomada de decisão qualquer racionalismo, mesmo o limitado proposto pelo incrementalismo. A realidade da tomada de decisão, para eles, estava dissociada de um nível de intencionalidade, compreensão de problemas e previsibilidade de relações entre atores.[419] A decisão nada mais era do que uma "lixeira", na qual vários problemas e soluções eram atirados e jogados pelos participantes. A proposta desse modelo, que endossava a irracionalidade do processo de decisão, baseou-se em estudos de caso, onde os autores obtiveram evidências que, em muitas vezes, as decisões são tomadas com base em escolhas simplistas do tipo sim ou não, sem que esteja presente qualquer tipo de racionalidade, inerente à complexidade e à dinâmica do processo de política pública. O modelo da "lixeira" contribuiu para romper a dicotomia racionalista incrementalista, abrindo campo para o estudo de novas perspectivas sobre a tomada de decisão.

Na década de 1980, os estudos foram direcionados para a compreensão da influência das variáveis do ambiente, ou seja, as estruturas e o contexto da tomada de decisão. Autores como Carol Weiss que observou muitos casos de deliberações políticas, as quais não são decididas de uma forma distinta e precisa, de uma só vez, mas, ao contrário, as decisões foram tomadas em etapas fragmentadas em face de sua natureza e da estrutura da organização.

Em organizações grandes, as decisões relativas a questões complexas raramente são da área de competência de um só indivíduo ou cargo. Muitas pessoas, em muitos cargos, *têm algo a dizer e quando os resultados de um curso de ação são incertos, muitos participantes têm*

---

[418] ETZIONI, Amitai. Mixed scanning: uma "terceira" abordagem de tomada de decisão. In: HEIDEMANN; SALM, 2009, p. 226.

[419] HOWLETT; RAMESH; PERL, 2013, p. 175-176.

oportunidade de fazer proposições, planejar, conferir, deliberar, aconselhar, argumentar, propor enunciados de políticas, rejeitar, rever, vetar e reescrever.[420]

Cada novo ator inserido na tomada de decisão introduz novos problemas e soluções, influenciando no resultado desse processo. E a partir da compreensão dessa sistemática, pode-se lançar o olhar para o agente, identificando a forma como ele define política em termos de problemas e soluções, política de adoção, implementação e avaliação.[421] Ressalta-se que esta abordagem direcionada a um ator central ajuda a compreender melhor não só a complexidade deste momento de tomada de decisão, como também proporciona novos *insights* sobre os padrões de interação usados nessa fase. Tal perspectiva põe em evidência a multiplicidade que envolve uma tomada de decisão. Diversas arenas políticas, momentos distintos e diversos atores contribuem para a *construção* de uma decisão.

Não se pode, ainda, deixar de considerar a contribuição de Ostrom,[422] que por meio de estudos de casos e experimentos, apontou para o desafio de medir os custos e benefícios percebidos pelos tomadores de decisão, sobretudo, porque as variáveis contextuais mais amplas que afetam os custos e vantagens percebidos diferem, significativamente, de um ambiente para outro. A autora, ao formular uma teoria da ação coletiva, considera que as decisões das políticas governamentais influenciam a ação coletiva, mas esta macrocondição deve ser analisada em conjunto com as condições microssituacionais, assim, como as variáveis contextuais. Um significativo avanço na percepção e sistematização teórica das decisões governamentais, capaz de contribuir para a compreensão de quais fatores influenciam os indivíduos no enfrentamento dos dilemas sociais.

---

[420] WEISS, 1980, p. 399 *apud* HOWLETT; RAMESH; PERL, 2013, p. 178-179.

[421] TEISMANN, 2000, v. 78, n. 4, p. 937-956. Teismann, ao assinalar os modelos de tomadas de decisão, ressalta que a partir da compreensão da realidade através desses três modelos obtém-se imagens diferentes da realidade, uma vez que cada um deles oferece apenas uma visão parcial. Em suas palavras: *"Decision-making in order to generate useful insights for the understanding of complexity. Three conceptual models are presented: the phase model, the stream model and the rounds model. In the phase model the focus is on decisions taken by a focal actor, targeting a specific problem. In the stream model the focus is on the linking of three more or less independent streams, i.e. problems, solutions and politics. The rounds model focuses on the interaction between the various decisions taken by different actors. If we analyse reality from these three models different images of reality are obtained, each of which provides a partial insight into reality"*.

[422] O modelo do comportamento humano proposto pela autora pressupõe a conjugação de variáveis contextuais mais amplas, variáveis microssituacionais e aprendizado e indivíduos que adotam normas. (POTEETE; JANSSEN; OSTROM, 2011, p. 287).

2.5 A trama da política pública: produtores ou inibidores de emergências?

A evolução das políticas públicas e os resultados advindos é o reflexo da relação dialógica e simbiótica entre atores, ideias e estruturas.[423] Os indivíduos, grupos e classes conferem organicidade ao processo das políticas públicas, que vai muito além de um sistema abstrato. Interesses modelados pelas ideias, pela dinâmica das instituições, ingressam na disputa pela agenda pública, instigando a análise de suas estratégias e a tentativa de compreensão dos motivos que impulsionam determinados comportamentos.

Em sua obra *The Semi-Sovereing People*, Schattschneider, em 1960, inicia o estudo sobre o lugar dos grupos e dos indivíduos na formulação de reivindicações submetidas à atenção dos poderes públicos, sendo um dos precursores em estudar as consequências decorrentes de apenas um grupo limitado de atores ter, de fato, acesso à agenda pública. Cobb e Elder,[424] em seu clássico *Participaticion in American Politics: the dynamics of Agenda-Building*, revelam a centralidade do problema. Avançam para identificar os fatores que poderiam gerar o acesso privilegiado de certos grupos em detrimento de outros. Suas hipóteses avaliam o fato do ator encarregado de tomar a decisão ser devedor ou se identificar inteiramente como membro do grupo; a existência de fontes materiais, simbólicas, organizacionais entre outras, que facilitassem o acesso junto a atores públicos; os grupos que estão inseridos numa posição estratégica, facilitando a divulgação de seus problemas; e, por fim, os grupos socialmente valorizados nas representações e crenças dominantes, o que legitima suas reivindicações.[425]

A primeira formulação apresentada decorre da constatação da desigualdade de recursos e oportunidades entre os grupos e indivíduos, o que repercute no acesso à agenda pública. Um cenário conflituoso em que a mobilização dos recursos e dos repertórios da ação,[426] como aduz Muller e Surel,[427] torna-se instrumental valioso de legitimação,

---

[423] "Os atores, ideias e estruturas formam a base comum para onde todas as teorias políticas convergem". (HOWLETT; RAMESH; PERL, 2013, p. 55).

[424] COBB; ELDER, 1972.

[425] COBB; ELDER, 1972.

[426] O "repertório de ação" consiste no "conjunto dos meios implementados para exercer um poder, em geral sob a forma de influência junto aos tomadores de decisão pública". (MULLER; SUREL, 2002, p. 81).

[427] MULLER; SUREL, 2002, p. 79.

justamente, por ampliar as possibilidades de êxito e o número de interessados num problema ou numa reivindicação.

Cobb e Elder apresentam uma classificação mensurando o grau de interesse dos grupos na dinâmica de seleção dos problemas públicos e na sua implementação, apontando para quatro grandes categorias: os grupos de identificação (capazes de associar seus interesses próprios, de maneira estável e durável, aos atores, os mais diretamente envolvidos); os grupos de atenção (cuja participação está mais indexada ao problema preciso, não possuindo a perenidade presente no grupo de identificação); o público atento (capaz de mobilizar em intervalos regulares em função de um interesse sustentado por diferentes problemas sociais); o público geral (o mais difícil de mobilizar, porque menos informado e menos interessado nos problemas sociais).

Uma abordagem que tenta conferir uma visão mais ampla da mobilização dos atores na dinâmica política. Por outro lado, Howlett, Ramesh e Perl enfatizam a especificidade dos atores das políticas públicas, apontando os atores políticos domésticos (políticos eleitos, público, burocracia, partidos políticos,[428] grupos de interesse ou de pressão, *think tanks,* organizações de pesquisa, comunidade de massa, *experts e* consultores acadêmicos de políticas públicas) e os atores e regimes internacionais.

Deve-se atentar não apenas para a *disputa de inclusão* do problema na agenda política, como também a *disputa de não inclusão*, categoria de atores denominada por Favre[429] como os inibidores de emergência, ou seja, aqueles que impedem toda a emergência de problematizações potencialmente.[430] Assim, além da possibilidade de promover um problema, certos grupos podem atuar em sentido contrário, fixando-se na rejeição de toda forma de emergência de uma problematização, sobretudo quando há a possibilidade de modificação de seu *status quo*.

A *ação* dos indivíduos é o elemento visível para a compreensão da influência dos atores na dinâmica das políticas públicas. Mas o que

---

[428] Não se pode desconsiderar que a democracia dos partidos vem cedendo lugar à democracia da audiência. Sobre o tema, URBINATI, 2013. Como bem resume Almeida, pode-se considerar que as eleições voltaram a ser um mecanismo de seleção de pessoas ao invés de plataformas de partidos. Um cenário em que novos canais de comunicação política alcançam centralidade ao colocar o candidato cada vez mais próximo de seus eleitores. (ALMEIDA, 2015, p. 39).

[429] FAVRE, Pierre. L'émergence des problèmes dans le champ politique. In: FRAVE, 1992.

[430] Sobre a negação de agenda, evitando que ideias e imagens influenciem o processo de política pública, cf. COBB, Ross. Denying agenda access: strategic considerations. In: COBB, 1977.

move o comportamento dos atores são as ideias. Resgata-se, portanto, pressuposto da teoria apresentada por Castells para interpretar a sociedade, conforme discutido no capítulo anterior, de que a maneira como sentimos e pensamos determina a maneira como agimos, tanto individual, quanto coletivamente.[431] Trata-se de uma questão central, na medida em que há um fluxo contínuo de informações que devem influenciar as decisões dos atores. O processo da política pública é de igual modo o resultado de comportamentos sociais, de escolhas resultantes de um consenso, após um processo de disputa, que vão determinar como o Estado vai agir.

E como toda ação resultante do conjunto de ideias, ela é variável, não obedecendo a uma lógica própria, ou melhor, obedecendo a lógicas distintas e superpostas que vão se tornar preponderantes, conforme os interesses que estão sendo disputados. Desse modo, pretende evidenciar o elo de identidade de alguns atores, não como fator determinante de um comportamento, mas como uma variável a auxiliar na compreensão mais ampla do processo das políticas públicas. A trama que envolve a política pública é composta não apenas dos protagonistas. O cidadão comum, sem poder de decisão, é quem de fato tem a menor participação no processo de política pública.

A eleição constitui o principal mecanismo de participação na política democrática, conferindo uma autorização de escolhas futuras. A ausência de uma pluralidade mais efetiva de instrumentos de participação distancia os cidadãos do processo de política pública. Há um afastamento crescente que é percebido pelo impacto difuso e pouco relevante da opinião pública nos processos políticos. Estudiosos[432] que se dedicam à temática demonstram pouca relação entre a opinião pública e os *outcomes* políticos. Essa relação tênue e ao mesmo tempo complexa começa na própria dificuldade em conceituar o termo opinião pública. A natureza vaga, abstrata e transitória da opinião pública está associada à dificuldade para agregar o "murmúrio da vontade coletiva", como colocou Rousseau, em prescrições políticas universais. Ademais, a tecnicidade, cada vez mais presente nas políticas públicas, acaba por criar novas barreiras à participação social.

---

[431] CASTELLS, 2015, p. 21.

[432] Dentre as referências a que fazem menção Howlett, Ramash e Perl destaca o artigo de Alan Monroe, que pontua exatamente a questão, ainda na década de 70. MONROE, 1979, v. 7, n. 1, p. 3-19.

Os *políticos eleitos* são os que participam do processo político, portanto, os membros do executivo e do legislativo.[433] O executivo, em suas palavras, "é o ator-chave em qualquer subsistema da política pública. Embora outros atores também estejam envolvidos no processo, a autoridade de desenvolver e implementar políticas repousa, em última análise, no executivo".[434] É o executivo o principal controlador da agenda política: controle dos recursos fiscais, controle sobre informações, acesso ímpar aos meios de comunicação de massa, usa a burocracia para conseguir realizar suas preferências, enfim, dispõe de mecanismos que o colocam na posição central do processo de políticas públicas.[435]

O legislativo tem por tarefa garantir que os governos prestem contas ao público, e não propriamente a função de desenvolver ou implementar políticas públicas. Não obstante, "os legisladores também conseguem ter voz no processo de aprovação dos projetos de lei e dos orçamentos do governo destinados a financiar sua implementação".[436] Também são responsáveis por discutirem os problemas de implementação e requerem mudanças nas formulações originais. No presidencialismo, em que a agenda legislativa é menos controlada pelo executivo, os legisladores exercem uma maior influência nos processos políticos, seja individualmente, seja através de comissões ou coalizões. No que se refere à realidade brasileira, remete-se as discussões postas no item 1.1.2 do capítulo anterior. Ademais, dentre os atores públicos, há que se ter em conta também a produção de políticas públicas pelo *poder judiciário*[437] e, ainda, pelo *ministério público* e pelos demais órgãos que desempenham função política.

Os *servidores públicos* são aqueles cujo poder e a influência se baseiam no comando sobre uma ampla gama de recursos políticos importantes, além dos recursos materiais e humanos. Possuem também acesso às informações relevantes sobre a sociedade. É forçoso reconhecer

---

[433] No sistema presidencialista, embora haja uma ampla área de atuação do executivo, há a necessidade de composição com os legisladores oposicionistas, enquanto no sistema parlamentarista, o executivo, com o apoio majoritário no legislativo, encontra barreiras mais tênues.

[434] HOWLETT; RAMESH; PERL, 2013, p. 69.

[435] HOWLETT; RAMESH; PERL, 2013, p. 70.

[436] HOWLETT; RAMESH; PERL, 2013, p. 70.

[437] Sobre a judicialização da política HIRSCHL, 2004. No mesmo sentido enfatizando a centralidade do Poder Judiciário nas decisões políticas, a tese defendida por Eduardo Rêgo "Superpoder Judiciário: o papel do controle de constitucionalidade na consolidação da juristocracia no Brasil".

que os servidores podem[438] exercer uma influencia significativa na configuração das políticas públicas, sobretudo nos países em que possuem autonomia, condições de trabalho condizentes com suas atividades e respeito perante o governo e a sociedade. No entanto, nos países em que os servidores dispõem de pouco prestígio, também denominados por Howllet, Ramesh e Perl como burocracias fracas, com baixos salários e condições precárias de trabalho, eles não são capazes de lidar com os problemas complexos. A atuação no processo das políticas públicas acaba se operando em decorrência de sua própria ineficiência, a qual dificulta e restringe em grande medida as iniciativas políticas.

Os *partidos políticos* operam na fronteira entre os atores estatais e societários e tendem a influenciar a política pública de forma indireta e difusa, na medida em que vão influenciar na escolha de quem ocupa os postos nas instituições legislativas, executivas e judiciárias. Desempenham um papel fraco na montagem da agenda política e na sua implementação, mas influenciam a formulação, a tomada de decisão e a avaliação das políticas.[439] Uma pesquisa interessante, realizada por Rose,[440] na década de 1980, sobre a influência dos partidos no governo Britânico, revela que as diferenças nas políticas de um país em decorrência do partido são bem menores do que se poderia esperar.

Os *grupos de interesses ou de pressão* evidenciados pela teoria pluralista desempenham um papel chave no processo de políticas públicas, especificamente porque dispõem de informações, recursos organizacionais e políticos. Ademais, muitos desses grupos fornecem contribuições financeiras para campanhas políticas, ampliando o seu poder de influência. Estudiosos, sobretudo no âmbito da sociologia e da ciência política, têm se dedicado ao tema do impacto político dos grupos de interesses, assim como ao do modelo de supervisão do financiamento das campanhas políticas.[441] Destacam, dentre os grupos de interesses, o papel dos empresários, dos trabalhadores, cuja força ou fraqueza será moldada por uma série de fatores, como a associação coletiva central ou fragmentada e a estrutura econômica do país.

---

[438] Como alerta Howllet, Ramesh e Perl "embora seja tentador ver os burocratas como os atores políticos mais importantes, seja por meio de seu domínio das alavancas de poder ou porque sua ineficácia restringe muitas políticas públicas, deve-se procurar não exagerar o papel da burocracia. O executivo político, em última instância, é o responsável por todas as políticas públicas". (HOWLETT; RAMESH; PERL, 2013, p. 76).

[439] HOWLETT; RAMESH; PERL, 2013, p. 76-78.

[440] ROSE, 1980, p. 141.

[441] Cf. GUARNIERI, 2015; MARTINS, 2016.

Os *pesquisadores* das universidades e *experts*[442] assumem papel relevante ao orientar suas pesquisas para o debate político. Cada vez mais há uma preocupação em aproximar o conhecimento com a implementação das políticas públicas. As conclusões dos *experts* servem para dar visibilidade aos pressupostos reais dos problemas públicos, de modo a compensar a assimetria das informações decorrente do jogo político. É o que Weiss[443] denominou de "função iluminista".

O acesso à *mídia* pode tornar-se o preâmbulo necessário para a emergência de um problema na agenda. A mídia age como uma amplificadora e difusora dos conflitos, das reivindicações. Por outro lado, ela pode também ser refratária a determinado problema, atuando como uma inibidora da emergência. A seleção das informações constitui um meio de seleção dos conflitos. A imposição do assunto e a simplificação dos discursos desmistifica a neutralidade da mídia. As pesquisas revelam que a televisão continua sendo o principal meio de comunicação de massa.[444]

O *sistema internacional* tem estado cada vez mais presente na formulação de políticas públicas, não apenas nos setores políticos, como comércio e defesa, mas também nos setores que aparentemente não teriam conexão internacional, como saúde e educação. A estrutura global passa a ter grande influência sobre as fronteiras do Estado-nação. A habilidade de influenciar a política nacional decorre do vasto

---

[442] Cabe destacar a influência dos *Think Tanks* em países como EUA, Canadá, Grã-Bretanha. Na experiência brasileira, pode-se citar, por exemplo, o Instituto Superior de Estudos Brasileiros (Iseb), criado em 1955, com o objetivo de difundir no país a ideia de desenvolvimento, mas extinto em 1964. São instituições ou organizações dedicadas a produzir conhecimento de forma original. Caracterizam-se, assim, como centros de pesquisa e reflexão com o objetivo de influenciar o processo da política pública, inclusive com a apresentação de novas soluções para o debate político. Tem-se como exemplos *Brookings Institution, American Enterprise Instituto, Urban Institute (EUA) C.D. Howe Institute, Fraser Institute, Canadian Centre for Policy Alternatives (Canadá); Policy Studies Institute, National Institute for Economic and Social Research (Grã-Bretanha).* Alguns *Think tanks* converteram-se em organizações multinacionais, num esforço de apresentar soluções para os problemas globais e reduzir as diferenças impostas pelas fronteiras territoriais.

[443] WEISS, 1977 *apud* HOWLETT; RAMESH; PERL, 2013, p. 85.

[444] As discussões em torno da regulação da propriedade da mídia têm alcançado um espaço cada vez maior nas pesquisas estatísticas. O Observatório Audiovisual Europeu publicou o Relatório de Inteligência, apresentando um panorama da distribuição dos serviços em toda a Europa, com base em canais e serviços disponíveis em diferentes plataformas (TDT livre e pagamento, cabo, IPTV, satélite de pagamento, satélite gratuito e OTT *on-demand* plataformas). Ademais, revela a preocupação com a pluralidade dos meios de comunicação, como elemento central para a democracia. Disponível em: <http://www.obs.coe.int/documents/205595/264629/Media+ownership+towards+pan-European+groups/418385fa-cf0e-4c12-b233-29476177d863>. Acesso em: 21 nov. 2016.

repertório de *expertise* teórica e prática relativa a questões político-administrativas, como também em razão do volume de recursos financeiros que as organizações internacionais dispõem. Muitas organizações internacionais como o Banco Mundial, o FMI, a OCDE e a Organização Mundial de Saúde (OMS) exercem significativa influência, assim como a promoção de agendas.[445]

O fenômeno da globalização, ou como a doutrina tem denominado de internacionalização, tem sido objeto de estudos recentes abordando a complexidade do processo, sobretudo, pela modificação que se apresenta no tempo e no espaço, e seus efeitos sobre diferentes setores e estados da política.[446] O desafio dos especialistas, como advertem Howlett, Ramesh e Perl, é o de identificar os benefícios, os custos e as implicações das transformações induzidas pelo processo de internacionalização nas concepções existentes de processos políticos nacionais e seus *outcomes*. Um dos primeiros efeitos mapeados é o denominado *efeitos transbordantes da política (policy spillovers)*. Havendo uma convergência nos setores, os efeitos dos eventos que ocorrem fora das fronteiras do Estado acabam repercutindo nos setores domésticos na velocidade instantânea da comunicação. O segundo efeito apontado pelos autores é a troca de conhecimento oriundo de experiências de outros lugares. Há um realce no papel das comunidades epistêmicas (com base em conhecimento) transnacionais e das organizações não governamentais na promoção de atividades de aprendizagem.[447] No processo de transferência do conhecimento há adaptações aos processos particulares de *policy-making,* mas essa incorporação de ideias e de conhecimento avança cada vez mais rapidamente. E, por fim, um terceiro efeito apontado é a possibilidade de transferências de determinadas políticas para a arena internacional, quando um ator político sofre desvantagens num contexto doméstico.

Uma nova configuração de atores relativamente permanente que transcende divisões administrativas tradicionais tem impulsionado o estudo das redes de políticas públicas. Como aponta Muller, tem se observado, na análise de políticas públicas, uma multiplicidade de fenômenos que desafiam as visões tradicionais da ação pública:

---

[445] Cite-se, como exemplo, a Agenda Global para 2030. A Declaração da ONU encontra-se disponível em: <https://nacoesunidas.org/wp-content/uploads/2015/10/agenda2030-pt-br.pdf>. Acesso em: 05 nov. 2016.

[446] HOWLETT; RAMESH; PERL, 2013, p. 87.

[447] FAUR; GADOT, v. 29, n. 4, p. 247-267.

aumento e diversificação de atores envolvidos nas políticas públicas; segmentação, fragmentação e descentralização do Estado, enfraquecendo as fronteiras entre público e privado; a crescente importância dos atores "transnacionais"; e, a complexidade, cada vez maior, dos sistemas de decisões públicas, sobretudo, devido à crescente interdependência dos sistemas de informações.

Tais problemas passam, então, a serem discutidos a partir da noção de rede de políticas públicas. A definição de rede apresentada por Rhodes e Marsh pressupõe um grupo ou complexo de organizações, ligadas umas às outras por dependências em termos de recursos, e que se distinguem de outros grupos e complexos por diferenças na estrutura desta dependência.[448] O conceito de rede de política pública também foi utilizado por Patrick Le Galès e Mark Thatcher,[449] o qual leva a configurações que transformam as formas de articulação entre os grupos sociais e o Estado. De fato, uma rede de políticas públicas será marcada pelas trocas horizontais, menos hierárquicas e muitas vezes informais entre os atores. A falta de fechamento da rede permite a multiplicação das trocas periféricas e a combinação de recursos técnicos (relacionada com a competência dos atores) e recursos políticos (relacionada com a posição dos atores no sistema político).[450]

Uma das características do conceito de rede decorre das novas formas de articulação entre os grupos sociais, isto é, os mecanismos pelos quais as redes interagem. Ademais, o estudo deve recair em mecanismos de identificação dos atores que podem atuar na interface de diferentes redes, pois cabem a eles a função estratégica de integração das diferentes dimensões da decisão. Destaca-se ainda que uma das funções mais importantes de redes de políticas públicas se dá na construção do lugar que possibilite a identificação de diagnósticos e de soluções que conduzam à decisão política. As redes são, portanto, locais de produção do sentido da política pública, como destaca Muller.[451] O autor também destaca a pesquisa de Bruno Jobert,[452] que apresenta uma contribuição relevante para o estudo da dialética entre os atores e a transformação de matrizes cognitivas. O ponto mais interessante nesta

---

[448] RHODES, Roderick Arthur William; MARSH, David. Policy networks in British politics: a critic of existing approaches. In: MARSH; RHODES, 1992.

[449] GALÈS; THATCHER, 1995, p. 43.

[450] MULLER; SUREL, 2002, p. 89.

[451] MULLER, 2015.

[452] Cf. JOBERT, Bruno. Le Mythe de la gouvernance dépolitisée. In: FAVRE *et al.*, 2003.

conceituação é de fato a constatação de que cada um desses fóruns opera sob regras distintas, em particular temporalidade, e dirige os vários atores. Todo ator vai utilizar a nova matriz cognitiva e normativa em uma perspectiva específica e com base em requisitos diferentes.

Cumpre observar que a lógica específica dos respectivos fóruns evidencia a complexidade do papel das partes interessadas na definição da agenda política. Há uma transformação da ação pública, que tem se projetado para uma aproximação entre o fazer política pública e o fazer política.

Destarte, para compreensão do desenvolvimento e da implementação da ação governamental deve-se identificar os atores envolvidos na formulação das políticas públicas, buscando analisar suas estratégias e entender o motivo de seu comportamento. Duas conclusões tornam-se relevantes, a primeira de que as escolhas dos atores não obedecem a uma racionalidade explícita e pré-definida, pois são confrontados com um fluxo contínuo de informações. E a segunda questão a considerar é a análise das políticas públicas sob a perspectiva de uma rede de atores,[453] que transcende as visões administrativas tradicionais.

2.6 Políticas públicas construídas sob o viés democrático: um cenário em transformação

As políticas públicas traduzem o conteúdo da ação pública, de modo que compreender os processos pelos quais são formuladas e implementadas significa compreender o funcionamento dos conflitos de interesses nas sociedades modernas. Por certo, que a crise de confiança e de legitimidade repercute diretamente nesse processo. Uma cidadania diretamente ativa exige novos mecanismos de participação[454]

---

[453] MULLER, 2015.

[454] Brans e Vancoppenolle identificaram cinco temas centrais na agenda pública, ou melhor, no modo de fazer política: o desenvolvimento de estratégias para melhor identificar os objetivos políticos, o reforço da capacidade de coordenação entre as políticas, a cada vez maior dependência em comparação com a qualidade da informação, a crescente importância da função de avaliação e o necessário envolvimento da sociedade civil no processo de política. BRANS, Marleen; VANCOPPENOLLE, Diederik. *Policy-making reforms and civil service systems*: an exploration of agendas and consequences. Disponível em: <http://steunpuntbov.be/rapport/s0204002.pdf>. Acesso em: 03 jan. 2017. No original: *"la mise en place de stratégies pour mieux identifier les objectifs des politiques, le renforcement des moyens de coordination entre politiques, la dépendance toujours plus forte par rapport à la qualité de l'information, l'importance croissante de la fonction d'évaluation et la nécessaire implication de la société civile dans le processus politique"*.

no ínterim da política pública, desde a inscrição na agenda, passando por instrumentos de emancipação com habilidade para influenciar a tomada de decisão, até a fase de avaliação, onde as vozes ampliadas por uma cidadania inclusiva devem se ouvidas e capazes de projetar ações públicas.

A política pública é o discurso em ação. São as promessas eleitas por uma democracia de autorização que vão tomar forma nas ações visíveis dos governantes. Nesse cenário conflituoso, é imposto um novo desafio, o do rearranjo dos poderes, estabelecendo limites à habilidade de influenciar, reservando espaços intangíveis e imunes a tal capacidade, no qual se opera a realização do interesse do coletivo, do comum a uma vida em sociedade. O compromisso com o bem-estar sustentável só é possível sob o pacto da partilha, induzido por uma democracia em rede, com uma maior horizontalidade, com a pluralidade de vozes, portanto, com uma nova trajetória. A participação nas políticas públicas deve ocorrer não apenas a partir de um conhecimento técnico, dos *expertises,* mas também a partir da experiência dos atores sociais, das dificuldades que enfrentam e do conhecimento adquirido ao longo da vida. Esta é, portanto, a premissa para a reformulação teórica que se propõe com esta obra, a impulsionar um elo de legitimidade de natureza substantiva e promotor de bem-estar ético sustentável, no qual haja uma a apropriação dos atores sociais do seu exercício democrático.

CAPÍTULO 3

A REALIDADE DO CONTROLE DAS POLÍTICAS PÚBLICAS E SUAS DISFUNCIONALIDADES

Enquanto o mercado utilizou a tecnologia da informação para interagir em toda a estrutura social, em proveito próprio, o Estado começa, ainda que de forma incipiente, a trilhar seu próprio caminho. O modelo de gestão privada que acabou influenciando um modelo de gestão pública, com o objetivo declarado de melhorar a eficiência na relação custo-benefício das políticas públicas, cede lugar a uma nova fase da governança pública sustentável,[455] que começa a se construir. O repensar de novas formas de compartilhar a vida em sociedade entram na fase laboratorial, utilizando a tecnologia da informação para permitir o maior envolvimento social.

Como por exemplo, tem-se, a experiência do Governo Aberto,[456] que tem estimulado novas plataformas de interação, e a experiência ímpar vivenciada na Islândia,[457] na elaboração de um texto constitucional

---

[455] A denominação é utilizada por Muller para identificar o novo ciclo da ação pública. Sua percepção decorre, sobretudo, em razão da crise financeira de 2008-2009, que marca o início de um processo de transição. Além disso, outros sinais são as mudanças de marcos regulatórios e cognitivos, com a inclusão, por exemplo, do desenvolvimento sustentável na agenda das políticas públicas. Denhardt utiliza a denominação da Nova Escola do Serviço Público. Na mesma direção, a teoria geral do bom governo de Rosanvallon também insere novos valores na relação entre governantes e governados.

[456] *Open Government Partnership* (OGP) reúne governos e organizações da sociedade civil como verdadeiros parceiros, tanto a nível nacional, quanto a nível internacional. Disponível em: <http://www.opengovpartnership.org/>. Acesso em: 07 jan. 2017.

[457] Castells aponta a possibilidade de transformações políticas tangíveis como a da Constituição da Islândia. CASTELLS, 2013a, p. 45. O texto elaborado está disponível em: <http://stjornlagarad.is/other_files/stjornlagarad/Frumvarp-enska.pdf>. Acesso em: 05 dez. 2016.

sob a forma do *crowdsourcing*,[458] ou seja, com a contribuição colaborativa. Além do próprio procedimento de elaboração ser inovador, a matriz normativa do projeto de texto constitucional islandês também direciona para uma maior participação da sociedade no processo de representatividade política,[459] inclusive com mecanismos de obstrução em relação à aprovação de leis que possam vir a contrariar o interesse comum.[460] Além disso, no projeto de modelo constitucional, os valores percebidos como essenciais para o bem estar da sociedade revelaram a preocupação com o desenvolvimento sustentável. O respeito à natureza foi eleito como valor supremo e o uso de recursos naturais deve ser administrado de modo a minimizar sua redução a longo prazo, em respeito aos direitos das gerações vindouras.

No cenário brasileiro, Freitas, precursor no tema do desenvolvimento sustentável no âmbito jurídico, já o conceituava como a

> responsabilidade do Estado e da sociedade pela concretização solidária do desenvolvimento material e imaterial, socialmente inclusivo, durável e equânime, ambientalmente limpo, inovador, ético e eficiente, no intuito de assegurar, preferencialmente de modo preventivo e precavido, no presente e no futuro, o direito ao bem-estar físico, psíquico e espiritual, em consonância com o bem de todos.[461]

A preservação do meio ambiente constitui interesse comum da humanidade que, ao evocar a solidariedade, sinaliza a possibilidade de

---

[458] Dentre as terminologias usadas para expressar o compartilhamento, tem-se o *crowdfunding* (relativo ao financiamento pela multidão, como as mobilizações para custear projetos); *crowdsourcing* (quando uma multidão se une para criar conteúdo, solucionar problemas ou desenvolver tecnologias ou projetos, compartilhando ideias e conhecimentos); *crowdacting* (são as mobilizações, um ativismo real organizado pelo digital).

[459] Essa hipótese significa um avanço em relação à teoria de legitimidade apresentada por Rosanvallon, que conscientemente reconhece a dificuldade de aproximação em relação à tomada de decisão e o sistema contrademocrático, que o leva a conceber um sistema centrado no controle, veto e juízo. Essa dificuldade é confirmada pela não aprovação, ainda, da Constituição elaborada no sistema de *crowdsourcing*, elaborado com a possibilidade de participação popular por meio das redes sociais, como o *Twitter, Facebook, Youtube* e *Flickr*. A versão final do documento foi aprovada por referendo popular.

[460] O texto prevê a possibilidade de dez por cento dos eleitores poderem exigir, no período de três meses, um referendo nacional sobre as leis aprovadas pelo Parlamento, ou mesmo, dTwo per cent of voters may present an issue to Althingiois por cento dos eleitores podem apresentar um problema ao Parlamento, ou ainda, Ten per cent of voters may dez por cento dos eleitores podem apresent a bill to Althingi.presentar um projeto de lei. Tais enunciados constam nos artigos 65 e 66 do projeto de Constituição da Islândia.

[461] O postulado constitucional do dever de sustentabilidade possui eficácia direta e imediata, como reconhece Freitas, sendo aplicável independentemente de regulamentação legal. (FREITAS, 2016, p. 43).

transformação da autocompreensão do indivíduo e da sua relação com o outro.[462] Um discurso que, por óbvio, deve considerar a realidade e as fragilidades[463] de cada nação, decorrentes de fatores históricos, culturais, políticos e econômicos. Assim, iniciativas como a da Islândia, cuja experiência se espalha e passa a ser debatida em fóruns digitalmente conectados,[464] reabrem a esperança na possibilidade de ressignificação da vida socialmente compartilhada.[465]

A experiência da escola da nova gestão pública, *New Public Management*, que buscou aproximar o Estado do mercado, na busca pela máxima eficiência e produtividade, tem revelado fragilidades quando operada pelo âmbito público.[466] Por certo, não cabe ao Estado se inserir no modelo da concorrência/competitividade, mas sim, desempenhar um papel próprio, cuja relevância torna-se cada vez mais presente na busca pela promoção da igualdade do desenvolvimento sustentável. Não se está, a partir dessa afirmativa, desprezando os *meios*, os procedimentos direcionados em certa medida para a eficiência e a eficácia, mas pondo em destaque os *fins*, a finalidade última do Estado. O referencial da eficiência pública foi inserido através das políticas públicas num

---

[462] Por exemplo, na Alemanha, o Conselho Federal aprovou a Resolução de Bundesrat, que representa 16 Estados alemães, revela a preocupação com a redução do dióxido de carbono, em atenção ao Pacto Mundial sobre o clima da Conferência de Paris. Na resolução, a Bundesrat pede que a Comissão Europeia "avalie a eficiência das práticas e contribuições recentes dos Estados-membros na promoção de mobilidade com zero emissões [de gases nocivos]". Outra medida adotada pelo governo alemão como política pública foi o subsídio de carros elétricos até 2019. Disponível em: <https://www.bundesrat.de/SharedDocs/drucksachen/2016/0301-0400/387-16(B).pdf?__blob=publicationFile&v=1>. Acesso em: 16 dez. 2016.

[463] Reconhece a existência de uma perspectiva crítica, cujo tom aponta para um futuro meramente utópico, como coloca Dardot e Laval, "mas prognosticar o advento iminente de um "capitalismo bom", com normas de funcionamento saneadas, ancorado duradouramente na "economia real", que respeita o meio ambiente, preocupa-se com as necessidades das populações e – por que não? – zela pelo bem comum da humanidade, isso é, com toda a certeza, se não uma história edificante, ao menos uma ilusão tão nociva quanto a utopia de um mercador autorregulador. É mais certo que estejamos entrando em uma nova fase do neoliberalismo regulador". (DARDOT; LAVAL, 2016, p. 386).

[464] A Inglaterra também estuda a realização de um projeto similar, como aponta GEARTY; REGAN, 2015.

[465] O estudo do comportamento cooperativo de Ostrom mostrou que é possível chegar a níveis de cooperação e que o resultado varia conforme diversas variáveis, atreladas aos atributos específicos da situação na qual os indivíduos interagem. (POTEETE; JANSSEN; OSTROM, 2011, p. 286-287).

[466] A crítica é bem posta por Dardot e Laval, que aponta a mutação empresarial transposta para o setor público, a qual visa não apenas a aumentar a eficácia e a reduzir os custos da ação pública. Na verdade, "ela subverte radicalmente os fundamentos modernos da democracia, isto é, o reconhecimento de direitos sociais ligados ao status do cidadão". (DARDOT; LAVAL, 2016, p. 274).

contexto de globalização e financiamento do capitalismo, reduzindo drasticamente a autonomia dos governos para definir as suas próprias políticas, especialmente no campo econômico e social.[467]

O desafio deste capítulo é o de apresentar a realidade dinâmica do controle das políticas públicas, identificando as funções dos atores sociais no exercício do contrapoder e sua relação com as instituições de controle do orçamento. O estímulo ao exercício de uma cidadania legitimamente ativa torna-se central para que possa ser transformada a visão que a sociedade tem sobre si e sobre o que ela espera do Estado; uma cidadania que caminha em duas direções. Se por um lado, os indivíduos procuram escapar das restrições de identidades impostas, sejam elas locais, de classe, ou setoriais, para se orientar no sentido de identidades "escolhidas" com as quais eles vão "negociar" de alguma forma a sua adesão na esfera cívica;[468] por outro, devem ter consciência da racionalidade que as projeta para serem, de alguma forma, "empreendedoras de suas próprias vidas", transformando as políticas sociais numa lógica de ativação, distanciada, portanto, da lógica democrática de construção de um espaço comum. O regime de cidadania, numa sociedade em rede, permite a participação no espaço cívico através de escolhas em comunidades virtuais, como pondera Muller.[469] Mas, se ao mesmo tempo a cidadania se insere na lógica das redes para exigir das políticas públicas informação adequada, planejamento, horizontalidade, interatividade, o regime cívico é inserido numa nova etapa, a do desenvolvimento sustentável, pressupondo não mais uma condição passiva do sujeito, mas um agir indissociável da responsabilidade ética, social e ambiental.

Compreender a lógica das estruturas e o papel do contrapoder nesse processo é o primeiro passo para identificar as possibilidades

---

[467] MULLER, 2015.

[468] No original: *Cette globalisation économique s'accompagne de changements radicaux dans les modes de construction de la citoyenneté. Désormais, c'est l'individu qui est au cœur de la relation de citoyenneté, de deux manières symétriques. D'une part, les individus cherchent à échapper aux contraintes des identités imposées, qu'elles soient locales, de classe ou sectorielles, pour s'orienter vers des identités « choisies » avec lesquelles ils vont « négocier » en quelque sorte leur appartenance à la sphère civique; de l'autre, à travers le modèle néolibéral tel qu'il s'exprime dans les nouvelles politiques, les individus sont en quelque sorte « sommés » d'être les « entrepreneurs de leur propre vie » comme le montre de manière emblématique le tournant des politiques sociales vers une logique d'activation.* (MULLER, 2015).

[469] No original: *Cette globalisation correspond aussi à des changements dans le régime de citoyenneté qui s'affirme de plus en plus comme une forme de citoyenneté en réseaux dans laquelle la participation à l'espace civique passe par l'appartenance à des communautés virtuelles choisies.* (MULLER, 2015).

reais de mudança. Os conflitos de interesses são postos e definidos no jogo orçamentário, tanto pela definição de quais bens e serviços devem ser oferecidos, e a quem devem ser oferecidos, quanto pela definição de quem deverá custear tais dispêndios. O segundo passo é identificar os atores que desempenham a função contramajoritária no que se refere ao controle do orçamento. A avaliação das políticas públicas é percebida como um mecanismo de retroalimentação na medida em que é a partir de seus resultados que novos problemas são incluídos na agenda pública. Um sistema que conduz ao aperfeiçoamento, mas que também apresenta suas limitações. A própria consciência de tais limites torna-se imprescindível para a melhoria do sistema. As deficiências, em decorrência dos limites estruturais e setoriais da ação pública, bem como da ação dos atores envolvidos no processo, devem se tornar visíveis para que possam ocorrer mudanças reais no campo da subjetividade, pois só assim haverá verdadeiras transformações.

3.1 Sociedade do controle na era da desconfiança: o exercício do contrapoder

Bentham,[470] em suas *Cartas de 1787*, descreve o projeto do panóptico, que se tornou o paradigma dos sistemas sociais de controle e vigilância. O princípio da inspeção se corporifica pela estrutura arquitetônica de dois edifícios circulares concêntricos. Sua preocupação vai muito além do sistema carcerário, sugerindo sua adoção em hospitais, escolas, entre outros. A vigilância decorre da invisibilidade, associada à certeza da punição. Nas iniciais de sua Carta, Bentham especifica o Panóptico como a "ideia de um novo princípio em construção", aplicável a "qualquer sorte de estabelecimento, no qual pessoas de qualquer tipo necessitem ser mantidas sob inspeção".[471] Um novo modo de "garantir o poder da mente sobre a mente".[472] A vantagem do seu plano é instrumentalizada pela arquitetura que possibilita a "*aparente onipresença* do inspetor", combinada com a "extrema facilidade de sua *real presença*".[473] É pela busca da vigilância que o panóptico é criado

---

[470] A tradução direta do inglês das Cartas de Bentham num trabalho minucioso de Tomas Tadeu. BENTHAM *et al.*, 2008. Foucault, na clássica obra *Vigiar e Punir*, desenvolve, a partir da ideia do panóptico, a sua formulação teórica sobre o poder disciplinar.

[471] BENTHAM *et al.*, 2008, p. 15.

[472] BENTHAM *et al.*, 2008, p. 17.

[473] BENTHAM *et al.*, 2008, p. 30. Essas são as duas vantagens centrais apontadas por Bentham, a onipresença e a facilidade da real presença.

como modelo de transparência perfeita, onde não há espaço para esconderijos.

O panóptico segue a diretriz do modelo utilitarista, em que tudo serve, ou não serve, a um fim específico. Tudo é calculado, as articulações, os dispositivos, as manipulações. Na definição de Perrot, é o esboço geométrico de uma sociedade racional.[474] Um modelo arquitetônico reconstruído pela sociedade do século XXI, numa versão nova, como denominou Han,[475] de panóptico digital, sem qualquer distinção entre centro e periferia, na qual a vigilância se produz por todos os lados, de toda a parte e, mais ainda, a partir de cada um, de todos os lados. No entanto, ao mesmo tempo em que se abre ao controle total, novos limites devem ser impostos, resguardando, inclusive, a esfera privada, como reconhece o próprio autor, de modo enfático, "esta vigilância total degrada a 'sociedade transparente' até transformar numa sociedade do controlo inumana. Cada um e todos controlam todos e cada um".[476]

A preocupação com os limites da transparência também é posta por Rosanvallon, que identifica três acepções: a transparência como utopia; a transparência como ideologia; e a transparência instrumental. A primeira se associa às ideias de Rousseau, nas quais as confissões inauguram uma exploração psicológica do eu, uma imersão sem maquiagem da intimidade das ações e do segredo dos pensamentos. A transparência no pensamento de Rousseau constitui o fundamento da moral, um ideal de sociedade plenamente ajustada à realização do bem comum. Distancia-se, portanto, da simples reflexão da publicidade. A segunda, a transparência ideológica, está intimamente ligada à política, formulando a construção de um ideal de mundo novo. Os primeiros a formular essa perspectiva foram os *muckrakers*, norte-americanos dedicados a revelar a face oculta da realidade de políticos e industriais. O Movimento Progressivo, na virada no século XX, foi o

---

[474] PERROT, Michelle. O inspetor Bentham. Tradução de Guacira Lopes Louro. In: BENTHAM *et al.*, 2008, p. 125. A arquimetáfora do poder moderno, na definição de Bauman, cuja dominação se dá pela conquista do espaço e sua manutenção. A manutenção dos internos no espaço vigiado tinha como contrapartida diversas tarefas administrativas custosas: edifícios, profissionais a contratar e remunerar, sobrevivência e capacidade do trabalho dos internos. Um modelo de poder que requer a presença. BAUMAN, 2001, p. 17.

[475] Um pensamento que leva à reflexão de que, "enquanto os habitantes do panóptico de Betham têm consciência da presença constante do vigilante, os que habitam o panóptico digital creem estar em liberdade". Não se pode deixar de apontar que o autor se propõe a descrever a sociedade do controle, mas preocupado não propriamente com as instituições de controle, mas com o controle econômico, que em sua visão, tem transformado o globo inteiro num grande panóptico. HAN, 2014, p. 67-68.

[476] O texto foi traduzido para o português de Portugal. (HAN, 2014, p. 69).

precursor de um movimento jornalístico investigativo que combatia a máquina pública urbana. Uma visão original da democracia mais próxima de um ideal de transparência do que propriamente de um ideal da vontade geral.[477] No início do século XXI há um retorno da transparência como ideologia, até considerada por alguns como uma "nova religião".[478] É, no entanto, sem transformar a transparência numa política em si que propõe Rosanvallon a implementação de procedimentos de transparência. Essa é a terceira acepção da transparência, uma visão instrumental.

Por certo que a busca pela transparência tem por propósito tornar visíveis as estruturas sociais e suas decisões, estruturas financiadas por recursos públicos e decisões públicas que repercutem direta ou indiretamente na vida em sociedade. Não se trata de uma transparência invasiva de esfera da intimidade, mas de um mecanismo necessário para permitir a participação de todos nas questões decididas em nome de todos. É nesse sentido que não se pode transformar a transparência de âmbito privado no avesso da de âmbito público, como se não coubesse à primeira também tornar-se transparente no que se refere à sua interferência nas relações sociais.[479] A sociedade da transparência é a sociedade do controle, cujos limites são postos pela compreensão de sua natureza instrumental, em consonância com o pensamento de Rosanvallon. Sua teoria avança ao esboçar uma estrutura do exercício do controle, numa sociedade da desconfiança.

A democracia do controle assume, portanto, a função de contrapoder, com a expectativa de minimizar as deficiências de um sistema representativo que tem se operado pelo avesso, e no qual o pacto de confiança cede lugar a um sentimento generalizado de abandono que se renova a cada eleição. É preciso reafirmar que não se trata de transformar a sociedade em uma sociedade direcionada para o controle, visto que este constitui um instrumento a ser utilizado de modo permanente e contínuo para a vitalidade do próprio sistema de democracia.

---

[477] Sobre um viés sociológico da corrupção, GRANOVETTER, Mark. *A construção social da corrupção*. Disponível em: <https://periodicos.ufsc.br/index.php/politica/article/viewFile/1832/1606>. Acesso em: 17 nov. 2016.

[478] MEIJER, Albert. Transparency. In: BOVENS; GOODIN; SCHILLEMANS, 2014, p. 507-523.

[479] Também não se pode corroborar com o entendimento de que o imperativo da transparência não se aplicaria ao setor privado. Como se observa, as questões relevantes que eram percebidas como segredos invioláveis do capital financeiro também começam a ser postas em debate, como é o caso, por exemplo, da propriedade e do monopólio dos meios de comunicação em massa.

O direcionamento está para o exercício de uma cidadania ativa, para a construção de uma sociedade voltada ao bem-estar participativo. O controle não constitui um fim em si mesmo,[480] mas deve se fazer presente para conter abusos e arbitrariedades.

Essa linha interpretativa, a qual direciona para a participação ativa, deve estar associada à percepção sobre o que se vai "controlar" no âmbito específico das políticas públicas, sobretudo a partir da abordagem cognitiva destas. Desenvolver uma política pública pressupõe construir uma imagem sobre a realidade a qual queremos intervir[481] e, como visto no capítulo anterior, uma interação que se opera em três níveis. Um núcleo mais profundo, que se refere à visão de mundo, as variáveis contextuais mais amplas,[482] não relacionadas propriamente com as políticas específicas;[483] um segundo plano, este sim, relacionado com a política específica; e um terceiro plano, mais superficial, que cuida das questões técnicas e operacionais. Assim, o debate sobre o exercício participativo da cidadania e da desconfiança, não se está a postular o acesso apenas à camada superficial. Será que só existe a visão de mundo de quem está tomando a decisão? A questão que se coloca é que, para direcionar a ação do Estado para essas outras realidades, é preciso que elas estejam presentes, que elas sejam conhecidas por aqueles que estão decidindo.

A contrademocracia do controle, como propõe Rosanvallon, é uma das dimensões-funções que deve ser permanentemente ativada, principalmente pelos poderes de vigilância (*la surveillance* ou *powers of oversight*); (ii) formas de obstrução (*l'empêchement* ou *forms of prevention*);

---

[480] Em sua obra *Vigilância Líquida*, Bauman responde a David Lyon em relação aos limites éticos da vigilância, retomando o debate já iniciado em 1998 por Gary Marx. BAUMAN; LYON, 2013, p. 125. Ainda que a preocupação central esteja direcionada para a vigilância que o poder econômico tem exercício na vida cotidiana, não se pode ter a ingenuidade de reconhecer a sua interface com controle da vida pública, seja pelo próprio controle do poder econômico sobre a vida pública, seja pelas novas ferramentas digitais que escancaram a intimidade publica e privada aos olhos de todos. Uma nova dimensão da "tirania da intimidade", ainda não imaginada por Sennet, em sua obra *O Declínio do homem público*: as tiranias da intimidade. Um tema tão presente que levou à republicação dessa obra de 1974, em 2016. O SENNETT, 2016.

[481] MULLER, 2015.

[482] A teoria da ação coletiva e dos bens comuns de Ostrom adota como níveis ou dimensões, as variáveis contextuais mais amplas; as variáveis microssituacionais; o aprendizado e indivíduos que adotam normas; e níveis de cooperação e resultados, que variam entre as situações. (POTEETE; JANSSEN; OSTROM, 2011, p. 287).

[483] Nesse sentido, questões centrais que envolvem a definição do papel do Estado e no seu papel de recompor os desequilíbrios econômicos e sociais.

e, finalmente, (iii) submissão a julgamentos (*le jugement* ou *testing of judgments*).[484]

A vigilância, como concebida pelo autor, é também uma modalidade de ação, que apesar de não produzir propriamente um "produto", não deve ser tida como uma atividade passiva, pois estrutura um campo geral de ação, criando possibilidades e limitações.[485] A concepção de vigilância assume o caráter cívico, diretamente político na apreensão do autor, sobretudo pelas suas diversas formas de manifestação, como pelas associações, pelos sindicatos, pela imprensa, através de petições ou mesmo de greves, enfim, assume um papel de alerta e protesto, sobretudo em períodos de crise ou de conflitos.

Ao lado dessa vigilância cívica, há também uma forma de vigilância mais difusa, que se manifesta como um fluxo contínuo de avaliações e de críticas da ação dos governantes pelos governados, em um nível mais descentralizado e em campos mais diversos das políticas públicas. Consiste numa inspeção contínua dos diferentes domínios da ação governamental, que tem se ampliado com o uso das redes de comunicação digital, conferindo uma nova dimensão à tradicional perspectiva passiva de opinião pública. Tem-se, portanto, uma questão central que entrelaça essa forma de vigilância difusa, direcionada para o controle da informação, com o exercício de uma função ativa, que aponta para construção de uma "atenção pública" como uma quase-instituição, invisível e dispersa, mas ao mesmo tempo produtora de efeitos importantes.[486] É a "função de agenda", como vem denominando a ciência política. A vigilância contribui para modelar o campo das políticas públicas e estabelecer a ordem de prioridades da ação governamental.[487] Sublinha-se, uma vigilância indutora, que assume um papel relevante no redesenho de uma sociedade de controle,[488] que

---

[484] A utilização dessas três modalidades tem por objetivo sistematizar as atividades, e não restringi-las. A dinâmica de um controle ampliado permite que novas formas possam ser utilizadas com o mesmo propósito. Rosanvallon distingue três modalidades (contra) democráticas: "*a simple vigilance, exercée par des comités de citoyens par exemple; la dénonciation qui, grâce à la presse notamment, met à l'épreuve la réputation des gouvernant; la notation enfin, pratiquée par des experts, des agences, des observatoires, des comités d'usagers, etc. qui soumettent la qualité des décisions et la compétence des gouvernants à une appréciation documentée et argumentée*".

[485] ROSANVALLON, 2015b, p. 50.

[486] ROSANVALLON, 2015b, p. 54.

[487] Cf. GERSTLÉ, 2003, v. 53, n. 6. O autor adota a perspectiva das políticas públicas.

[488] A expressão sociedade de controle é atribuída a Gilles Deleuze, como aponta Bauman (BAUMAN; LYON, 2013, p. 11).

não pode estar associada a uma reconfiguração de caráter repressivo, repreendedor. É nesse sentido que a contrademocracia, nos termos a que se propõe, busca restabelecer a atividade democrática e os seus efeitos políticos, como solução à grave problemática, não mais da passividade cidadã, mas da impolítica, conceito utilizado por Rosanvallon, para evidenciar a falta de apreensão global dos problemas relacionados à organização do mundo comum.[489] Assim, ante a insuficiência do poder eleitoral como mecanismo de vinculação aos compromissos assumidos pelos representantes,[490] diversifica e fortalece os instrumentos de seu exercício, assumindo a vigilância uma forma de intervenção prática dos cidadãos na participação política.

Uma segunda forma de exercício do controle ocorre pelas denúncias, ou seja, pelo tornar público, pelo fazer saber, pelo desvelar.[491] É o controle dos atos dos governantes por meio da publicidade, tornando manifesto algo que está oculto. Dois são os principais efeitos da denúncia: efeitos de agenda e efeitos de instituição. Além do efeito de agenda, visto acima, o segundo efeito, o de instituição, tem por propósito reafirmar as normas ou os valores coletivos,[492] isto é, reforçar a consciência comum, de modo que os escândalos sirvam como testes que ponham à prova os fundamentos da organização coletiva. O autor chama a atenção, ainda, para um terceiro efeito que tem surgido nas sociedades contemporâneas, decorrente da transparência, qual seja, o de gerar uma nova percepção moral e política da denúncia.[493] Uma renovada exigência social, que multiplica as provas de honestidade pessoal e exige uma proximidade com os eleitores. Há uma exposição da vida privada como elemento chave de sua credibilidade e ao mesmo tempo da sua identificação com o eleitor.[494]

---

[489] ROSANVALLON, 2015b, p. 38.

[490] É preciso também definir propriamente qual a natureza dos compromissos sob os quais há a vinculação ética moral do governante. Uma questão que não foi diretamente respondida por Rosanvallon, que se preocupou com a veracidade e a integridade do governante.

[491] ROSANVALLON, 2015b, p. 56-57.

[492] Hannah Arendt, em seus comentários sobre a crítica ao juízo de Kant, acentua como a formação de um juízo contribui para soldar uma pluralidade de atores.

[493] Uma nova relação entre moral e política que tornar-se a chave para o elo de confiança na percepção de Rosanvallon. A reputação, como bem de capital, que assume uma função temporal projetando-se para o futuro, como se pudesse predizer ou explicar um comportamento futuro. Assim, a denúncia põe a prova a reputação, cuja consequência pode ser a própria destruição do seu valor. (ROSANVALLON, 2015b, p. 64-65).

[494] Verifica-se que a crise de confiança nos partidos políticos tem acentuado a percepção da reputação pessoal do candidato, contudo, não se pode ignorar os limites entre a esfera pública e a privada.

E, por fim, as formas de avaliação. Um controle documentado, com um rigor técnico, preocupado com a qualidade e a eficácia da gestão. A construção da reputação do governante pela sua competência, ou seja, uma forma de reapropriação social, através das avaliações das políticas públicas. É sob essa perspectiva que também se insere o controle de contas, como o exercício dessa avaliação geral da ação pública,[495] sobressaindo, portanto, a relevância da função de controle, responsável pelo atributo de competência dos governos e sua relação com as políticas públicas.

Tem-se, assim, formas de exercício difuso do contrapoder pela sociedade. A sociedade do controle é a sociedade da desconfiança, na qual a hipercomunicação[496] tem alterado as formas e os procedimentos de vigilância, ampliando as possibilidades de uma maior participação dos atores sociais. Um exercício de cidadania permanentemente ativado, sobretudo, pelas atividades que se inserem dentro da função de controle, não apenas como mecanismo para reafirmar as normas ou os valores coletivos, ou seja, o desempenho da função de instituição (como visto), mas também pela possibilidade do exercício da função de agenda, que adiciona um novo significado, o da preocupação com a "atenção pública".

Assim, o anseio de vigilância em sentido amplo, como sinônimo de transparência, deve estar atento ao grave problema da ausência de compreensão dos problemas globais, a denominada *impolítica*; à real possibilidade de eliminação do fluxo assimétrico da informação, inerente nas relações de poder e de controle;[497] e à vulnerabilidade do cidadão. Por isso, um exercício dinâmico da legitimidade democrática pressupõe não a transferência da responsabilidade do controle para a sociedade, como uma espécie de ideologia ao controle direto, mas sim, a convocação do cidadão para assumir um papel relevante no redesenho da sociedade do controle. Um cidadão vigilante é também um cidadão participativo.

---

[495] ROSANVALLON, 2015b, p. 66-67.

[496] "O que garante a transparência não é a solidão através do isolamento, mas a hipercomunicação". (HAN, 2014, p. 68-69).

[497] A crítica de Han concentra-se na visão utópica da transparência em que "cada um e todos entregam todos e cada um à visibilidade e ao controle – até mesmo no que se refere à esfera privada". Para o autor, existe um estado intermediário entre o saber e o não saber, no qual a confiança é necessária. A confiança é possível, apesar da falta de saber, de modo que a exigência da transparência absoluta é inerente a uma sociedade da desconfiança e da suspeita, na qual o fundamento moral encontra-se frágil. Valores morais como honradez e lealdade perdem cada vez mais a sua significação. (HAN, 2014, p. 69-70).

3.1.1 O contrapoder: quem são seus atores?

A ideia de soberania do povo tem sua maior expressão no direito ao sufrágio exercido pelos cidadãos para escolher seus dirigentes. Trata-se, na verdade, de uma aspiração de representação que nunca fora correspondida em sua plenitude e que revela a insuficiência do vínculo da eleição como instrumento hábil a obrigar os representantes do povo a cumprir com seus compromissos.[498] Mas, como obrigar os representantes a cumprirem seus compromissos políticos? Fórmulas baseadas no mandato imperativo, condicionando o agir político, surgiram como uma das alternativas para aprimorar o elo representativo, mas logo foram afastadas pela impossibilidade de mudanças que, em última análise, conduziria ao engessamento do poder.

A realidade ao longo da história se distanciou de um projeto utópico de representação, mas se aproximou de outros mecanismos que poderiam em certa medida corrigir ou atenuar as deficiências e fragilidades de um único elo de legitimidade, o da eleição. A busca passa a ser a de um contrapoder como elemento necessário para o exercício da democracia. Um governo que fosse o espelho da vontade geral, no qual cada cidadão pudesse identificar sua autoimagem. A solução de um contrapoder exercido através do controle, além de renovar o elo democrático da cidadania sob os olhos de um povo controlador, também constitui um mecanismo de defesa contra o mau funcionamento das instituições. Mas a dimensão do controle não é a única a assumir essa função contrademocrática, a dimensão-função dos poderes de sanção e obstrução também cumpre tal papel, assim como a ampliação do poder de um povo-juiz, sobretudo, pela judicialização da política. São, portanto, essas três dimensões que compõem o sistema contrademocrático, sistematizado por Rosanvallon.[499]

A compreensão da trajetória histórica da geometria do contra-poder permite identificar um poder de controle cada vez mais diver-sificado, que apesar de modificado ao longo do tempo, manteve-se presente em múltiplas formas. Em sua teoria sobre a contrademocracia, Rosanvallon se debruça sobre as principais modalidades de exercício do poder de controle, cujo exercício acresce-se à legitimidade eleitoral na forma de legitimidade social.[500] Um processo permanente de expressão

---

[498] ROSANVALLON, 2015b, p. 30.

[499] ROSANVALLON, 2015b, p. 30-34.

[500] Há uma preocupação do autor em relação à legitimidade social, ou seja, pela construção

e reação, segundo Almeida,[501] que chama a atenção para uma ressalva. As figuras do povo-vigilante, do povo-veto e do povo-juiz, como superpostas à figura do povo-eleitor, são utilizadas para interpretar os modos de exercício indireto da soberania, mediante formas não organizadas pelas Constituições, e como exercício indireto, deve ser interpretado sem que se produza necessariamente uma autoridade formal, nem se exprima sob a forma de decisões explícitas que poderiam ser qualificadas como políticas. Contudo, como aponta o autor, sua proposta caminha pela necessidade de uma participação ativa, e não propriamente passiva dessas modalidades contrademocráticas.

Ao lado do poder de controle, Rosanvallon[502] identifica como o segundo pilar estruturante da democracia da desconfiança é a soberania da obstrução, uma forma negativa de exercício da política. Como obrigar o governo a realizar certas ações ou tomar certas decisões? A necessidade de respostas a esse questionamento decorre da necessidade dos cidadãos ampliarem sua participação, e a obstrução seria um desses mecanismos.[503] A polarização, a controvérsia que se instauram com os poderes de obstrução e de sanção são tangíveis e visíveis, reduzindo a esfera de incerteza das ações daquele a que se tenha conferido o mandato. É importante considerar que as coalizões negativas são mais fáceis de organizar do que propriamente as maiorias positivas. O poder negativo se acomoda em suas contradições, de modo que se pode até explicar a facilidade da sua formação e do seu êxito pela sua natureza heterogênea. As maiorias negativas não necessitam ser coerentes para desempenharem seu papel, na verdade, o seu poder decorre justamente da intensidade em que as reações cumprem o seu papel ao expressar suas oposições. Ao contrário, as verdadeiras

---

de uma imagem de confiança de uma pessoa ou regime, que constitui seu capital de reputação. A preocupação com essas qualidades torna-se uma questão central na sua obra do bom governo, na qual propõe uma democracia da confiança, em que o discurso veraz e a integridade são os seus pilares. A reputação é também tida como um dos fatores estruturante da confiança, ainda que de forma "invisível", na medida em que é uma forma de submeter o poder à prova.

[501] ALMEIDA, 2015, p. 193.

[502] ROSANVALLON, 2015b, p. 125.

[503] Nesse sentido, o texto da Constituição da Islândia, que confere poder de veto ao povo, conforme art. 65: "*Right of referral to the nation. Ten per cent of voters may demand a national referendum on laws passed by Althingi. The demand shall be presented within three months from the passage of the law. The law is void if voters reject it, otherwise it retains its validity. Althingi may void the law before the referendum takes place. The referendum shall take place within a year from the time the demand of voters was presented*".

maiorias sociais são muito mais difíceis de construir.[504] Por sua natureza, pressupõem, com efeito, um consenso passivo como um acordo positivo e deliberado, sendo mais difícil que seus pressupostos estejam fundados em equívocos e ambiguidades, o que os torna mais frágeis e voltáveis. A soberania do *povo-veto* é, portanto, ao lado do controle, uma garantia de reações permanentes ante as decisões dos governantes. Assim, a soberania do povo se manifesta cada vez mais como uma soberania de rejeição.

Em terceiro lugar, a contrademocracia está constituída pelo aumento do poder do *povo-juiz*, sendo a judicialização das políticas o seu vetor mais visível. Há uma percepção do autor em relação às expectativas sociais que gravitam em torno do processo judicial, sobretudo, buscando alcançar os resultados que desanimaram de obter pela eleição. Tal judicialização se inscreve como marco de um declínio da "reatividade" dos governos frente às demandas dos cidadãos. Observa, ainda, que quanto mais os governos se veem obrigados a prestar contas (*accountability*), menos parecem escutar as demandas da sociedade (princípio da *responsiveness*).[505] O autor põe a questão em seus devidos termos, ao comparar os atributos do voto ao do Juízo. A preferência contemporânea pelo juízo não tem sentido se não se refere às propriedades específicas desse ato como um tipo de decisão. Um comportamento que tem se consolidado, progressivamente, como uma forma metapolítica considerada superior à eleição, porque produz resultados mais tangíveis.[506]

A superposição de novas formas de exercício da soberania dá forma a um sistema dinâmico de exercício da atividade democrática. Assim, passam a conviver ao lado do povo-eleitor, de modo cada vez mais ativo, através de um exercício indireto da soberania, a figura do *povo-controlador*, do *povo-veto* e do *povo-juiz*, É assim que a democracia eleitoral representativa e a contrademocracia dos poderes indiretos devem ser tomadas em seu conjunto com o objetivo de ampliar propriamente as formas de participação.[507] Trata-se da questão central

---

[504] ROSANVALLON, 2015b, p. 32.

[505] ROSANVALLON, 2015b, p. 33.

[506] ROSANVALLON, 2015b, p. 33.

[507] O próprio autor percebe que a distinção entre democracia real e democracia formal apresenta a problemática de forma reduzida e não atende propriamente aos questionamentos atuais. Tampouco a discussão de formas diretas ou representativas. A visão que Rosanvallon pretende empreender é a de uma visão multiforme da atividade democrática. (ROSANVALLON, 2015b, p. 34).

levantada por Almeida,[508] que aponta para uma crise a um modelo específico de exercer e compreender a representação política, cuja resposta demanda uma visão multiforme da atividade democrática, como propõe Rosanvallon, em sua teoria, na direção de inserir novas atividades permanentes e contínuas em termos de vigilância, *calificación*, da pressão por revelação, da obstrução e da prova de juízo.[509] Um contrapoder social a dialogar também com os mecanismos institucionais reservados a tais funções, através de um processo de constante interação.

Assim, quando se questiona quem são os atores do contrapoder e tem-se como resposta o povo-eleitor, o povo-controlador, o povo-veto e o povo-juiz, há que se compreender que tal formulação está associada às múltiplas funções às quais o povo se apropria, sob a perspectiva de uma democracia de apropriação pelo povo do exercício de sua cidadania. Um diálogo que, portanto, não se restringe mais à relação entre representante eleito e representantes, mas que exige novos canais de comunicação também com as instituições, que não podem estar refratárias a essa nova dinâmica. Assim, tem-se como premissa para o debate proposto nessa nova relação, também contínua e dinâmica, entre o povo-controlador e o controle das instituições, que impõe a reformulação de um modelo alicerçado numa perspectiva atomizada da cidadania.

3.1.2 A possível interferência do contrapoder na mudança de trajetória das políticas públicas

Ainda que o processo das políticas públicas seja altamente dinâmico, pela acomodação dos diversos interesses em jogo, fato é que prevalece certa manutenção dos modelos implementados. Uma tensão entre as amarras das estruturas sociais e as margens de liberdade dos seus atores põe em evidência que não há propriamente rupturas sucessivas, mas um processo de acomodamento dos programas adotados. Há, portanto, uma tendência à estagnação, com pequenas mudanças.[510]

---

[508] ALMEIDA, 2015, p. 32.

[509] ROSANVALLON, 2015b, p. 34. Na tradução para o espanhol: *vigilancia, calificación, presión por revelación obstrucción sometimiento a prueba de juicio.*

[510] É assim que os incrementalistas, conforme abordado no capítulo anterior, constroem o ciclo do processo, adotando como base as etapas anteriores, de modo que os *outcomes* incorporam muitos aspectos das políticas precedentes, sem, contudo, desenvolver fórmulas totalmente novas para os problemas identificados. É natural, portanto, que as mudanças

Esta também é a percepção de Howlett, Ramesh e Perl,[511] para quem a configuração geral dos processos vigentes, a filiação no subsistema, as instituições políticas e outras instituições relevantes à política, as ideias políticas, os discursos e as estruturas (*frames*) e as capacidades e as restrições do Estado e da sociedade não mudam de forma substancial no intervalo entre as interações do ciclo. Para os autores, o "legado político", ou seja, as opções e escolhas feitas no início tendem a se perpetuar, limitando a gama de escolhas ou a habilidade das forças externas e internas para alterar essa trajetória.[512] Os autores chegam a associar a dificuldade da mudança à imagem do congelamento, *lock in*, das escolhas anteriores. Ainda que não haja propriamente esse congelamento, os legados políticos acabam limitando a gama de opções ou mesmo distorcendo as reais possibilidades de solução do problema, considerando que seu universo está restrito às escolhas anteriores. Em suas palavras, "certos aspectos dos subsistemas políticos e as ideias dominantes se tornam obstáculos institucionais a um novo começo".[513]

A natureza relativamente duradoura dos arranjos atinge não apenas o modo como as deliberações políticas têm lugar, mas os tipos de atores e as ideias presentes. Como observam Howlett, Ramesh e Perl, há um conjunto comum de ideias políticas (paradigma político), um arranjo de governança de longa duração (ou composição política), um processo político comum ou típico (estilo político) e um conjunto mais ou menos fixo de atores políticos (subsistema político ou monopólio político).[514] Dessa maneira, a *policy-making* é direcionada a manter os mesmos atores, as mesmas instituições, os mesmos instrumentos e as mesmas ideias de governo durante um longo período temporal. Surge, por conseguinte, a preocupação de como se formam, se mantêm e se alteram esse conjunto que condiciona a política pública.

De modo geral, há duas espécies de mudanças, as primeiras, mais comuns, ocorrem com alterações relativamente pequenas, adotadas nos ciclos sucessivos das políticas, sendo apenas adicionadas às políticas já existentes. Ainda que não afetem o núcleo essencial da política pública, podem aprimorar a coerência e a consistência dos elementos existentes.

---

de regra não se apresentem sob a roupagem de rupturas, mas de pequenas melhorias, de aperfeiçoamentos.

[511] HOWLETT; RAMESH; PERL, 2013, p. 225.

[512] HOWLETT; RAMESH; PERL, 2013, p. 226.

[513] HOWLETT; RAMESH; PERL, 2013, p. 226.

[514] HOWLETT; RAMESH; PERL, 2013, p. 227.

A segunda possibilidade, de natureza substancial, está relacionada a uma transformação fundamental do conjunto de ideias, instituições, interesses e processos políticos, em que se pode cogitar em alguns cenários possíveis.

Uma primeira configuração seria a mais drástica, que é a descontinuação, de regra, cabível quando há a necessidade de muitas alterações na ação pública empreendida. A solução é simplesmente terminar ou dar fim a uma política ou a um programa. Embora seja comum que haja esse tipo de sugestão em razão das avaliações, na prática, há muita dificuldade em adotar o rompimento de programas. Múltiplas variáveis[515] que dificultam esse tipo de decisão, sobretudo, pelas barreiras no processo de avaliação objetiva[516] do sucesso ou insucesso de determinada ação. Outras opções além da descontinuação também são possíveis, mas enfrentam igualmente o peso dos legados políticos.

Entre elas destacamos as apontadas pela doutrina, as quais relacionam coerências ou incoerências entre os objetivos de uma nova política, e os objetivos existentes e a consistência ou não dessa nova política com os meios existentes. Assim, teríamos a substituição ou *redesing*, que teria a melhor configuração, quando a política nova tem coerência com os objetivos e a consistência dos meios com a política anterior. Há um esforço consciente em tentar reestruturar, mantendo a compatibilidade da política anterior com a nova política. A conversão ocorre quando há consistência dos meios, mas incoerência dos objetivos. As políticas ineficazes decorrem da inconsistência dos meios com a coerência dos objetivos. O pior cenário conjuga incoerência com

---

[515] Na Administração Pública em geral, a pessoalidade ainda está muito presente. Em que pese haver dispositivo constitucional que veda a promoção pessoal de autoridade ou servidores públicos, constante no art. 37, §1º, verifica-se inúmeras decisões dos órgãos de controle que identificam o uso de *slogan*, símbolos ou imagens como forma de pessoalizar os programas. A não decisão de descontinuidade fica, portanto, condicionada à vinculação dessa imagem e a necessidade de não reconhecer o insucesso da ação pública, que certamente irá se projetar sobre a imagem pessoal do gestor. Dentre os exemplos concretos, percebe-se não apenas a Administração Direta, mas até a Indireta, utilizando de modo irregular as despesas públicas para custear a pessoalidade em programas governamentais. Cita-como exemplo um processo de denuncia nº 13/00711024, julgado pelo TCE/SC. Há, inclusive, entendimento consolidado sobre a matéria, conforme item 3 do Prejulgado nº 2.125 do TCE/SC, no sentido de que "a utilização de logomarca e slogan por parte da Administração Indireta (Autarquias, Fundações, Sociedades de Economia Mista e Empresas Públicas) deve ser preferencialmente oficializada através de lei ou de norma regulamentadora, entretanto, em ambos os casos, não poderá ser caracterizadora de gestão, devendo, como os símbolos oficiais, ser perene".

[516] Sobre as limitações da ação pública nos processos de avaliação, cf. MULLER, 2015.

inconsistência, estando diante desse caso de políticas mal geridas e ineficazes.[517]

Cabe, ainda, destacar a lição de Howlett, Ramesh e Perl, que evidencia que só se pode esperar encontrar mudança política substancial em algum sentido relevante, quando um monopólio se rompe pelo surgimento de novos membros ou o afastamento dos antigos. As redes fechadas são, portanto, uma fonte-chave de estabilidade política, que se baseia simplesmente na habilidade dos atores públicos atuais de evitar que os novos membros participem do debate e dos discursos políticos ou de reduzir sua participação a questões de importância secundária.[518]

Importante deixar assentando como premissa que os "monopólios" políticos são capazes de manter o controle sobre as deliberações e *outcomes* políticos através de uma variedade de meios. Algumas hipóteses são: a negação do espaço para novas ideias e atores nas agendas políticas; a suspensão da admissão de novos membros nas redes políticas no estágio da formulação, restringindo dessa forma a gama e o tipo de alternativas políticas enunciadas e articuladas; a promoção da tomada de decisão favorável ao *status quo*, pela limitação de recursos e da habilidade dos implementadores de alterar políticas; a promoção exclusivamente de formas limitadas de aprendizagem, a partir do estágio da avaliação do ciclo político.[519] A filtragem ou a exclusão de ideias alternativas de política pública que poderiam inspirar esforços no sentido de mudanças mais fundamentais contribui para manter as estruturas políticas estáveis ou ao menos as ideias políticas dominantes.[520]

Assim, quando se coloca a questão sobre a possibilidade de interferência do contrapoder no cenário das políticas públicas, não se pode desconsiderar a realidade brasileira, que apresenta uma variedade de experiências que buscam a participação como mecanismo de exercício democrático, como as audiências públicas, os conselhos de políticas e direitos, os orçamentos participativos, os fóruns e observatórios e inúmeras outras iniciativas. A expectativa colocada na criação das

---

[517] Há ainda as mudanças políticas atípicas, que podem decorrer de situações com origens exógenas como os distúrbios sistêmicos e os transbordamentos de políticas (*policy spillovers*). Situações endógenas podem resultar na mudança de foro, quando há uma alteração das estratégias dos atores políticos, ou mesmo o aprendizado político, que decorre da aprendizagem com a própria política e com políticas semelhantes. (HOWLETT; RAMESH; PERL, 2013, p. 230-232).

[518] HOWLETT; RAMESH; PERL, 2013, p. 229.

[519] HOWLETT; RAMESH; PERL, 2013, p. 229-230.

[520] HOWLETT; RAMESH; PERL, 2013, p. 230.

instituições participativas como ferramenta apta a incluir a pluralidade e alterar a relação entre Estado e seus atores sociais levou Almeida[521] a analisar a experiência dos conselhos de políticas no país, na medida em que representam interesses da sociedade em relação a determinado tipo de política pública.

A teoria da democracia participativa, como delineia Almeida, convida à "multiplicação de espaços de debate entre o Estado e a sociedade, com o objetivo de proporcionar o encontro entre diferentes visões e perspectivas, fazendo com que os participantes passem a considerar outros interesses, opiniões e valores, além dos seus próprios".[522] De fato, é preciso se indagar se os mecanismos participativos estão promovendo mais transparência e inclusão no modo de conduzir as políticas públicas. A questão central é a de aferir a capacidade dos atores sociais e políticos partilharem o poder decisório, com base num processo deliberativo que envolva os diferentes participantes e que seja marcado pela possibilidade real de interação. A dificuldade de mensuração desse processo também é evidenciada pela autora,[523] relacionando diferentes pesquisas sob enfoques distintos e as dificuldades encontradas em cada uma. Deve-se ressaltar, ainda, a preocupação de como a participação consegue mobilizar a ação governamental no sentido de prestação de contas para o público em geral. Na visão da autora, "a relação de *accountability* geralmente aparece associada à capacidade dos representantes da sociedade civil fiscalizarem os atos do governo nas IPs, por meio da avaliação de sua prestação de contas".[524] Há uma relação dinâmica, pois os atores sociais responsáveis pelo controle de atores estatais devem também prestar contas e atender aos interesses dos beneficiários das políticas.

Percebe-se, então, a formação de uma rede ampla, na qual os atores sociais se inserem dentro de instituições participativas, impulsionando e exigindo resposta do Estado, ao mesmo tempo em que também são exigidos pela sociedade. Uma proximidade reconfigurada

---

[521] ALMEIDA, 2015, p. 225.

[522] Deve-se considerar que a participação é valorizada por motivos distintos da legitimidade advinda da racionalidade técnica dos agentes governamentais e da delegação. É o reconhecimento de diferentes saberes cidadãos e de uma racionalidade específica face aos *experts*. ALMEIDA, 2015, p. 231. No mesmo sentido, Rosanvallon reconhece a importância da experiência que deve dialogar com o conhecimento científico.

[523] A pesquisa da autora centrou-se nos atores que participam dos conselhos, perguntando-se: quem são os incluídos? A preocupação centra-se no risco de reprodução de um elitismo político. (ALMEIDA, 2015, p. 233).

[524] ALMEIDA, 2015, p. 251.

pela tecnologia da informação, como aponta Castells,[525] cujos reflexos também devem ser considerados pelas instituições e nas relações com o contrapoder social. No mesmo sentido, Muller percebe a modificação de uma cidadania fundada no primado do indivíduo para o surgimento de uma cidadania em redes, inaugurando um novo ciclo, que é o da Governança Sustentável,[526] cujas ideias também se reproduzem em novas formas de organização da sociedade civil, que passa a ser vista como parceira permanente na Participação Cidadã.

Ao tratar especificamente da nova estética da sociedade civil organizada, Gohn identifica que a chamada "comunidade" é tratada como sujeito ativo, e não como coadjuvante de programas definidos de cima para baixo, em que "a participação passa a ser concebida como uma intervenção social periódica e planejada, ao longo de todo o circuito de formulação e implementação de uma política pública".[527] A necessidade de envolvimento dos atores sociais, sobretudo no exercício do seu contrapoder, torna-se central para o funcionamento de um sistema de legitimidade continuada, como afirmado anteriormente. E as instituições devem assumir um papel proativo nesse processo de participação.[528]

Desse modo, em termos de conclusão acerca da possibilidade de interferência do contrapoder no cenário das políticas públicas, deve-se reconhecer a existência de múltiplos canais que possibilitam a interligação de redes de interesses sociais, cuja influência no processo decisório, ainda que de difícil mensuração, permite a formação de uma rede ampla, na qual os atores sociais se inserem dentro de instituições participativas, impulsionando e exigindo resposta do Estado, ao mesmo

---

[525] CASTELLS, 2016.

[526] O autor descreve uma trajetória histórica, iniciando no ciclo liberal industrial, passando pelo ciclo do bem-estar, posteriormente pelo ciclo do Estado-business (também denominada de *New Public Management*) e, aponta, para o ciclo que se inicia, que é o da Governança Sustentável. (MULLER, 2015).

[527] GOHN, 2011, p. 19).

[528] No âmbito das instituições de controle do Estado, verificam-se normativos e procedimentos que enfatizam a necessidade de participação social no âmbito das políticas públicas. É o caso específico do Referencial para Avaliação de Governança em Políticas Públicas, adotado pelo TCU, que prevê a participação social e demais partes interessadas nos processos decisórios da política pública. Consta no referencial a definição da percepção de que "o êxito das políticas públicas não depende unicamente do aparato governamental. Passa a ser necessário um maior grau de interação e cooperação entre o Estado e atores não estatais, como em uma estrutura de redes". Disponível em: <file:///C:/Users/TCE/Downloads/Referencial%20para%20avalia__o%20de%20governan_a%20em%20pol_ticas%20p_blicas.PDF>. Acesso em: 1 fev. 2017.

tempo em que também são exigidos por ele. Uma rede de participação cidadã que se conecta não apenas ao circuito de formulação da agenda pública e de sua execução, envolvendo os atores sociais de modo contínuo no exercício do contrapoder, mas que também se conecta com as instituições formais do Estado, encarregadas do exercício do contrapoder institucional, como será apresentado em seguida.

3.2 O controle do orçamento das políticas públicas no sistema brasileiro

A previsão constitucional da fiscalização financeira e orçamentária encontra disciplina nos artigos 70 a 75 da Constituição Federal, integrando o capítulo que trata do poder legislativo, ao mesmo tempo em que se distancia das normas que disciplinam a elaboração, a aprovação e a execução orçamentária, as quais foram transportadas para o capítulo das finanças públicas. O constituinte optou por separar a elaboração do orçamento de sua fiscalização, rompendo com a lógica das constituições anteriores, de 1967 e de 1946. Um controle independente e autônomo composto, no âmbito externo, pelo Congresso Nacional e pelo Tribunal de Contas. Trata-se de um controle alargado pela fiscalização nas áreas contábil, financeira, orçamentária, operacional e patrimonial, assim como pelos aspectos da economia, da eficiência e da eficácia.

Sob a perspectiva da teoria de Rosanvallon, pode-se considerar que o controle externo da Responsabilidade de Governo passa por dois crivos, o do poder legislativo, cujo controle se dá pela regra majoritária, em que as decisões são tomadas por representantes eleitos, e o do Tribunal de Contas, instituição constitucionalmente destinada ao exercício da função contramajoritária. As competências dos Tribunais de Contas, principalmente no que tange ao alcance de suas decisões, têm se revelado um dos temas centrais para a compreensão do arquétipo institucional delineado pelo constituinte, na medida em que possuem caráter híbrido, com atribuições próprias, exclusivas e indelegáveis, ao mesmo tempo que conjugam-se com outras próprias do poder legislativo. É o caso na análise, por exemplo, das contas públicas. Com relação a esta, é preciso pôr nos seus devidos termos a distinção entre duas competências aparentemente semelhantes, mas cuja natureza e pressupostos são completamente distintos.[529]

---

[529] BRASIL, 1999.

A primeira atribuição diz respeito ao *julgamento* dos gestores responsáveis pela arrecadação da receita, pela realização da despesa e pela guarda e aplicação de bens, dinheiros e valores públicos, nos termos do art. 71, II, da CF. Trata-se de um controle que assume natureza judicante, sob a qual recai a responsabilidade do gestor em relação aos recursos públicos. Nessa hipótese, verifica-se a existência de uma competência exclusiva e indelegável, em razão da qual os Tribunais de Contas podem aplicar sanções aos administradores públicos e demais responsáveis por dinheiros, bens e valores públicos, sem que haja a participação do legislativo no julgamento.[530] Diversamente, o controle das contas sob a perspectiva dos atos de governo, contemplada no art. 71, I, da Constituição, inicia-se pela emissão, pelos Tribunais de Contas, do Parecer Anual, que abrange todos os atos de caráter financeiro, orçamentário e patrimonial do governo.

A responsabilidade de governo assume significativa importância, pois corresponde à avaliação orçamentária do governo sob os parâmetros de eficácia, eficiência e economicidade. Ainda que não se deva minorar tal alcance, o qual alinha a teoria do controle às diretrizes constitucionalistas mais avançadas, deve-se reconhecer que a prática ainda caminha para atender a um modelo ideal de apuração da responsabilidade política, no sentido de uma responsabilidade pelo bom governo. Dentre as atribuições dos Tribunais de Contas, o parecer prévio constitui o principal instrumento contramajoritário de proximidade e comunicação, que deve também ter por atribuição, oferecer uma resposta aos governados sobre as decisões políticas adotadas pelo governo durante o exercício financeiro.

Cabe, assim, ao parecer prévio emitido pelos Tribunais, tornar inteligível e visível, ou seja, legível para os governantes eleitos, assim como para os cidadãos, como foi o desempenho do mandato num determinado intervalo temporal, o do exercício financeiro. Ainda que haja o julgamento político das contas do chefe do poder executivo pelo Parlamento, os representantes do povo, esse julgamento é

---

[530] O STF, ao apreciar o RE nº 848826, adotou posicionamento restritivo em relação à interpretação do art. 71, II, transferindo para o legislativo a apreciação tanto das contas de governo, quanto das contas de gestão em relação ao Chefe do Poder Executivo. Tal decisão, se por um lado esvaziou o art. 71, II, que trata do julgamento especificamente do chefe do executivo, por outro lado acentuou a importância da apreciação do parecer prévio, deslocando e concentrando nesse instrumento a apreciação das contas de governo e de gestão. O processo ainda não transitou em julgado, estando pendente a apreciação dos embargos de declaração.

antecedido pela apreciação do Tribunal de Contas, compreendendo uma análise ampla sobre a gestão fiscal do Estado, nos termos da Lei de Responsabilidade Fiscal, e avaliando, inclusive o sistema de planejamento e execução da lei orçamentária. Mas não é só. Sua análise deve ir além, para transparecer as opções no que se refere às políticas públicas,[531] estimulando um vínculo de participação cidadã na definição da vida *pública*.

É preciso ter em conta que o parecer prévio aprecia a responsabilidade com relação ao passado, sob a perspectiva da *accountability*, da justificação das ações realizadas e das decisões tomadas, bem como da avaliação das políticas planejadas e implementadas. É um controle que se debruça sobre o orçamento público, o qual, como bem aponta Bouvier,[532] presta-se a responder três indagações centrais: quais os serviços e bens que o Estado vai oferecer gratuitamente à população; quem suportará e em que meios se dará o custo do financiamento desses serviços; e quais serão as consequências para a economia global das relações financeiras exteriores da nação. É essa a base do parecer prévio, por onde devem ser apresentadas as respostas que foram dadas a tais indagações.

O orçamento, como aborda Nóbrega, floresceu como instrumento de fiscalização financeira dos governantes, sobretudo para contingenciar os gastos perdulários com guerras e outras despesas dissociadas dos interesses coletivos.[533] Contudo, seu avanço sob a dimensão política aproxima-o do foro de discussão das necessidades coletivas, atribuindo ao Parlamento o poder de apreciar os planos orçamentários. A peça orçamentária se insere no mundo jurídico sob a forma de lei,[534] ou

---

[531] A Constituição da França recentemente foi alterada, modificando a redação que tratava do Tribunal de Contas, nos seguintes termos: Artigo 47-2 O Tribunal de Contas auxilia o Parlamento no controle da ação do Governo. Auxilia o Parlamento e o Governo no controle da execução das leis de finanças e da aplicação das leis de financiamento da previdência social, bem *como na avaliação das políticas públicas*. Pelos seus relatórios públicos, contribui para a informação dos cidadãos. As contas das administrações públicas são regulares e autênticas. Fornecem uma imagem fiel do resultado da sua gestão, seu patrimônio e sua situação financeira. (grifos nossos). Disponível em: <http://www.conseil-constitutionnel. fr/conseil-constitutionnel/root/bank_mm/portugais/constitution_portugais.pdf>. Acesso em: 30 jan. 2017.

[532] BOUVIER *et al*, 1998. É essa a perspectiva que introduz a reflexão de Nóbrega sobre as reais preocupações do orçamento. NÓBREGA, Marcos. Orçamento, eficiência e performance budget. In: CONTI; SCAFF, 2011, p. 693-728.

[533] NÓBREGA, Marcos. Orçamento, eficiência e performance budget. In: CONTI; SCAFF, 2011, p. 693-728.

[534] Sobre as diversas correntes acerca da natureza do orçamento, cf. Nóbrega. Destaca-se o debate francês entre Léon Duguit, para quem há uma natureza híbrida do orçamento,

seja, proposta pelo executivo, apreciada e votada pelo Parlamento.

Ademais, em que pese a aproximação da natureza orçamentária com a de um ato administrativo, revelando a particularidade, a especificidade da previsão de receitas e a estimativa de despesas e, portanto, a sua não generalidade, a prática revela a interferência decisiva do poder legislativo nesse processo, como visto anteriormente, não apenas para o exercício do controle político, mas, sobretudo, para a própria definição das políticas públicas a serem implementadas.

O exercício democrático pressupõe a ampla visibilidade dos resultados obtidos pelas ações e programas de governo à sociedade, função reservada primordialmente aos Tribunais de Contas. Uma advertência apontada por Oliveira,[535] pois, como acentua o autor,

> o que vale é o olhar social sobre as situações da vida para que se afiram as condições de execução das políticas públicas. Daí a relevância dos Tribunais de Contas, que devem deixar de lado o mero exame de papéis, e voltar sua atenção para as situações da vida vivida, da vida real, da vida empírica, da vida do ser humano comum, para garanti-lo e ampará-lo.

É o papel que se espera dos Tribunais de Contas, finaliza o autor.

A relevância do papel institucional também é percebida por Lima, que concebe um modelo para a decisão de políticos e burocratas, ancorado na percepção de que o agir individual é baseado no interesse particular, sendo necessárias restrições que possam conduzir a decisões direcionadas para o atendimento ao interesse comum, sobretudo a partir de variáveis como o sistema institucional de repressão e controle, além do exercício da liberdade de expressão e da liberdade de manifestação.[536] Percebe-se, então, que a necessidade de reforço da consciência coletiva

---

pois enquanto a parte relativa às despesas possui natureza de ato administrativo, a parte relativa à cobrança e à arrecadação de tributos possui natureza de lei material; e Gaston Jéze para quem o orçamento constitui, na verdade, um ato-condição, pois as previsões inscritas no orçamento são, na verdade, meras estimativas.

[535] OLIVEIRA, 2012, p. 147-148.

[536] LIMA, 2015, p. 85-86. Uma conclusão presente em O'DONNELL para quem "o dilema do prisioneiro tem uma dinâmica poderosa: invocações ao altruísmo e à unidade nacional, bem como propostas de políticas que supõem solidariedades amplas e identidades firmes não resolverão o problema. Se há uma solução, ela provavelmente se baseia na descoberta de áreas que são importantes em seus impactos sobre a situação geral e nas quais a ação competente (particularmente do governo) pode aumentar os horizontes de tempo (e, consequentemente, o escopo das solidariedades) de atores decisivos. A melhor solução para levar a esses resultados é o fortalecimento das instituições políticas e sociais". (O'DONNELL, 1993, n. 36, p. 144-145).

se dá pela atuação efetiva do sistema de controle, reafirmando normas e valores da sociedade. Ademais, ao se debruçar sobre a moralidade das decisões políticas, Lima aponta para a mudança de comportamento individual e coletivo, conforme o modelo institucional, exemplificando com o caso das empresas suíças envolvidas em processos de corrupção no Estado de São Paulo. Ao indagar sobre como tais empresas, que se comportam adequadamente no seu país de origem, são capazes de violar preceitos morais para corromper servidores públicos em outros países, o autor debate justamente o fato de que empresas adotam comportamentos distintos, conforme a permissividade institucional de cada país. Em suas palavras, "se as regras morais prevalecessem, a direção da empresa não permitiria comportamentos inadequados em nenhum lugar. As restrições é que são menos efetivas no Brasil. As instituições moldam o seu comportamento, portanto".[537]

Observa, portanto, a importância do papel das instituições em condicionar o comportamento dos indivíduos, ao atuarem de forma isolada ou mesmo de forma associada, como no caso de empresas. Não que esta seja a única variável, mas a importância das normas para o convívio social é o alicerce do Estado de Direito, tão necessário para limitar os poderes instituídos, mas também tão necessário para limitar o poder das instituições privadas. É certo que também recaem sobre a iniciativa privada os condicionantes de uma sociedade democrática, blindando determinados direitos com uma barreira protetiva, que impossibilita a sua disponibilidade, ou seja, a sua transformação em mercadoria. É essa barreira que condiciona o comportamento individual e coletivo em prol da dignidade mínima de todos os cidadãos. Nesse processo, reafirma-se a relevância das instituições de controle, cujo exercício contrademocrático de suas competências, além da dimensão positiva, induz também a uma dimensão negativa inibidora de comportamentos desviantes.

Esta seção apresentou o sistema de controle das contas de governo sob a perspectiva do controle do orçamento das políticas públicas, enfatizando que insere-se também no rol das atribuições reservadas constitucionalmente aos Tribunais de Contas, por dever tornar legível para os governantes eleitos, assim como para os cidadãos, como foi o desempenho do mandato num determinado intervalo temporal, o do

---

[537] Sua análise incorpora a abordagem comportamental, que põe em xeque a racionalidade técnico-econômica da tomada de decisão, buscando uma intercessão entre psicologia e escolhas políticas. LIMA, 2015, p. 90.

exercício financeiro. O julgamento político das contas prestadas pelo chefe do poder executivo ao Parlamento é precedido do exame da responsabilidade política, auferida pela emissão de uma decisão do plenário dos Tribunais de Contas, na qual se emite o parecer prévio. O controle que se exerce pelo parecer prévio aprecia a responsabilidade dos governantes com relação ao passado, sob a perspectiva da *accountability*, da justificação das ações realizadas e das decisões tomadas, além da avaliação das políticas planejadas e implementadas, constituindo-se, assim, num controle sobre a competência do governo na execução do orçamento público.

3.2.1 A apreciação do parecer prévio sob o enfoque das políticas públicas

O tema da avaliação das políticas públicas reflete a própria complexidade inerente ao processo das escolhas públicas. A determinação dos mecanismos e instrumentos adequados para avaliar a *performance* pública tornou-se um desafio constante no modelo de Administração voltada a resultados. É nesse cenário que as auditorias operacionais, conceituadas, pela Organização Internacional de Entidades Fiscalizadoras Superiores – INTOSAI, como auditorias aptas a verificar a economia, a eficiência e a eficácia da Administração, assumem a predileção do controle, sobretudo dos Tribunais de Contas, justamente porque estão voltadas para uma avaliação do desempenho e da gestão do programa governamental.

No âmbito do sistema público de controle, apenas com a Constituição de 1988 que o modelo das auditorias operacionais foi inserido no rol das competências dos Tribunais de Contas. Um avanço que proporcionou uma mudança no foco do controle, que passou a incluir a verificação do resultado da ação governamental, ou seja, a análise dos seus custos e benefícios, além dos seus impactos na modificação da realidade social. Em regra, as políticas públicas são objeto de avaliação através das auditorias operacionais, através das quais se devem perquirir, por exemplo, se sua execução está atendendo aos cidadãos; se os custos e benefícios estão sendo devidamente considerados, ou se estão sendo adotadas as melhores técnicas, entre outras questões.[538]

A introdução desse instrumento, inovador no sistema dos Tribunais de Contas, trouxe, tão logo após a promulgação da Constituição,

---

[538] LIMA, 2015, p. 266.

dificuldades iniciais para a sua implantação, por se tratar, propriamente, de uma nova forma de proceder ao exame da ação pública. Assim, o desafio que se pôs aos Tribunais de Contas foi além de suas atribuições cotidianas da fiscalização de atos e contratos, como veículos de realização das despesas públicas, pois introduziu a competência própria para a avaliação de políticas públicas,[539] sob o olhar da eficiência. Nesses termos, tem-se, então, que, no âmbito do controle externo, a avaliação das políticas públicas ocorre de regra pelo procedimento da fiscalização operacional, cuja análise compreende a verificação do cumprimento dos programas[540] e das ações de governo, além do seu desempenho, no que se refere aos objetivos, às metas e às prioridades, bem como à alocação e ao uso dos recursos disponíveis.

Ainda que incipientes e ainda muito pontuais, os resultados de algumas avaliações das políticas públicas começam a ser contemplados na emissão do parecer prévio. Para examinar melhor essa questão, foram levantados os dados relativos às contas do Governo do Estado no exercício de 2015, em todos os 27 Tribunais de Contas do Estado e do Distrito Federal. Utilizou-se a metodologia da pesquisa aplicada, voltada à aquisição do conhecimento com o objetivo de validar as premissas utilizadas em relação ao conteúdo do parecer prévio, no que se refere, especificamente, às políticas públicas. A documentação direta se deu com base em dados coletados nos portais eletrônicos dos Tribunais de Contas, no mês de novembro de 2016, daqueles que possuem jurisdição sobre contas do governo estadual. Para tanto foram avaliados, quando disponíveis, os pareceres emitidos na prestação de contas do governo estadual, no exercício de 2015. Foram empregados os métodos qualitativo e quantitativo, adotando como parâmetro de pesquisa a ocorrência do termo *política pública* e, posteriormente, a análise qualitativa das informações existentes.

Como resultado da pesquisa, foi constatado: i) a inexistência de uma uniformidade em relação ao conteúdo do parecer prévio; ii) a pouca relevância que é conferida ao exame das políticas públicas; iii) a inexistência de qualquer indicador relacionado à participação cidadã; iv) a falta de transparência dos pareceres em alguns Tribunais

---

[539] Na França, por exemplo, a competência para a avaliação das políticas públicas pelos Tribunais de Contas foi introduzida pela alteração constitucional ocorrida em 2008, a qual inseriu o art. 47, II, na constituição francesa.

[540] As auditorias operacionais relacionam seu escopo, de regra, aos programas governamentais sem, portanto, qualquer vinculação ao exercício financeiro, como ocorre com o julgamento das contas de governo.

de Contas;[541] e v) a ausência de mecanismos direcionados à avaliação de como a sociedade percebe o resultado do parecer prévio.

A necessidade de construção de relação dialógica em prol do exercício contínuo de legitimidade democrática impõe ao controle um novo modelo para a avaliação dos programas governamentais. Observa-se que o controle do orçamento público não pode ser reduzido à análise de dotações orçamentárias relativas a despesas e receitas. Deve avançar para traduzir para a sociedade, *como* ou *se* os recursos públicos foram utilizados no atendimento do interesse comum, tornando imprescindível a inserção do exame das políticas públicas, ou seja, dos programas governamentais. Nesse sentido que esta obra centraliza a maneira pela qual as contas públicas são apreciadas pelos órgãos de controle externo, sobretudo, sob a perspectiva valorativa e dinâmica dos novos elos de legitimidade apontados pela teoria do bom governo, formulada por Rosanvallon. É no universo das políticas públicas, em que não há propriamente o consenso, mas sim, a divisão e o conflito, que a atividade de controle torna-se fundamental para permitir uma decodificação das opções políticas eleitas.

No âmbito do Tribunal de Contas da União constata-se que o Parecer Prévio do exercício de 2015 apresentou inovações importantes no exame da Prestação de Contas do Presidente da República. A primeira delas, ainda que tida como de caráter formal, marca a evolução de uma análise compartimentada por funções de governo[542] para uma abordagem centrada nos programas temáticos. Com isso, busca-se valorizar o plano plurianual como ferramenta de planejamento governamental e facilitar o processo de comunicação à sociedade dos resultados produzidos pela ação pública sob o controle do orçamento do Tribunal de Contas. A avaliação dos resultados da intervenção governamental e sua repercussão na realidade do país importam numa mudança de perspectiva que pretende disponibilizar informações que evidenciem os resultados das principais políticas públicas empreendidas pelos governantes. Há que se ter em conta, contudo, que a

---

[541] Entre os Tribunais que nem sequer disponibilizam em seu *site* o conteúdo do parecer prévio: TCE/AC; TCE/AM; TCE/AP; TCE/MA; TCE/PB TCE/RN, TCE/RO; TCE/RR; TCE/SE; TCE/TO. Ainda sobre as deficiências nos portais de acesso eletrônico nos sites dos Tribunais de Contas, cabe fazer referência à pesquisa realizada por Santos; Bernardes; Rover e Mezzaroba, no ano de 2011, sinalizando não apenas a importância da temática, mas, sobretudo, identificando as deficiências existentes em relação à participação e à interação popular. SANTOS *et al.*, 2013.

[542] A classificação por função de governo está disciplinada pela Portaria MP nº 42/1999.

definição, pela própria estrutura do planejamento orçamentário, dos componentes indicativos do desempenho governamental, não engessa a atividade do controle. De fato, ainda que a apreciação das contas de governo se refira ao exercício, não se pode descuidar da fase do planejamento. A lei orçamentária ergue-se como fio condutor das escolhas realizadas, que se inserem dentro de uma perspectiva programática. A prática, contudo, tem revelado uma distância entre as ações planejadas e as executadas. Os princípios de boas práticas orçamentárias, estabelecidas pela Organização para a Cooperação e o Desenvolvimento Econômico (OCDE),[543] adotam como referencial para o controle a verificação da integralidade da execução orçamentária; a coerência entre planejamento e orçamento; e a capacidade da administração de realizar previsões consistentes e íntegras. Muitas vezes, verifica-se a ausência de indicadores de efetividade e de metas anuais em parte dos objetivos elencados no plano plurianual, o que prejudica a avaliação dos resultados das políticas empreendidas.[544] Tais deficiências impõem a adoção de medidas para permitir o amplo acesso e estimular a integração das informações constantes na lei orçamentária, na lei de diretrizes orçamentárias e no plano plurianual; a aproximação entre planejamento e execução; assim como a transparência, como condição necessária, tanto para o controle das instituições, quanto para o controle da sociedade civil.

Assim, evidencia-se uma dificuldade em conciliar a avaliação das políticas públicas e o conteúdo do parecer prévio, enquanto principal instrumento de apreciação das contas do governo. Embora tenha ocorrido o aprimoramento no âmbito das auditorias operacionais, esses resultados, na maioria das vezes, não são levados para o exame das contas de governo, seja pela inexistência de uma matriz normativa, seja pelas dificuldades próprias de traduzir uma avaliação que comporta um lapso temporal maior e é ao mesmo tempo setorizada numa análise mais ampla, que é própria das contas de governo, e no lapso temporal do exercício financeiro. Portanto, o que se apresenta como resultado

---

[543] Há que se ter em conta que a OCDE estimula o equilíbrio orçamentário por meio de regras inspiradas no modelo neozelandês da responsabilidade fiscal e no tratado de Maastricht.

[544] Os programas temáticos devem apresentar os seguintes componentes: indicadores, objetivos, metas e iniciativas. É através do indicador que se torna possível identificar e aferir aspectos relacionados a um programa temático. Apurado periodicamente, o indicador deve auxiliar o monitoramento da evolução de uma determinada realidade, gerando subsídios para a avaliação. Relatório do Parecer Técnico do TCU. Disponível em: <http://portal.tcu.gov.br/contas/contas-do-governo-da-republica/>. Acesso em: 30 jan. 2017.

na apreciação do parecer prévio é um exame, na grande maioria dos Tribunais, restrito à análise de dotações orçamentárias relativas a despesas e receitas, de modo que a resposta ao questionamento social de atendimento ou não do interesse comum, é ocultada por algarismos numéricos numa linguagem codificada.

Há de se considerar que a mensuração da efetividade ou eficácia da ação pública está diretamente relacionada às formas de avaliação adotadas. Ainda que distante dos resultados almejados, a avaliação é, na concepção de Leca, "reunião, análise e interpretação de informações sobre a execução e o impacto das medidas para agir em uma situação social e a preparação de novas medidas".[545] Deve-se avaliar os efeitos da ação pública em termos de mudanças ambientais atreladas ao comportamento e às percepções dos atores. A preocupação com a percepção dos atores, levando ao seu envolvimento, é, como já visto, um segundo desdobrando que envolve a avaliação.

A participação dos cidadãos na formulação, implementação e na própria avaliação das políticas públicas pressupõe uma redefinição substancial nesse processo, na medida em que permite concientizá-los dos limites da ação pública. A consciência de tais limites passa por duas questões centrais, abordadas também por Muller: a primeira surge em decorrência da setorização da ação pública, ou seja, de uma visão em certa medida fragmentada da realidade, e a segunda, proveniente de limitações estruturais.[546]

A consciência do limite setorial da ação pública pressupõe a compreensão de que embora as políticas públicas sejam destinadas a solucionar problemas complexos, a solução de tais problemas e a mensuração de sua eficácia ocorrem no âmbito restrito e compartimentado dos setores, da divisão e da organização científica. Diversos setores da sociedade, ambiental, agrícola, social, saúde, educação, defesa, cada qual possuem suas políticas específicas, seus próprios especialistas e seus próprios problemas públicos. Do ponto de vista da análise da ação pública, qualquer política pública corresponde a uma operação de corte da realidade, através da qual é identificado o conteúdo a ser abordado, como educação, segurança, saúde, desigualdade social ou a natureza dos segmentos, como mulheres, agricultores, afrodescendentes, a serem contemplados. A partir desta perspectiva, um setor compreende um conjunto de problemas associados e mais ou menos

---

[545] LECA, 1993, v. 11, n. 2.

[546] MULLER, 2015.

institucionalizados em alguns grupos sociais. Os limites do setor e da definição das atividades dentro dele constituem um desafio para as diferentes categorias de atores envolvidos na definição e execução da política, assim como também são um desafio ao controle e à avaliação dessas políticas, pois não há propriamente uma separação rígida e compartimentada dos problemas sociais, de modo que algumas soluções adotadas acabam interferindo em questões de outros setores.

A indagação que Muller[547] apresenta decorre da possibilidade das políticas públicas assumirem uma nova forma de visualização que não seja de fato a setorial. É muito difícil escapar de uma lógica de segmentação na definição de programas de ações públicas. As dificuldades passam, inclusive, pelo próprio monopólio do conhecimento especializado, uma espécie de hegemonia da especialização, que constitui uma limitação com relação à ação pública. A tentativa de reduzir os problemas reais, cujas origens são multifacetadas e de múltiplas causas, a soluções especializadas e segmentadas pelo conhecimento considerado eficaz, desconsidera diversas outras variáveis. Há muitos exemplos nesse sentido, como políticas relacionadas à pobreza, ao desemprego, à insegurança, ou à limitação da participação das mulheres na sociedade,[548] que não conseguem contemplar todos os aspectos de fatores a eles relacionados, demonstrando-se, muitas vezes, apenas um paliativo, que não atinge a origem desses problemas. Desse modo, a segmentação das políticas públicas torna-se também uma das suas principais limitações.[549]

Para superar essa barreira, Muller aponta como solução uma maior interação entre diferentes setores, como por exemplo, as políticas de prevenção da delinquência deverão dialogar com o sistema de segurança, educação, bem-estar social, o desenvolvimento econômico, etc. Este é também o caso das políticas de igualdade de gênero ou das políticas de modernização do Estado.[550] Uma solução que supera a

---

[547] MULLER, 2015.

[548] Sem entrar propriamente no debate científico ou não das obras, mas apenas para sublinhar a interconexão entre as causas dos problemas públicos e de suas soluções. O sítio eletrônico apresenta as obras do economista Steven D. Levitt, com a roupagem jornalística formatada por Stephen J. Dubner. Disponível em: <http://freakonomics.com/>. Acesso em: 17 fev. 2017. A pesquisa acadêmica focada em reduzir a intuição no campo da política pública pela análise de resultados. BANERJEE, Abhijit *et al. A multifaceted program causes lasting progress for the very poor*: evidence from six countries. Disponível em: <http://science.sciencemag.org/content/348/6236/1260799>. Acesso em: 25 mar. 2017.

[549] MULLER, 2015.

[550] MULLER, 2015.

fragilidade do olhar míope das causas dos problemas públicos, mas que também poderá gerar outras fragilidades em relação à determinação de um referencial de conhecimento, à definição da autoridade responsável, entre outros. Fragilidades que podem conduzir à diluição ou ao enfraquecimento da ação pública e mesmo na definição da matriz de responsabilidade. Uma tensão que impõe o desafio de compreender que é condição de eficácia da política pública uma visão mais ampla, que promova o maior diálogo possível entre os setores da ação pública, hoje, ainda, com forte influência global.

O segundo limite está relacionado à sua perspectiva estrutural, pressupondo um grau de profundidade amplo. Decorre, nesse sentido, a própria dificuldade da política pública em atingir a esfera da subjetividade cognitiva do indivíduo, ou, nas palavras de Muller, na "esfera da intimidade". Como agir nos comportamentos sociais, ou melhor, como agir nos comportamentos antissociais?[551] Sua percepção não está relacionada à capacidade de verificar se a ação pública é, ou não, capaz de influenciar o comportamento e as decisões individuais dos cidadãos, mas sim, em como avaliar a eficácia dos instrumentos de política nesse campo. O autor questiona a capacidade das políticas públicas em influenciar os próprios fundamentos da ordem social, como na questão da taxa de natalidade, suscitando dúvidas na capacidade de avaliar, mensurar ou quiçá identificar a possibilidade da política pública em transformar a intimidade da relação entre homens e mulheres. Exemplo que deixa evidente a dificuldade das escolhas públicas e o seu caráter determinante no comportamento social.

É importante ter em conta, portanto, que as avaliações das políticas públicas são a base da identificação e da interpretação dos problemas políticos, e afetam as possíveis soluções e as respostas oferecidas para os diretamente beneficiados, alterando, portanto, as condições mediante as quais as novas políticas serão desenvolvidas

---

[551] Nas palavras de Muller: *"Il ne s'agit pas de prétendre que l'action publique n'est pas en mesure d'influencer les comportements et les microdécisions des citoyens. Mais comment évaluer l'efficacité des instruments de politique publique dans ces domaines ? Les politiques de lutte contre l'insécurité routière en sont un bon exemple : comment être sûr que le changement de comportement des automobilistes est lié à la mise en place des radars ? De ce point de vue, les politiques visant à réduire les inégalités entre les femmes et les hommes, où celle ayant pour objet la réduction du nombre des IVG, sont emblématiques de cette impuissance de l'action publique. Les instruments de politique publique n'existent pas (pas encore ?) pour transformer l'intimité des relations entre les hommes et les femmes, le regard que chacun ou chacune porte sur l'autre et sur soi-même ou sur son rapport à l'espace public. C'est bien la capacité des politiques publiques à agir sur les fondements mêmes de l'ordre social qui est ici interrogée".* (MULLER, 2015).

e implementadas. Como explicitam Marleen Brans e Diederick Vancoppenolle, que ao elencarem as cinco questões centrais no processo de políticas públicas, já mencionadas, das quais se destaca a importância da função de avaliação e o necessário envolvimento da sociedade civil no processo político.[552]

Tem-se, portanto, como premissa, que o controle compartilhado pressupõe uma alteração na lógica do processo de avaliação das políticas públicas, com uma abordagem mais inclusiva a ser adotada no instrumento da apreciação das contas de governo, através do parecer prévio. O exercício da legitimidade impõe uma nova forma de apreciação das contas dos governos, capaz de contribuir para o diálogo constante entre governantes e governados.

3.2.2 Disfuncionalidades do sistema contramajoritário do controle do orçamento

Notícias constantes de corrupção, o mau funcionamento das atividades executivas e as crises financeiras pelas quais atravessam muitos Estados são alguns exemplos em decorrência dos quais se levanta o debate sobre a estrutura e a competência dos órgãos de controle. Ainda que se possa considerar a existência de avanços significativos nesse sistema, é certo que persistem fragilidades estruturais nas instituições superiores de controle no Brasil, como aponta Willeman,[553] as quais abalam a confiança no sistema de controle e o desempenho de sua função contramajoritária.

O primeiro ponto abordado pela autora diz respeito aos critérios de composição das instâncias deliberativas das Cortes de Contas no Brasil, pois

> embora o modelo concebido pela Constituição de 1988 seja altamente compreensível e justificável, o fato é que a experiência histórica tem revelado graves distorções em sua aplicação prática, fazendo com que, não raro, as nomeações para integrar os colegiados estejam sujeitas a contaminações políticas.[554]

---

[552] BRANS; VANCOPPENOLLE. *Policy-making reforms and civil service systems*: an exploration of agendas and consequences. Disponível em: <http://steunpuntbov.be/rapport/s0204002.pdf>. Acesso em: 03 jan. 2017.

[553] WILLEMAN, 2013, v. 263, p. 246.

[554] WILLEMAN, 2013, v. 263, p. 246.

Nesse contexto, é preciso ter em conta que a construção de formas democráticas permanentes passa necessariamente por uma reavaliação profunda das instituições da democracia indireta. É nesse sentido que Rosanvallon entende ser imprescindível um inventário, a partir de uma descrição comparativa sistemática das estruturas e dos problemas de funcionamento, das qualidades, bem como de suas incompletudes e de seus efeitos perversos. É um trabalho no qual se pretende redefinir e aprimorar as instituições do contrapoder. O autor aponta para um caminho longo, no qual deve ser reavaliado o modo de composição, as regras de funcionamento e o próprio estatuto dessas instituições.[555]

No âmbito do controle do orçamento, os Tribunais de Contas foram blindados com independência e autonomia, assim como seus membros, a quem são asseguradas garantias da magistratura. O modelo de composição dos 33 Tribunais de Contas existentes no Brasil prevê 233 membros titulares, sendo 134 escolhidos pelo legislativo, 33 de livre escolha do Chefe do Executivo na respectiva esfera federativa, 33 escolhidos dentre os membros substitutos e 33 oriundos dos membros do Ministério Público de Contas, sendo esses dois últimos oriundos de concurso público específico para a carreira. As distorções verificadas pela contaminação política dos julgados têm conduzido ao debate sobre os critérios de escolha de seus membros, como acentua Willeman:

> Ocorre, porém, que esse modelo de definição do corpo deliberativo dos Tribunais de Contas não tem se revelado capaz de evitar a contaminação política de tais órgãos, pondo em xeque a própria credibilidade do sistema de controle. Nesse cenário, parece relevante pesquisar os antecedentes parlamentares que conduziram à definição do atual modelo de composição das Cortes de Contas, bem como cotejá-lo com diferentes critérios adotados em experiências.[556]

Um critério híbrido, oriundo em sua maioria do conflito, e não do consenso, põe em debate a natureza de contrapoder e a busca pela imparcialidade e reflexividade nos julgamentos. Sublinha-se que o objetivo da tese apresentada nessa obra é a de reconhecer a fragilidade do modelo diante do cenário que se apresenta, no qual a instituição de controle deve possuir como fundamentos de legitimidade, a imparcialidade e a reflexão.

---

[555] ROSANVALLON, 2009, p. 319.
[556] WILLEMAN, 2013, v. 263.

Contudo, não se pode desconsiderar também a existência de disfuncionalidades sombreadas por uma demanda social de imparcialidade, a qual acaba sendo considerada suficiente para servir ao bem-comum.[557] É preciso depurar devidamente a tensão entre o conceito dinâmico de imparcialidade, apresentado por Rosanvallon,[558] e a noção de representatividade, atrelada a atenção aos problemas da sociedade, aos seus conflitos e às suas divisões. Deve-se sempre manter a preocupação em considerar a diversidade e conferir acesso aos atores sociais. Assim, uma autoridade pode ser considerada independente pela forma de sua constituição (sendo pluralista no caso de ser classicamente representada) ou pela forma de sua atuação, (mediante os procedimentos e o movimento permanente de receptividade ante as aspirações e demandas da sociedade). Essas três variáveis, independência, imparcialidade, acessibilidade devem ser consideradas na reformulação do modelo.

A segunda fragilidade, de natureza substantiva no que se refere ao controle do orçamento, decorre do seu grande distanciamento das análises das políticas públicas. Por certo que tais questões ingressam no âmbito dos Tribunais de Contas sob a perspectiva das auditorias operacionais, sem que haja propriamente uma análise sistematizada em conjunto com o controle do orçamento que se realiza com a emissão do parecer prévio. Uma omissão que abre uma lacuna e gera outras disfuncionalidades, como ocorre com a transferência da definição das políticas públicas para o âmbito do poder judiciário, em sua maioria de forma individual e pontual, sem uma análise do orçamento de modo global, mas que em seu conjunto acaba comprometendo a própria exequibilidade da política pública como um todo.

A terceira fragilidade está no seu distanciamento dos governantes. O modelo de legitimidade por proximidade está centrado

---

[557] O autor se propõe a debater se a própria imparcialidade constitui ou não uma política e faz uma crítica à imparcialidade utópica, associando-a às figuras do juiz-deus e do príncipe estrangeiro. A primeira figura encarna a ideia de uma imparcialidade superior. Na França, nos séculos XVII e XVIII, no centro da ideologia judicial, reconhecia-se que o juiz era incumbido de um ofício divino, no qual caberia a ele administrar a justiça no lugar da divindade. Um juiz humano, ao contrário de visão de divindade, pertence ao mundo que é modificado por suas decisões, as quais o afetam de alguma maneira. Por isso o modelo do juiz deus assume uma feição utópica, pois apenas Deus é desestressado, na medida em que está fora do mundo onde transcorrem a ação e sua intervenção. Da mesma forma a problemática do distanciamento, que termina por idealizar como forma de exterioridade radical, que não condiz com a realidade. (ROSANVALLON, 2009, p. 163-165).

[558] ROSANVALLON, 2009, p. 137.

em mecanismos como a ouvidoria, um canal receptor de denúncias e representações; além de outras formas de comunicação digital, que começam a buscar a interatividade. Mas, ainda, é uma participação incipiente e preocupada em permitir a inclusão do cidadão somente no momento de provocação do controle. Não há instrumentos de reconhecimento dos atores sociais, por exemplo, na emissão do parecer prévio,[559] nem sob a dimensão passiva do seu papel na governança, ou seja, verificando qual a percepção dos cidadãos em relação ao governante e às políticas implantadas, nem tampouco sob a dimensão ativa de governança, estimulando o exercício da cidadania ativa. Deve-se estar atento que não se trata de esvaziar o julgamento técnico e a reflexividade, mas de fazê-los dialogar com elementos de legitimidade por proximidade. Um novo marco teórico a redefinir as instituições, recriando elos de legitimidade permanentes, de modo que a preocupação pelo interesse geral possa afastar a desconfiança que contribui para a percepção negativa da política, associando-a a um mecanismo de manobras partidárias e preocupação com interesses pessoais.

A trajetória histórica dos órgãos de controle revela que a tecnologia da informação tem contribuído para transformar o modelo de controle do orçamento, criado no século XVIII,[560] numa versão digital do século XXI, sem se preocupar em reformular sua própria racionalidade, que permanece a mesma de outrora. É preciso utilizar as novas ferramentas tecnológicas para aprofundar a penetrabilidade na estrutura social, contribuindo com um diálogo mais próximo entre governantes e governados.

3.3 A nova gestão pública: uma racionalidade a superar

A Nova Gestão Pública (*New Public Management*) tem sido responsável pela reconfiguração dos procedimentos administrativos, introduzindo novas ferramentas para a melhoria da atividade pública, orientada por um planejamento estratégico, cujos valores centrais são a eficiência, a relação de custo-benefício, o atendimento ao cidadão cliente/consumidor, enfim, todo um conjunto de práticas mercadológicas, que acabaram por redefinir os valores típicos do Estado. Os estudiosos da

---

[559] Ainda que incipiente, verifica-se a presença de uma preocupação em incluir os Conselhos.

[560] Em suas palavras: "*Las autoridades independientes tienen así una dimensión de representación virtual correspondiente a una categoría constitucional inglesa del siglo XVIII*". (ROSANVALLON, 2009, p. 323).

teoria da administração pública e os de outras áreas também se viram atraídos para o campo das políticas públicas, numa perspectiva de aprimoramento constante, como exposto no capítulo anterior.

Não foi diferente no campo da ciência da Administração, sobretudo num período em que o Estado assume a tarefa de promover o bem-estar social, em que a figura clássica do "homem administrativo" passa a ser substituída pelo analista político (*policy analyst*), compreendendo que as organizações públicas constituem parte do *policy process*.[561] Um modelo no qual a ação administrativa apoia-se na crença das virtudes de uma avaliação geral e exaustiva, capaz de dar conta de forma "racional" e "científica" dos efeitos de um programa político, da atividade de um serviço ou do trabalho de cada agente.[562] Certa ilusão da possibilidade do controle contábil-financeiro dos efeitos da ação.

Um resgate histórico, proposto por Denhardt,[563] relembra a discussão que permeou o início do estudo das organizações públicas, centrada na possibilidade ou não da separação entre o estudo da administração e a política. Dentre os defensores dessa impossibilidade, Paul Appleby,[564] em 1949, já alertava sobre a significativa influência da burocracia na formação da política pública. Para o autor, essa dicotomia entre administração e política desconsiderava questões centrais no estudo das organizações. Na mesma linha interpretativa, Francis E. Rourke[565] chamava a atenção para a forma como a burocracia influenciava o *policy process*, descrevendo, inclusive, os fatores que repercutiam nesse processo, como: a sustentação externa que consistia na promoção do ponto de vista defendido, variável conforme a sua origem (se a defesa fosse de dentro do próprio governo ou se fosse de fora do governo);

---

[561] DENHARDT; CATLAW, 2017, p. 182. Como parte do processo, a Administração atua nas diversas fases do ciclo da política pública, mas observa sua atuação preponderante na fase de implementação da *policy making*. Há autores que, inclusive, distinguem a função executiva que seria essencialmente política, da função administrativa, que seria de implementação das políticas públicas. (WILLOUGHBY, 1936 *apud* DENHARDT; CATLAW, 2017, p. 71).

[562] DARDOT; LAVAL, 2016, p. 314. Os autores sustentam que essa prática de avaliação pressupõe uma legitimação do poder fundada em práticas de observação, investigação e julgamento. Instaura-se uma cultura da administração pública obcecada pelo controle dos agentes, fonte de burocratização e uma grande quantidade de normas. (DARDOT; LAVAL, 2016, p. 314-315).

[563] DENHARDT; CATLAW, 2017, p. 181.

[564] A obra que o autor faz referência é a *Policy and administration*, publicada por Paul Appleby, em 1949. (DENHARDT; CATLAW, 2017, p. 183).

[565] A obra que o autor faz referência é a *Democracy in the administrative state*, publicada por Francis E. Rourke, em 1969. (DENHARDT; CATLAW, 2017, p. 181).

a informação ou a *expertise* dos burocratas, que também influenciava tanto os tomadores de decisão, quanto a execução propriamente dita das políticas públicas; e a vitalidade e a eficácia de liderança de determinado órgão, a repercutir diretamente no processo de política pública.

Além dos fatores de influência, os estudos de Rourke contribuíram para apontar as implicações políticas e éticas desse processo, elencando duas questões, a responsividade e a eficácia, centrais para a reaproximação do estudo da administração ao viés democrático da teoria política. A eficácia, no sentido de verificar até em que medida as políticas já favorecem as decisões de que tem mais probabilidade de que outras propostas de "fazer acontecer" os resultados desejados.[566] O estudo da eficácia, portanto, pôs em destaque os esforços de implementação, compreendendo que estes eram capazes de redirecionar o curso da política governamental. Falhas como os recursos limitados, estruturas organizacionais inadequadas, comunicações ineficazes ou coordenação precária podem comprometer os resultados pretendidos.

Já a responsividade é considerada como imperativo de uma democracia de apropriação. Valendo-se do conceito teórico de Rosanvallon,[567] indaga-se até que ponto o sistema assegura que as decisões dos burocratas correspondam às preferências da comunidade ou dos ocupantes dos cargos que presumem falar em nome do público.[568] A resposta oferecida por Denhardt reafirma a centralidade do debate para a redefinição da dimensão política no estudo da Administração. Para o autor:

> Quer se busque responsividade por meio da seleção de tipos particulares de pessoas para integrar as organizações públicas ou mediante a imposição de controles externos sobre seu comportamento (definição de sanções pelo legislativo como representante do interesse dos grupos) deve-se reconhecer que a questão da responsividade é essencial para qualquer teoria moderna de organização pública. Se as organizações públicas, por definição, procuram expressar valores societários, então seus membros carregam a responsabilidade de examinar, compreender e interpretar os valores públicos ao máximo de sua capacidade.[569]

---

[566] O autor aponta sua preocupação com relação a um possível jogo de eficácia. Para ele, na medida em que os fins do governo e o envolvimento popular para determinar esses fins acabam sendo tomados como dados e a preocupação se concentra sobre os meios para atingir os fins, há uma aproximação com as ideias da teoria da gestão administrativa, na qual os poderes centralizados buscam não apenas obter uma racionalidade, mas, na realidade, defini-la. (DENHARDT; CATLAW, 2017, p. 209-210).

[567] Sobre a Democracia de Apropriação, ROSANVALLON, 2015d.

[568] DENHARDT; CATLAW, 2017, p. 185-187.

[569] DENHARDT; CATLAW, 2017, p. 199.

Ora, um dever renovado e que encontra eco na teoria de Rosanvallon, para quem as instituições devem assumir um papel ativo no processo de legitimidade contínua. Algumas atividades que devem ser exercidas pelas instituições foram elencadas por Denhardt,[570] tais como a de auxiliar os cidadãos na formulação de suas necessidades; a de identificar as necessidades importantes, já que nem sempre é fácil diagnosticá-las; e a de expressar o desejo de vê-las atendidas. Esse sentido proposto por Denhardt alarga a noção de responsividade para além de uma simples reação aos valores publicamente enunciados, pois pressupõe algum exercício de liderança nesse processo de construção. As instituições assumem um papel central nesse processo,[571] sobretudo as instituições encarregadas do controle das políticas públicas.

Devidamente posta a questão inicial, qual seja, a da possibilidade da dicotomia entre administração e política, certo é que a diretriz que prevaleceu foi sintetizada nos seguintes termos por Denhardt:

> A chave para um governo eficaz é a especificação dos meios mais racionais para se lograr os objetivos dos órgãos públicos; os métodos da ciência social positiva são os mais capazes de especificar esses meios; e os indivíduos treinados para o uso desses métodos (analistas políticos e não administradores) serão os mais competentes para orientar o futuro.[572]

Estava, portanto, estabelecida a ordem.

Destaca-se, que foram muitos os avanços decorrentes do movimento imposto pela Nova Gestão Pública, em termos procedimentais. No entanto, a maior crítica a tal pensamento reside propriamente no deslocamento da importância de questões procedimentais (questões-meios) para a finalidade última da Administração, através de um estímulo crescente ao autointeresse e à obtenção da eficiência num sistema de concorrência de mercado.[573] Os cidadãos assumem o papel

---

[570] DENHARDT; CATLAW, 2017, p. 200.

[571] Ao trazer a discussão da dicotomia entre política e administração, Denhardt é preciso quanto ao papel da organização. Para ele, "as políticas públicas não são decididas no vácuo. Pelo contrário, a execução de políticas públicas depende de um conjunto de fatores ambientais e institucionais", o que o leva a tecer uma crítica à aparente ingenuidade de alguns estudiosos dos procedimentos de implementação das políticas públicas. (DENHARDT; CATLAW, 2017, p. 204).

[572] DENHART; CATLAW, 2017, p. 190.

[573] Mesmo no âmbito do planejamento estratégico industrial, passou a se reconhecer a relevância de iniciativas e metas não financeiras, como estratégia dirigida à melhoria dos vetores de desempenho e à construção de valores de médio e longo prazo. KAPLAN; NORTON, 1997, p. 243-244.

de consumidores e se relacionam com o Estado pelo uso de incentivos. Os servidores públicos passam a ser "empreendedores de risco que realizam os melhores negócios e reduzem custos".[574] Há uma preocupação com os métodos, e a lógica operada enfatiza a competição, com reengenharia de processos, *benchmarking,* as boas práticas, indicadores de desempenho. Os métodos e as categorias formam a própria racionalidade do modelo, que busca a padronização máxima para todos os problemas públicos.

A crítica ao modelo convencional da ação coletiva centrada no autointeresse é posta, com propriedade, por Poteete, Ostrom e Janssen, para quem

> confiar na teoria do comportamento humano, derivada da teoria mercadológica, constitui a principal razão das falhas prévias de tentar explicar por que alguns usuários de recursos se auto-organizam e outros não, bem como por que algumas políticas governamentais conseguem solucionar a superexploração e outras não alcançam tal êxito.[575]

Na verdade, cada indivíduo é considerado como responsável por selecionar a estratégia condutora ao melhor resultado, para atender ao interesse próprio, sendo estimulado a maximizar os benefícios em interesses próprios.

Essa racionalidade é questionada pela teoria do Novo Serviço Público, que adota como pressuposto a possibilidade da prática de ações voltadas para a coletividade, além do exercício de cidadania plena e não centrada apenas no autointeresse, mas também nos valores democráticos, nas crenças e na preocupação com o outro. Os cidadãos são integrantes do governo e devem atuar em conjunto para a construção do bem maior. O interesse público, a partir do olhar do eu-cidadão capaz de auxiliar na construção de uma governança democrática, como formula Denhardt em sua teoria. A Administração Pública reforçada pela teoria de Rosanvallon, que avança para um modelo teórico mais amplo e que incorpora tais valores.

---

[574] DENHARDT; CATLAW, 2017, p. 290.
[575] POTEETE; JANSSEN; OSTROM, 2011, p. 280.

3.3.1 Um cenário não inclusivo: a racionalidade de um Estado empresarial

A busca pela máxima eficiência de gestão pública introduziu uma nova racionalidade no âmbito da Administração Pública, sobretudo após a crise fiscal que permeou as décadas finais do século XX. Um esforço renovado para buscar novas soluções aos problemas governamentais a partir da *accountability* e do alto desempenho burocrático. Um modelo dessas reformas pode ser encontrado na Nova Zelândia, em que as funções públicas essenciais foram privatizadas, o sistema do funcionalismo público foi orientado para o desempenho e foram criados novos mecanismos para a medição da produtividade e da eficácia dos órgãos públicos. Um governo voltado ao consumidor, competitivo e com êxito nos resultados.

Em que pese os avanços em termos de produtividade, uma nova racionalidade foi imposta ao lado das novas técnicas incorporadas. Como ressalta Denhardt,[576] houve a incorporação de um conjunto de valores próprios do setor privado, transformando o governo em um "negócio". Em sua percepção, os órgãos do governo deveriam ir além das *práticas julgadas* úteis no setor privado, a começar pela gestão científica e indo até a gestão de qualidade total, para adotar também os *valores do setor privado*. O modelo destaca o valor da competição, da preferência por mecanismos de mercado para a decisão social e do respeito ao espírito empreendedor. Tais valores possuem como pressuposto teórico o autointeresse do comportamento humano, rejeitando, portanto, o espírito público, o serviço público.

Tocqueville já chamava a atenção para a ausência do espírito público, em que "cada pessoa, mergulhada em si mesma, comporta-se como se fora estranha ao destino de todas as demais" e seu universo torna-se restrito a seus laços de família, pois "se um certo sentido de família ainda permanecer em sua mente, já não lhe resta sentido de sociedade".[577] A compreensão, portanto, de que o indivíduo deve estar

---

[576] DENHARDT; CATLAW, 2017, p. 220-221.

[577] Essa citação de Tocqueville inspira Sennett na sua obra *'O declínio do homem público'*. Já na década de 70, Sennett indagava sobre a participação na vida pública, pois percebia o espírito de aquiescência resignada que transformava a participação na vida pública em uma obrigação formal. O autor resgata o conceito de *res publica*, que "representa, em geral, aqueles vínculos de associação de compromisso mútuo que existem entre pessoas que não estão unidas por laços de família ou de associação íntima; é o vínculo de multidão, de um 'povo', de uma sociedade organizada, mais do que vínculo de família ou amizade". (SENNETT, 2016, p. 7; 16).

atento às suas necessidades e às necessidades da sua família também se projetou na teoria econômica, a qual formulou como possível que o livre jogo do mercado[578] pudesse conduzir ao equilíbrio do bem social, de modo que ao perseguir o autointeresse de forma competitiva, os participantes estariam contribuindo para atingir o interesse público.

É com essa preocupação que Denhardt[579] chama a atenção para a necessidade de tentar descobrir um interesse comum e colaborar para o seu alcance. Trata-se de pontos de partidas distintos, pois é a partir do interesse comum que o indivíduo irá atingir o seu próprio interesse, uma lógica inversa à perspectiva do autointeresse. Por óbvio que a competição traz seus benefícios, relacionados à inovação e à criatividade, mas também apresenta seus ônus, podendo passar por cima de princípios e pessoas. Um governo voltado aos consumidores, que responde aos interesses de curto prazo de indivíduos isolados, compromete a busca do interesse público definido por seus cidadãos, na medida em que a ação pública estaria estimulando o interesse pelos serviços consumidos individualmente, e não ao exercício da cidadania, em que o interesse está orientado a todos os serviços prestados e não apenas aos que estão sendo diretamente utilizados.

Não se trata de deixar de almejar um serviço de qualidade com os recursos disponíveis, ou deixar de mensurar a eficácia da ação pública, mas de colocá-los nos seus devidos termos, como técnicas e procedimentos da ação pública, e não como valores para a construção de uma sociedade. Algumas exclusões próprias do mercado não são cabíveis em termos de construção do interesse comum, como priorizar os serviços àqueles interessados que dispõem de mais recursos e habilidades para responderem às suas próprias demandas. Benefícios coletivos, como a educação, a qualidade do meio ambiente ou a proteção policial se projetam para além da esfera particular, pois contribui para a construção de relações intersubjetivas, de um indivíduo com o outro.

O empreendedorismo pressupõe ênfase nos resultados, uma postura proativa para resolver problemas com vistas a maximizar a produtividade e a eficácia.[580] No entanto, deve-se reconhecer que o público tenha um papel central na determinação dos dispêndios dos fundos

---

[578] Mão invisível do mercado de Adam Smith.

[579] DENHARDT; CATLAW, 2017, p. 221-223.

[580] Denhardt atenta para o fato de que os dirigentes empreendedores representam um problema difícil e de certo risco, pois ainda que possam ser inovadores e produtivos, pelo lado negativo podem passar por cima de pessoas e princípios. (DENHARDT; CATLAW, 2017, p. 222-223).

públicos e na definição de programas dessa natureza. É o que ocorre, por exemplo, com as emendas individuais parlamentares. Legitima-se a participação dos representantes dos governados, ainda que resultem desse processo algumas incoerências.

A transformação das concepções dominantes de ação pública e do papel do Estado deve conferir uma nova dimensão ao significado de eficácia das políticas públicas. Uma mudança na representação dominante do papel do governo na sociedade e seu funcionamento que irá se traduzir nas opções políticas que ingressam na agenda pública, conforme os valores assumidos pelo Estado. No entanto, no que se refere às práticas, enquanto procedimentos que auxiliam na busca dos valores definidos, pode-se buscar a qualidade e a eficiência da gestão dos recursos. Ainda que em um movimento inverso, no qual o horizonte é o do interesse público, deve-se adotar mecanismos procedimentais de gestão de recursos.

3.3.2 A racionalidade do novo serviço público: por onde se deve caminhar

A teoria de uma *democracia de apropriação* pelos cidadãos, a reformular a relação entre governantes e governados, sob uma dinâmica de exercício e contínua, constitui o referencial mais amplo, no campo da teoria política, que deve redirecionar as práticas administrativas. Nesse sentido, no âmbito específico da ciência da Administração Pública, a teoria do Novo Serviço Público, apresentada por Denhardt,[581] assume esse papel de tradução para a seara própria da administração pública. Uma abordagem que supera a visão positivista do comportamento humano e estabelece pontos de contato com a defesa de uma democracia participativa, como postula Rosanvallon.

Ademais, Denhardt também se preocupa em estabelecer a aproximação de sua teoria com o campo das políticas públicas. A importância dessa interlocução decorre justamente de uma compreensão da dimensão política que permeia as escolhas públicas e a importância dos atores nesse processo. De fato, é justamente no ambiente da administração que, de regra, as políticas públicas são implementadas, reforçando a necessidade de um marco teórico que possa reorientar tais

---

[581] As premissas da teoria formulada por Robert Denhardt e Janete Denhardt conferem o suporte teórico da obra de referência utilizada, *Teorias da Administração Pública*. (DENHARDT; CATLAW, 2017).

práticas. Confere-se importância, portanto, a aproximação da teoria com a prática administrativa, para que aquela possa de fato regular a vida das organizações públicas.

A teoria do Novo Serviço Público[582] tem inspiração na teoria política democrática, sendo concebida como alternativa à Nova Gestão Pública partir de dois pilares centrais, sendo o primeiro o de promover a dignidade e o valor do novo serviço público, e o segundo o de reafirmar os valores da democracia, da cidadania e do interesse público. Pilares que vão estruturar sete princípios chaves a reorientar a atividade administrativa, como propõe Denhardt.

O primeiro baseia-se no resgate do conceito de cidadania, afastando a visão de cidadão-consumidor. Ultrapassa a filosofia segundo a qual o governo existe como mediador dos interesses pessoais e coletivos, cabendo-lhe também propiciar que os autointeresses sejam exercidos e adjudicados, pressuposto teórico da economia da *public choice* e da nova gestão pública. A cidadania democrática concebe o indivíduo participativo e de uma forma mais ativa. O cidadão vai além do autointeresse para buscar o interesse coletivo.[583] De passagem registra-se o pensamento de Sandel, que identifica a necessidade do cidadão em requerer o "reconhecimento dos problemas públicos e também um senso de pertencimento, de interesse pelo todo, laços morais com a comunidade cujo destino está em jogo".[584] Um senso renovado de responsabilidade social deve pressupor a participação no diálogo e na tomada de decisão.[585] A noção de consumidor não mais traduz as exigências de um exercício de interação, vez que tal linha de pensamento leva à formação de um indivíduo concentrado nos próprios desejos e vontades e na maneira de satisfazê-los prontamente. A noção de cidadania, por outro lado, põe no centro do debate a preocupação com

---

[582] Não se pode deixar de considerar a contribuição de Leon Duguit para a compreensão do Estado moderno, não como um poder de mando, mas como uma cooperação de serviços públicos organizados. A base de sua teoria foi descrita nas obras *L'État, Le droit objectif et la loi positive* e *L'État les gouvernants et les agents*.

[583] Nos EUA, há o ressurgimento pelo interesse na noção da comunidade (BENHARDT, p. 256). Jonh Gardner: "os membros de uma boa comunidade se tratam com humanidade, respeitam as diferenças individuais e valorizam a integridade de cada pessoa. A boa comunidade fomenta uma atmosfera de cooperação e conectividade. Os membros reconhecem que precisam uns dos outros. Há um sentimento de pertencimento e identidade, um espírito de solidariedade mútua". (GARDNER, 1991).

[584] SANDEL, 1996, p. 5-6.

[585] Cabe ressaltar que Rosanvallon adota certa cautela com relação ao processo de tomada de decisão, como apontado anteriormente.

o bem comum e, a longo prazo, com as consequências de determinadas escolhas para a comunidade.

Uma relação direta com as políticas públicas é apontada por Robert Puntam, estudioso da teoria da governança democrática, que concluiu em suas pesquisas que os governos mais sólidos seriam aqueles em que há o apoio de uma sociedade civil ativa.[586] Essa cidadania mais participativa se relaciona também no âmbito das políticas públicas, nas quais os cidadãos possuem como dever participar em conjunto para a construção de soluções que atendam aos problemas públicos relevantes.[587] É dessa maneira que a teoria do Novo Serviço Público concebe o serviço público como uma forma ou extensão da cidadania responsável e moralmente compromissada.

O segundo elemento chave a perseguir é o interesse público. Os administradores públicos devem contribuir para a construção de uma noção coletiva e compartilhada do interesse público.[588] Por certo que essa atuação mais ativa por parte dos cidadãos importa igualmente numa mudança por parte da Administração. Denhardt[589] traz a percepção de Linda W. Chapin, que acentua a necessidade de uma contrapartida da ação do governo, quando as pessoas tiverem a disposição para assumir o papel de cidadãos. Deve também haver a disposição do governo em ouvir as necessidades dos cidadãos e considerá-las quando forem agir ou tomar decisões. Dessa forma, a liderança[590] e a gestão dos órgãos públicos também devem estar comprometidas com os valores democráticos.

---

[586] Em sua obra *Bowling Alone* (1995), conclui que o capital social (expressão utilizada para associar as redes, normas e confiança social que facilitam a coordenação e a cooperação em benefício mútuo) estaria em declínio.

[587] Cf. DeLEON, 1997. Diversas inciativas nesse sentido, como *Citizens First*, do Condado de Orange, na Flórida, que propõe que os cidadãos demonstrem seu interesse pela comunidade como um todo.

[588] DENHARDT; CATLAW, 2017, p. 286-287.

[589] DENHARDT; CATLAW, 2017, p. 281-282. Há um artigo produzido em coautoria, DENHARDT; CHAPIN, 1995.

[590] O estudo da liderança assume diversas perspectivas. Por exemplo, Jeffrrey Luke, examina a liderança necessária para resolver problemas públicos importantes, como elevar a qualidade das escolas, proteger os recursos naturais ou reduzir a pobreza urbana. Aponta então para o que ele denomina de *"liderança catalisadora"* que implica levar o problema à agenda pública e política, mobilizar um conjunto diverso de pessoas em torno do problema, estimular múltiplas estratégias e proposta de ação e sustentar e manter o ímpeto. Robert e Janet Denhardt, na obra *The dance of leadership*, considera a liderança uma arte, descrevendo como os líderes representam os elementos de seu talento artístico em seu trabalho, permitindo compreender os ritmos dos eventos ou do fluxo de energia que marcam suas organizações. (DENHARDT, 2017; CATLAW, p. 284).

O governo se distancia da lógica do mercado na medida em que há uma responsabilidade em promover a cidadania e servir ao interesse público. Isso terá implicações com relação ao terceiro elemento-chave que é dar mais valor à cidadania e ao serviço público do que ao empreendedorismo. Assim, como elucida Denhardt,[591] os administradores atuam dentro de redes políticas complexas e seu trabalho consiste em envolver os cidadãos no desenvolvimento de políticas públicas. Por óbvio que não se está a questionar a busca pela melhor qualidade possível dos serviços públicos, mas que esses esforços devem se fundar na ideia central da cidadania. O quarto elemento é pensar estrategicamente e agir democraticamente, ou seja, a participação dos cidadãos não deve se restringir à configuração das questões, mas deve se aplicar ou estender à implementação das políticas. Devem se envolver em todas as etapas das políticas públicas, e não apenas fazerem demandas. Assim, a lógica da coprodução, inerente ao conceito de comunidade, afasta a concepção de mercado. Não se trata apenas de corte de despesas, numa lógica restrita de custo-benefício, mas da construção da comunidade. O quinto elemento é reconhecer que a *accountability* não é simples, mas propriamente complexa, pois vai além de um conjunto de medidas de desempenho, mas exige a *accountability* a terceiros, conformidade à lei, moralidade, julgamento e responsabilidade.[592] O sexto elemento provém da necessidade de servir em vez de dirigir, ou seja, de uma liderança baseada em valores que auxiliem os cidadãos a articular e satisfazer seus interesses compartilhados ao invés de tentar controlar ou dirigir a sociedade para novos rumos. Uma redefinição do papel do administrador público irá repercutir numa nova compreensão da liderança. E, por fim, dar valor às pessoas, e não apenas à produtividade. Como coloca Denhardt, as pessoas devem ir para o serviço público, atraídas pelos próprios valores, que devem estar inerentes à sua concepção, "servir os outros, tornar o mundo melhor e mais seguro e fazer a democracia funcionar – que melhor traduzem o sentido de ser um cidadão a serviço da comunidade".[593]

A teoria do novo serviço público, assim como a teoria do bom governo, possui o mesmo eixo central, ambas estão direcionadas para

---

[591] DENHARDT; CATLAW, 2017, p. 280-281.

[592] DENHARDT; CATLAW, 2017, p. 288. Deve-se destacar a crítica do autor em relação a uma abordagem simplista do controle, direcionada apenas a medidas de desempenho, tentando imitar as forças do mercado. Uma preocupação que coincide com a reflexão crítica do pensamento de Dardot e Laval. (DARDOT; LAVAL, 2016).

[593] DENHARDT; CATLAW, 2017, p. 289.

o resgate da relação de confiança e de colaboração entre os cidadãos, o exercício contínuo dos valores de responsabilidade e de moralidade. Cabe ressaltar a importância de tal teoria na reformulação das práticas administrativas. Com tal preocupação, Santos e Selig[594] se propuseram a averiguar, através de pesquisa, a ocorrência de estudos sobre indicadores, cuja base teórica estivesse alicerçada na teoria do Novo Serviço Público, sob o contexto da governança democrática em rede.[595] As conclusões a que chegaram os autores apontaram para a ausência de indicadores específicos, uma vez que as ocorrências que foram identificadas estavam associadas à preocupação com a participação democrática do cidadão, aproximando-se, portanto, do pensamento do autor, mas sem fazer referência, contudo, ao referencial teórico demarcado. Observa-se, assim, que tanto no contexto do Novo Serviço Público, quanto em uma perspectiva mais ampla da governança democrática em rede, os estudos ainda são muito incipientes. Mas, ao mesmo tempo em que a pesquisa aponta a inexistência no ambiente pesquisado de indicadores com tais referenciais teóricos, ela sinaliza a existência de um debate acadêmico em torno da questão, apontando para um novo marco teórico a subsidiar a construção de indicadores de avaliação das políticas públicas. Um caminho a construir e que começa a ser estimulado no campo acadêmico.

Finaliza-se, portanto, o capítulo sobre o debate das políticas públicas, trazendo para a realidade da Administração Pública, e, portanto, das atividades que de regra promovem a implementação das políticas públicas, as diretrizes que norteiam a teoria de Rosanvallon, confirmando sua sintonia com a proposta de racionalidade do novo serviço público, formulada por Denhardt. O próximo capítulo irá buscar aproximar a avaliação e o controle das políticas públicas aos imperativos necessários para o reforço de legitimidade pela dimensão substantiva, ou seja, contribuir para que a vida cotidiana possa ser positivamente melhorada pelas decisões tomadas diariamente por seus governantes. Extraem-se, deste capítulo, três formulações essenciais: a primeira, a

---

[594] SANTOS, Paloma Maria; SELIG, Paulo Maurício. *Indicadores para o novo serviço público*: uma análise bibliométrica e sistêmica. Disponível em: <http://www.scielo.br/pdf/pci/v19n3/a05v19n3.pdf>. Acesso em: 28 jan. 2017.

[595] De acordo com os autores, o procedimento adotado pelos pesquisadores possibilitou a verificação do panorama das pesquisas científicas sobre o tema, por meio da análise, coleta, classificação e manipulação da informação obtida nas bases de dados, objeto típico da área de ciência da informação. SANTOS, Paloma Maria; SELIG, Paulo Maurício. *Indicadores para o novo serviço público*: uma análise bibliométrica e sistêmica. Disponível em: <http://www.scielo.br/pdf/pci/v19n3/a05v19n3.pdf>. Acesso em: 28 jan. 2017.

necessidade de uma racionalidade voltada ao resgate da relação de confiança e de colaboração entre os cidadãos; a segunda, a valorização do espaço-proximidade, com a reestruturação do sentimento de comunidade permanentemente alimentado pelas respostas oferecidas pelos governos, em um exercício de responsividade contínuo; e, a terceira e última, a relevância do sistema de contrapoder, sob a dualidade do controle pelos mecanismos de vigilância exercidos pela sociedade e pelas instituições contramajoritárias.

CAPÍTULO 4

DESAFIOS DO ESTADO DEMOCRÁTICO REINVENTADO: O PACTO DE PARTILHA AO INVÉS DO PACTO DE SUBMISSÃO

Sob as bases do eixo teórico de um bom governo, impelido a desempenhar suas atividades sob a abordagem do Novo Serviço Público, é que as instituições que integram a estrutura do Estado devem se remodelar. A estrutura social do século XXI exige uma reconfiguração dos limites dos poderes, incorporando novos patamares de legitimidade, voltados para a transparência e a responsabilidade do bem-servir ético. A revitalização da noção de foro democrático tem se mostrado presente nos movimentos sociais, nas novas formas de associação, na Parceira para Governo Aberto,[596] na Auditoria Cidadã,[597] enfim, em um conjunto de iniciativas inéditas impulsionadas pela tecnologia da informação que reposicionam o ator-social-cidadão nos processos políticos institucionais, exigindo mudanças reais, e não mais meras acomodações. O exercício de uma democracia ativa se traduz na impossibilidade de sua apropriação pelos outros poderes, os quais devem se remodelar para que haja, de fato, interação e diálogo com um novo centro de competências.

O pacto de submissão, que enxergava os indivíduos pela sua generalidade, por meio da representação abstrata de sociedade, numa relação verticalizada, cede lugar ao pacto de partilha, no qual os atores sociais são vistos como cidadãos numa relação de horizontalidade para

---

[596] *Open Government Partnership* (OGP) reúne governos e organizações da sociedade civil como verdadeiros parceiros, tanto a nível nacional, quanto a nível internacional. Disponível em: <http://www.opengovpartnership.org/>. Acesso em: 07 jan. 2017.

[597] Disponível em: <http://www.auditoriacidada.org.br/>. Acesso em: 17 mar. 2017.

a construção de soluções voltadas ao bem-estar comum. Um movimento elíptico de cooperação, no qual as decisões são formuladas a partir da interação de ideias novas e velhas, do conhecimento científico e da experiência de vida, dos interesses de maiorias e de minorias, em que o postulado da generalidade é atendido não mais pela abstração, mas pelo reconhecimento do interesse que é comum a todos, capaz de promover o desenvolvimento das potencialidades de cada ser humano.

A abordagem burocrática weberiana[598] coloca como a razão do agir estatal a busca por soluções técnicas, as quais motivam os atores das políticas públicas ao desenvolvimento linear das possíveis soluções, restringindo a competição, rumo a uma decisão monopolizada. Sentido evidenciado por Massardier, para quem a existência de uma racionalidade única das políticas públicas, marcada pela burocracia, tecnicidade e *expertise*, condiciona o *policymaking*, que torna-se tributário de uma racionalidade presa a uma coleira decisória técnico-burocrática de caráter monopolista.[599] Há uma preocupação não apenas com a legitimidade pela ordem técnica, mas com a própria crença nela. Uma advertência presente em Merquior, ao concluir que "Weber não atentou para a ilegitimidade, porque definiu seus tipos de legitimidade do ponto de vista dos governantes, não dos governados".[600] Enfim, uma racionalidade que não se torna mais compatível com a estrutura social do século XXI.

Surge, assim, um modelo mais próximo dos governados, atento às suas demandas e ao mesmo tempo exigente quanto às suas respon-sabilidades de cidadão. É a era do compartilhamento erguida sob o pilar da solidariedade, em que a ética e a política tornam-se absolutamente inseparáveis;[601] a transparência torna-se imperativa para a construção de uma democracia inclusiva; e os questionamentos dos cidadãos

---

[598] Uma crítica ao pensamento vertical burocrático weberiano é sintetizada por Massardier: "A noção de burocracia desenvolvida pelo sociólogo alemão continua sendo, entretanto, uma ferramenta funcional de dominação legal racional, ela mesma o resultado do mono-pólio legítimo da violência pela empresa política que é o Estado". Extrai-se do autor a percepção de que o conhecimento do mundo é monopolizado pelos burocratas, portadores de competência, em que a legalidade e a tecnicidade/racionalidade se legitimam. Segundo o autor, "uma espécie de concordância implícita deve existir entre a tecnicidade de um segmento burocrático e o setor social alvo das ações do Estado". (MASSARDIER, 2011, p. 71).

[599] Merquior já apontava que a base da lógica da teoria da legitimidade de Weber denunciava o desinteresse em relação aos governados. O conceito de ordem legal-racional insere dentro dele a anatomia da burocracia moderna. (MASSARDIER, 2011, p. 72; 234).

[600] MERQUIOR, 1990, p. 146.

[601] DARDOT; LAVAL, 2016, p. 400.

tornam-se tão importantes quanto as respostas que lhes são oferecidas pelas instituições. Uma legitimidade por proximidade que caminha em conjunto, numa relação dinâmica com os poderes instituídos. O exercício contínuo da desconfiança, a estabelecer um novo patamar para o controle: o da responsabilidade de governo.

4.1 *Sharing control:* políticas públicas na pauta do controle compartilhado

Com identidade própria, as políticas públicas se projetam para além do movimento de resolução de problemas. Há uma dimensão política nas escolhas públicas que alicerça o laço de legitimidade substantiva entre governantes e governados e que impõe novas exigências às instituições de controle, incumbindo-lhes o papel de contribuir e direcionar a promoção da cidadania de exercício e inclusiva.

Nesse sentido, o primeiro ponto que merece atenção para que o controle possa impulsionar o engajamento social diz respeito à necessidade de mapear as fragilidades e os obstáculos que impedem a maior participação dos atores sociais. Uma preocupação que também está presente na abordagem de Muller,[602] ao enfocar a dificuldade de acesso aos centros de decisão das políticas públicas. Insta observar que as restrições de acesso não são apenas de natureza procedimental, mas estão também atreladas ao conteúdo das ações, exigindo, de forma cada vez mais acentuada, novas capacidades dos atores, tanto por parte dos governantes, que devem demonstrar sua competência para assumir a posição de decisores políticos, quanto por parte dos cidadãos, que devem também incorporar a linguagem das políticas públicas no seu discurso cotidiano.

Importante contribuição de Muller[603] refere-se à percepção de três modificações que alteram sensivelmente a lógica das políticas públicas. A primeira aponta para o acesso aos circuitos de decisão, visualizando alterações na sua forma. A questão que se coloca é a de identificar quais são os obstáculos que restringem indivíduos e grupos de interesse do

---

[602] MULLER, 2015. Um confronto entre a abordagem cognitiva de Pierre Muller com as tendências do policentrismo do *policymaking* é posto por Massardier, que ressalta a questão da pluralização de atores e das lógicas de ação, aprofundando o modelo poliárquico e pluralista de Robert Dahl. Contudo, a boa governança não se apresenta como neutra, mas decorre da capacidade das instituições formatarem o compromisso entre os múltiplos atores. (MASSARDIER, 2011, p. 81-83).

[603] MULLER, 2015.

acesso ao funcionamento dos circuitos de decisão, para que possam adotar estratégias efetivas de participação no processo de formulação de políticas.[604] Uma segunda mudança em relação à operacionalização das escolhas públicas relaciona-se aos seus requisitos de legitimidade. Segundo o autor, a legitimidade tradicional, baseada no ingresso através de um cargo eletivo, deve ser conjugada com uma segunda dimensão de legitimidade, baseada na capacidade de participar do processo de desenvolvimento de programas de política. Ao contrário do que se poderia questionar, não há uma apologia ao "fim da política", nem mesmo a transformação da política em instrumento racional. No entanto, a credibilidade dos atores políticos depende cada vez mais da capacidade de demonstrar que seus conhecimentos também justificam sua atuação como decisores políticos. E, por fim, há uma mudança de códigos de ação política. Muller acentua a necessidade de novos requisitos também para o exercício da cidadania, obrigando ao domínio, em certa medida, da linguagem da política pública. Em suas palavras:

> Para se transformar em atores políticos, os cidadãos são agora obrigados a dominar um padrão duplo: por um lado, eles devem falar a língua do confronto ideológico ou partidário, que estabelece uma oposição radical entre os adversários; por outro lado, eles precisam falar a linguagem da política pública, que incide sobre os limites da escolha política e extensão do jurídico, técnico ou econômico.[605]

A preocupação do autor em relação ao acesso aos circuitos de decisão deve ser considerada no modelo de controle, cujas instituições também devem estar preparadas para essa nova linguagem. As novas práticas interativas, com a participação das partes interessadas, através de reuniões de avaliação das políticas públicas, através de pesquisas qualitativas em grupos específicos, ou mesmo através de pesquisas quantitativas para a apuração de dados relevantes, constituem no novo instrumental de trabalho dessas instituições. Não se pode desconsiderar que a política pública é o discurso em ação, ou seja, a maneira como

---

[604] No original: "La complexité croissante des instruments d'action publique tend à modifier les codes d'accès aux circuits de décision et suppose la mise en œuvre d'une véritable stratégie de participation au processus de fabrication des politiques". (MULLER, 2015).

[605] No original: "Pour se transformer en acteurs politiques, les citoyens sont désormais tenus de maîtriser un double langage: d'un côté, ils doivent parler le langage de l'affrontement idéologique ou partisan qui établit une opposition radicale entre les adversaires; de l'autre, il leur faut s'exprimer dans le langage des politiques publiques, qui met l'accent sur les limites des choix politiques et l'ampleur des contraintes juridiques, techniques ou économiques". (MULLER, 2015).

a ação pública torna-se perceptível para os seus governados e que, portanto, deve refletir a execução das promessas escolhidas pelo voto e legitimadas de modo contínuo por mecanismos de validação. A linguagem do compartilhamento, proveniente de uma democracia em rede, pressupõe a horizontalidade, a pluralidade de vozes e, portanto, uma nova trajetória no poder de influência sobre as decisões políticas, que se dará pelo ingresso através da abertura de janelas nos centros decisórios.

O modelo de controle das políticas públicas deve estar atento às fragilidades elencadas, de modo a minimizá-las, primando pela promoção dos reequilíbrios sociais; pela real autonomia no acesso aos circuitos de decisão; pela interatividade; pela decodificação e inteligibilidade da linguagem das políticas públicas. O estímulo à construção de uma sociedade participativa, e não apenas de uma sociedade do controle, direciona os administradores públicos à ideia do interesse público. Essa é a pauta que deve orientar o controle da responsabilidade de governo.

4.1.1 O enfoque da legitimidade por proximidade

Enquanto o redesenho das instituições passa necessariamente por novos elos de legitimidade, sobretudo relacionados ao reforço da imparcialidade e da reflexividade, a proximidade[606] com a sociedade e seus atores sociais está amparada num diálogo novo, mais atento às dificuldades das pessoas comuns, capaz de perceber as particularidades e de reconhecer outros pontos de vista. A proximidade, como percebe Rosanvallon,[607] vai ocorrer, a partir das qualidades ou das experiências, como formadora da visão coletiva. Uma interseção, como pondera Almeida,[608] baseada na multiplicação de enfoques da legitimidade, a partir dos quais será possível incorporar a pluralidade de maneiras de atuar e representar os diversos interesses dos indivíduos ou de seus grupos. Portanto, uma legitimidade por proximidade que se põe a expressar adequadamente a relação que os cidadãos desejam ter com seus governantes.[609]

---

[606] O uso do termo proximidade, como coloca o próprio autor, foi largamente utilizado a partir da década de 1990, de modo quase imperioso, como uma qualificação obrigatória para todas as áreas.

[607] ROSANVALLON, 2009, p. 245.

[608] ALMEIDA, 2015, p. 191.

[609] Os estudos sobre a democracia da proximidade, como proposto por Grassroots Democracy. Disponível em: <http://next-nexus.info/writing/politics/grassroots%20democracy.php>.

Uma relação distinta, conforme sintetiza Almeida,[610] pois, se por um lado, a demanda por imparcialidade e reflexividade baseia-se na extirpação das particularidades, a legitimidade por aproximação percorre o caminho inverso. É uma generalidade de atenção às singularidades, entendida como imersão no mundo concreto, como vontade de captá-lo em sua absoluta diversidade e complexidade. Um campo de atenção e preocupação com a proximidade, cujas decisões levam em consideração as expectativas sociais, reforçando a relação entre governantes e governados. Sob este enfoque é que Rosanvallon[611] identifica três elementos que distinguem a referência da proximidade: uma *variável de posição*, uma *variável de interação* e uma *variável de intervenção*. Desse modo, portanto, a relação do poder perante os atores sociais é percebida como a preocupação central do autor ao se referir ao *status* de proximidade, que se adjetiva pela interação, em uma via alimentada pela receptividade, pela possibilidade de escutar as demandas e de respondê-las adequadamente, sem amparar-se em subterfúgios, como o das regras de funcionamento institucional.[612]

Ao apoiar-se no modelo de psicologia relacional, o autor traz ao debate a avaliação da legitimidade baseada nas consequências, ou seja, a percepção de que a imagem de legitimidade ou não de uma instituição deriva diretamente do impacto que potencialmente pode ter sobre os indivíduos. Uma percepção alinhada à teoria predominante de que o interesse individual é a única variável relevante a ser percebida pelo indivíduo. Sua aposta é de que há uma falsa premissa na percepção de que o indivíduo é motivado exclusivamente pela possibilidade de atendimento do seu interesse pessoal. Tal questionamento também esteve presente nas pesquisas de Tom Tyler,[613] cujos estudos apontaram para um panorama diverso com relação à satisfação individual dos próprios interesses.

Acesso em: 16 jan. 2016. Sobre o estudo da proximidade, Pedro Costa Gonçalves, professor da Faculdade de Coimbra. No Livro Branco sobre o novo sistema de governança, a Comissão abordou o problema do déficit democrático na União Europeia, relançando o conceito de democracia por proximidade.

[610] ALMEIDA, 2015, p. 192.

[611] ROSANVALLON, 2009, p. 267.

[612] ROSANVALLON, 2009, p. 249.

[613] Pesquisas que envolveram mais de 30 anos de estudos psicológicos sobre questões relacionadas ao reconhecimento das organizações, promovido por Tom Tyler, foram condensadas em sua obra TYLER, 2006. Seguindo o mesmo pensamento, a partir da percepção de que a ação dos indivíduos não é motivada unicamente pelo interesse pessoal é posta por Ostrom. (POTEETE; JANSSEN; OSTROM, 2011, p. 282).

De acordo com o modelo relacional de justiça, a legitimidade estaria relacionada à percepção das qualidades procedimentais ligadas ao comportamento dos agentes públicos. Assim, o reconhecimento de legitimidade não é só influenciado pelas avaliações que os indivíduos fazem das experiências diretas que tiveram com essas autoridades, mas por outros fatores, como pela percepção que eles têm das avaliações que outros fizeram a propósito das suas experiências ou pelo fato de que, mesmo não tendo sido atendido diretamente, seu ponto de vista foi adequadamente tomado em conta. Também é determinante a sensação de que as regras não são aplicadas mecanicamente e que se faz valer as particularidades da situação, sendo esta percepção uma questão decisiva para a constituição da legitimidade.

A percepção de equidade procedimental é diretamente dependente de apreciação do caráter imparcial e objetivo daqueles que decidem. Respostas favoráveis a questionamentos como a maneira pela qual a pessoa se sente considerada, se com respeito e cortesia, ou mesmo se há o sentimento de pertencimento, como membro da comunidade, também influenciam na melhor aceitação de uma decisão, ainda que ela não lhe seja favorável.[614] As constatações da pesquisa de Tyler, relacionadas à percepção de equidade procedimental, demonstram uma maior proximidade com o critério de legitimidade institucional, que propriamente com o da eficácia da instituição. Tal assertiva leva a conclusões importantes, na medida em que a obtenção de resultados não constitui a única variável que gera a satisfação dos cidadãos, de modo que as decisões, ainda que impopulares, terão melhor aceitabilidade desde que as condições sobre as quais foram adotadas sejam percebidas como justas. Portanto, as qualidades de imparcialidade e proximidade das instituições estão estreitamente ligadas ao estabelecimento de uma sociedade percebida como democrática.

É preciso pôr em relevo duas questões centrais, a primeira relacionada à dinâmica e ao exercício das legitimidades, afirmando como premissa de que não se trata de relações excludentes, e sim complementares, interagindo, inclusive, com a reflexividade. E a segunda, que consiste em dissociar a proximidade da noção de permissividade, de uma consequência do atendimento de todos os interesses individuais. Decisões tomadas a partir do compartilhamento de seus fundamentos, da equidade procedimental e da imparcialidade são consideradas legítimas, mais do que as que não atendam a tais requisitos.

---

[614] ROSANVALLON, 2009, p. 250.

Um desdobramento importante da pesquisa apontou para diferenças relevantes nos resultados, quando o universo de análise se dá em sociedades multiculturais ou com acentuadas diferenças sociais. Nessas hipóteses, as instituições assumem um papel ativo na redução de tais discriminações, variando, contudo, os requisitos de legitimidade, conforme o grupo pesquisado.[615] A relação entre o indivíduo e a instituição deve se estabelecer sob os patamares da equidade, proximidade e reconhecimento, imperativos que devem ser elevados ao nível de bens públicos e como tais podem ser compartilhados por todos igualmente,[616] rompendo com a imagem de que apenas as decisões favoráveis constroem a imagem positiva da instituição.

A particularidade também constitui um elemento central na construção da relação entre indivíduo e instituição, não apenas por valorizar a autoestima do cidadão, como também para proporcionar a sensação de reconhecimento. A autoridade atenta, equitativa e que escuta os argumentos formulados pelas partes transmite a mensagem de que o cidadão é reconhecido como membro importante da sociedade, o que vai ao encontro do reconhecimento do *status* de proximidade proposto pelo teórico francês.[617] E é justamente esse *status* que faz com que o cidadão possa respeitar a autoridade, reconhecendo-a como legítima. A relação entre indivíduo e instituição, ainda que seja potencialmente nula em termos de resultados, será positiva em termos de respeito e identidade. Assim, "quanto mais forte seja a instituição (imparcial e próxima) mais forte é o indivíduo".[618] A consolidação democrática pressupõe instituições sólidas, as quais devem estar atentas às particularidades, próximas dos cidadãos e, ao mesmo tempo, serem reconhecidas como legítimas.[619]

---

[615] A pesquisa incluiu também variáveis éticas e sociais para identificar a percepção do papel da justiça e da polícia, concluindo que as pessoas que pertencem em minorias étnicas concedem uma maior importância à dimensão da equidade processual, como forma de controle do tratamento injusto da polícia. Ao contrário, as pessoas de classe média e brancas atribuem maior importância aos resultados obtidos pela polícia em relação à variável da equidade. (TYLER; HUO, 2002).

[616] ROSANVALLON, 2009, p. 266.

[617] ROSANVALLON, 2009, p. 253.

[618] ROSANVALLON, 2009, p. 254.

[619] A busca pelo reconhecimento constitui um novo fenômeno social total. É reconhecido como tal, aquele que está atento às situações individuais e adota essa mesma linguagem. Muitos estudiosos passaram a se dedicar à temática do reconhecimento. Cf. a obra coletiva CAILLÉ, 2007.

A preocupação com a ética tem crescido nas últimas décadas, sobretudo a partir de 1980.[620] O resgate da ética passa pela compreensão de suas duas dimensões, a primeira relativa à discussão das regras justas, ou seja, a faceta ligada ao aspecto da generalidade, e a segunda, relativa à determinação de comportamentos de atenção, ou seja, a faceta ligada ao aspecto da particularidade. Particularidade que deve transbordar da ética para atender a demanda social relativa à política, isto é, uma atenção dos governantes a esse atributo. Como aponta Rosanvallon, tais mudanças têm impulsionado novas exigências aos governantes, sobretudo por promover uma espécie de retorno da concepção da política como a arte de governar, justamente pela necessidade de aproximação a situações individuais, pela necessidade de atenção aos casos particulares.

O olhar da particularidade renovou as expectativas em termos de equidade, proximidade e reconhecimento. A democracia enquanto regime operado pelo sistema do sufrágio universal enfrenta o desafio de se estender para a dimensão da governabilidade, de se tornar uma democracia de governo, e não apenas uma democracia de regime. Assim, a primeira exigência dos cidadãos para a ação governamental ingressa sob o comando democrático da atenção à diversidade de situações, à particularidade. Um ressignificado na noção de generalidade, que passa a ser construída pelo cuidado com os problemas concretos. A generalidade considera os indivíduos como dados abstratos, sem levar em conta suas histórias e seus contextos. O avesso a essa generalidade fria, mecânica e insensível, incompatível com as possibilidades que se abrem pela iteratividade digital que anseia pelo governo verdadeiramente representativo.[621]

A presença da particularidade assume um caráter permanente da representação e contribui para produzir uma identidade coletiva de outro modo. A linguagem social da particularidade se distingue da linguagem tecnocrática e ideológica, em que ninguém se reconhece, por estar muito dissociada da experiência. Ao contrário, a linguagem da particularidade reconhece o caráter único dos fatos singulares, projetando-os para a dimensão social. É pela identificação

---

[620] Nos EUA desenvolveu-se uma perspectiva relacionada ao *care*, para demonstrar uma sensibilidade em relação aos detalhes da vida. Chegou a ser atribuído como um valor típico feminino, pela literatura feminista norte-americana. Sobre o tema cf. DENHARDT; CATLAW, 2017.

[621] ROSANVALLON, 2009, p. 267-268.

da especificidade que se constrói o elo de identidade para, a partir de então, promover a agregação e a formação da generalidade. O poder legítimo que se pretenda legítimo deve interagir nessas duas dimensões, a narrativa e a física, para ser reconhecido como representativo. Tem-se, então, o advento de uma cidadania mais ativa e a constituição de uma individualidade mais autônoma.

Mas, para além de uma proximidade como uma variável de posição, deve-se sublinhar uma qualidade de interação. É um processo permanente de expressão e reação na modalidade contrademocrática do controle, de veto e de juízo, que constituem, cada qual a sua maneira, modos de participação. A contrademocracia também exige informações, demanda que o poder se explique, que justifique sua ação. A primeira função é o trabalho de justificação que se realiza na confrontação das explicações do poder com as intervenções da sociedade, quando, então, a proximidade assume a noção de abertura, acessibilidade às questões, capacidade para ingressar numa troca aberta. Uma necessidade de justificação que alicerça a credibilidade do governo. A segunda função está relacionada à troca de informações entre a sociedade e o poder, sendo uma forma de reconhecimento e ao mesmo tempo um instrumento de governo, respectivamente. Um ponto positivo, indissociavelmente psicológico e cognitivo.

Esse é, portanto, o novo desafio dos governantes e também das demais instituições, sobretudo as de controle do orçamento, as quais devem estar capacitadas a interpretar quais interesses e particularidades foram, ou não, atendidos pelas políticas públicas, além de apontar para as causas e consequências das escolhas políticas, não só pela necessidade de oferecer uma resposta à sociedade, mas, sobretudo, para contribuir para a qualidade das escolhas públicas. Um controle que se volta para a atenção à localidade, aos problemas dos cidadãos, mas que aponta para soluções acessíveis,[622] capazes de impactar positivamente no bem-estar social.

4.1.2 A avaliação como instrumento de aproximação com os atores sociais

O ciclo das políticas públicas se repete inúmeras vezes e através de indefinidas interações, o que permite incorporar ao seu processo erros

---

[622] O modelo de controle voltado para as políticas públicas deve ir além da identificação dos problemas, mas sem adentrar no campo da discricionariedade das escolhas públicas.

e acertos. Nesse cenário, o processo do *feedback* a partir das avaliações formais e informais constitui uma etapa relevante para a apuração da experiência adquirida com o processo implementado, revelando-se um elemento hábil a influenciar a maneira pela qual os problemas políticos são identificados e interpretados, assim como os cálculos de viabilidade das soluções potenciais e as respostas do público alvo.[623]

Desde pequenas alterações no processo de implementação, a significativas variações da maneira de identificar ou solucionar o problema podem se originar do processo de avaliação das políticas públicas, num movimento de realimentação dos estágios anteriores, como da montagem de agenda ou da formulação de políticas. O grau de profundidade e o âmbito de abrangência da avaliação são determinados por quem está realizando essa atividade, posto que se "determina a eficácia da política pública em termos de suas intenções e resultados percebidos".[624]

Logo, a avaliação a partir da percepção do avaliador permite a compreensão de que há também o componente subjetivo, que deve ser agregado aos critérios objetivamente mensuráveis. Verifica-se que o mito da análise objetiva, técnica e neutra, sob uma perspectiva positivista, encontra, na prática, dificuldades no desenvolvimento dos critérios a serem considerados. Não é outra a ponderação de Howlett, Ramesh e Perl ao perceberem a limitação da análise objetiva em identificar padrões neutros para a avaliação do sucesso ou insucesso "do governo em resolver as demandas societárias e os problemas socialmente construídos em um ambiente altamente politizado".[625] O que não significa também que a avaliação seja um processo inteiramente político ou irracional, pois pressupõe a existência de elementos técnicos, objetivamente mensuráveis. O que não se pode ignorar é a existência de uma variável subjetiva.

Superando a análise positivista ou mesmo pós-positivista, uma proposta de *policy learning* pretende agregar os elementos de ambas as perspectivas, compreendendo o processo de avaliação como um aprendizado político. Um procedimento com produção de efeitos diretos e, sobretudo, indiretos em decorrência da dinâmica educacional que pode ser estimulada entre os *policy-makers* e outros atores que, ainda que não tenham participado diretamente, passaram a

---

[623] HOWLETT; RAMESH; PERL, 2013, p. 225.
[624] GERSTON, 1997, p. 120 *apud* HOWLETT; RAMESH; PERL, 2013, p. 199.
[625] HOWLETT; RAMESH; PERL, 2013, p. 200.

interferir no processo e ao mesmo tempo sofrer a sua interferência. Nesse sentir, Howlett, Ramesh e Perl ponderam que "do ponto de vista da aprendizagem, a avaliação da política pública é concebida como um processo interativo de aprendizagem ativa sobre a natureza dos problemas políticos e o potencial de várias opções elaboradas para resolvê-los".[626] Há, entretanto, uma dificuldade na avaliação do sucesso ou insucesso da política, que poderia estar atrelada ao prover ou não bens ou serviços, ou mesmo ao estar ou não de acordo com adequações procedimentais. Dificuldades que se ampliam ao considerar conceitos como a legitimidade ou não, a justiça ou não.

Muitas vezes, decisões tomadas invocando de modo genérico a justiça, desconsideram que toda escolha implica uma não escolha, pois, ao optar por um caminho determinado, estar-se-ia deixando de percorrer outro caminho. Uma visão ampliada requer a compreensão de que são inúmeras as soluções e que ao escolher uma solução, estar-se-á não escolhendo todas as outras possibilidades. Observa-se, portanto, a importância que os atores assumem nesse processo. Cumpre observar que "diferentes tipos de avaliações podem ser empreendidos por diferentes conjuntos de atores e podem ter impactos muito diversos sobre as deliberações e as atividades políticas subsequentes".[627] O sucesso ou o insucesso não é do evento em si, mas do julgamento sobre esse evento. Uma variável político-subjetiva que não pode ser desconsiderada. Assim, os julgamentos de sucesso ou insucesso estão ligados, ao menos em parte, a fatores como a natureza das teorias causais usadas para moldar os problemas políticos nos estágios da montagem da agenda, e a formulação de políticas e soluções conceituais desenvolvidas no estágio inicial.

Outro fator importante decorre das expectativas dos tomadores de decisão. São vieses embutidos que devem ser considerados quando se trata da avaliação. Quem são os atores no processo de avaliação? Além da avaliação promovida internamente, pelos próprios órgãos do governo, tem sido cada vez mais crescente a participação de membros não governamentais organizados em subsistemas políticos, como os institutos de pesquisa, grupos de interesse, entre outros. Os analistas da própria administração, que trabalham na avaliação de custo-benefício ou de outras medidas de desempenho para tentar quantificar os produtos dos programas e determinar com precisão seus resultados,

---

[626] HOWLETT; RAMESH; PERL, 2013, p. 201.
[627] HOWLETT; RAMESH; PERL, 2013, p. 205.

CAPÍTULO 4 | 213

assumem uma posição de relevo nas etapas subsequentes. Eles podem afetar o enquadramento e a definição de sucesso ou insucesso das políticas, pela maneira como desenvolvem e aplicam vários indicadores e tabelas de desempenho a produtos de programas, ou pelo modo em que, às vezes, atuam como críticos ou defensores de determinadas abordagens aos problemas.

O que se observa, contudo, é uma participação ainda secundária do cidadão,[628] como se extrai da assertiva de Howlett, Ramesh e Perl, em que colocam:

> Além disso, as avaliações também podem envolver participantes do público que muitas vezes terão a última palavra sobre o desempenho ou o histórico político de um governo quando votam na eleição, ou se manifestam nos meios de comunicação ou aos pesquisadores de opinião.[629]

Os protestos públicos, protagonizados por indivíduos e grupos de interesse atingidos, também representam uma avaliação dos méritos das políticas vigentes, embora essa espécie de avaliação seja *post hoc*, informal e externa ao circuito político "intraorganizacional".

Pesquisas têm apontado para uma importância cada vez maior dos especialistas técnicos no processo de avaliação, ao mesmo tempo em que há um descrédito dos grupos organizados quando há uma identificação desses grupos com interesses partidários. Um reflexo da valorização da cientificidade e de sua objetividade na condução do processo avaliativo.[630] É preciso ter clareza que a avaliação de políticas

---

[628] A França sediou em Paris, em dezembro de 2016, Reunião da Parceria sobre Governo Aberto, em conjunto com o *World Resources Institute*. A PGO reúne agora 75 Estados membros e centenas de organizações da sociedade civil que estão empenhados em fazer avançar as questões de transparência na vida pública, a participação do cidadão é inovação democrática. Um dos compromissos é o de acelerar o movimento de um governo aberto através de ferramentas digitais. Entre as ferramentas, o *OpenFisca* é um mecanismo de simulação aberta que calcula uma série de benefícios sociais, impostos pagos pelas famílias e simula o impacto das reformas sobre os seus orçamentos, disponível no *site* mes-aides.gouv.fr. Outra plataforma é o *Consul*, utilizada para consulta com os cidadãos, pois permite dar a sua opinião sobre um projeto que envolve a sua cidade com um simples "sim" ou "não". Da mesma forma, *Lutece* é a plataforma de consulta para o orçamento participativo da cidade de Paris.

[629] HOWLETT; RAMESH; PERL, 2013, p. 205.

[630] Deve-se fazer referência a Coleman, sociólogo norte-americano, cujos estudos foram direcionados a avaliar os níveis de confiança em diferentes tipos de instituições. Na França, Nonna Mayer também se dedicou à pesquisa, cujos resultados, publicados, concluem que as instituições mais objetivas, mais imparciais são consideradas as mais aptas a servir o bem comum. Cf. GRUNBERG; MAYER; SNIDERMAN, 2002.

públicas pressupõe um impacto de mudança, ainda que em grau mínimo. Como visto, em sua grande maioria mantém-se a relação com a política anterior, havendo uma "dependência da trajetória", de modo que as avaliações anteriores afetam as condições futuras. Mas a mudança é inerente ao processo de avaliação.

A temática da avaliação entra, portanto, na agenda do governo. Na França, por exemplo, em 2012, foi criado um órgão específico para a avaliação de políticas públicas, que inclui dentre suas preocupações, o envolvimento das partes interessadas, apontando para uma abordagem inovadora, ao permitir um diagnóstico compartilhado por diversos atores envolvidos com os problemas. Para permitir esse acesso, além de reuniões com participação das principais partes interessadas (ministérios, autoridades locais, organizações sociais, operadores nacionais e locais, parceiros, representantes de beneficiários), utiliza-se também a consulta direta através de pesquisa de opinião ou mesmo pesquisa qualitativa com enfoque em determinados segmentos. Recolhe-se informações dos próprios atores, incluindo trabalhadores e beneficiários das ações, ampliando as visões sobre a ação pública e sobre o seu impacto. A avaliação assume uma natureza sistêmica, pois as mesmas partes que contribuem para a definição dos pontos de melhoria e transformação são aquelas que serão afetadas por essa alteração.

Outra preocupação do órgão de avaliação das políticas públicas é com relação ao impacto e à utilidade da ação pública. Uma avaliação deve, certamente, também analisar as regras de execução de ordem pública e os seus objetivos, através de uma visão operacional que se proponha a melhorar significativamente a eficiência da ação pública e que inclua a análise dos seus problemas, objetivos e resultados. Assim, deve-se considerar não apenas a "necessidade", que se traduz na produção prática de ação pública, mas também o impacto desta ação na vida dos beneficiários, atribuíveis ao poder público. Este segundo princípio visa apreciar o valor de uma ação pública em termos da sua utilidade, ou seja, de acordo com a sua capacidade de atender a uma necessidade. Assim que se verifica a legitimidade da ação pública avaliada.

Trata-se de uma questão que desafia as avaliações das políticas públicas, em relação aos padrões e a definição das avaliações. Não se trata propriamente de tentar ocultar os critérios de subjetividade que levaram aos resultados alcançados, mas justamente o contrário, tentar evidenciá-los, tornando-os transparentes e inteligíveis. Os Tribunais de Contas devem se direcionar nesse sentido, buscando estabelecer critérios aptos a definir os contornos e a metodologia a ser empregada, a partir do *feedback* das políticas públicas.

Há três características de uma avaliação que se tornam essenciais para a garantia da qualidade. A primeira decorre da necessidade de compreender a política pública na sua própria diversidade, o que implica o uso de competências multidisciplinares. A segunda característica é a imparcialidade e a independência, como critérios essenciais de avaliação. E, por fim, a transparência, a partir da qual a avaliação pode ser transformada numa ferramenta útil para um debate compartilhado das políticas públicas, aperfeiçoando o processo de execução de políticas diferentes.[631]

4.2 Controle dinâmico e em rede: o caminho para o controle exponencial

Uma nova dinâmica da sociedade estimulada por múltiplas redes digitalmente conectadas e multiplicadoras de conexões entre atores sociais, organizações civis e instituições redefine o cenário das políticas públicas. Não se pode negar o alargamento dos centros de decisão impulsionado pela tecnologia da informação. Do local ao global, novas formas de interação permitiram ampliar o processo de participação nas políticas públicas.

A percepção de novos atores a interferir no processo de políticas públicas direciona o olhar para uma noção de governança, e não mais apenas governo. Uma alteração que estabelece um desafio novo, suscitado pelo mundo da governança em rede, qual seja, o de conciliar o governo hierárquico tradicional com as demandas em rede construídas na perspectiva da horizontalidade.[632] Questionamento que tem como pano de fundo o próprio fortalecimento da democracia por meio de uma rede de novas conexões.

Dentre as recentes criações de plataformas digitais, cita-se, por exemplo, a plataforma a "Minha Cidade Digital",[633] uma solução *on-line*

---

[631] Observa-se que na França foi criada, em 2012, a Secretaria Geral para a modernização da ação pública (SGMAP). O cidadão sai de mero expectador para interagir no processo de avaliação na busca pela ação pública mais eficiente. Disponível em: <http://modernisation.gouv.fr/le-sgmap>. Acesso em: 08 jan. 2017.

[632] DENHARDT; CATLAW, 2017, p. 293.

[633] Foi escolhida pela Organização das Nações Unidas (ONU) – no prêmio WSA-Mobile 2012 – como a melhor plataforma de cidadania no meio digital, desenvolvido por uma empresa privada I.BRASIL CIDADANIA LTDA. – EPP.

de avaliação das políticas públicas. Desenvolvida pela iniciativa privada, a plataforma busca promover e intensificar a participação popular nas definições da ação pública, por meio da comunicação em rede digital. Em seu endereço eletrônico, há uma descrição dos seus potenciais benefícios, enfatizando a necessidade de diálogo entre a população e o governo.[634]

Tem-se, portanto, uma nova dinâmica na relação entre o Estado e suas instituições com a sociedade digitalmente conectada, o que potencializa o grau de proximidade, necessário para a reconstrução de um elo sólido de legitimidade.

O uso da informação como matéria-prima constitui a base do conceito de Organização Exponencial (ExO), que surgiu pela primeira vez na *Singularity University. S*ão organizações construídas com base nas tecnologias da informação e que crescem numa velocidade exponencial, pois não mais precisam possuir ativos ou se movimentarem com base na economia de escala. A lógica é outra: "desmaterializam o que antes era de natureza física e o transfere ao mundo digital sob demanda".[635] Assim, na definição do autor, "uma organização exponencial" é aquela cujo impacto (ou resultado) é desproporcionalmente maior – pelo menos dez vezes – comparado com seus pares, devido ao uso de novas técnicas organizacionais que alavancam as tecnologias aceleradas.

Nesse sentido, as empresas e estruturas governamentais também começam a passar por modificações disruptivas que irão gerar impacto exponencial em suas atividades. Num mundo baseado na informação, os órgãos de controle devem se organizar de forma dinâmica e em rede para se adequar às novas exigências da sociedade da informação.

4.2.1 Política do governo aberto: o que diz a norma

A agenda do Governo Aberto está intrinsecamente relacionada à necessidade de promover ações e medidas para uma maior transparência, ampliação do acesso à informação pública, melhora da prestação de serviços públicos e fortalecimento da integridade pública, objetivos estes que estruturam o Plano de Ação inserido em âmbito nacional pelo Decreto nº 13.117,[636] desde setembro de 2011. Uma trajetória direcionada

---

[634] Disponível em: <http://minhacidadedigital.com.br>. Acesso em: 10 jan. 2018.

[635] ISMAIL; MALONE; GEEST, 2015, p. 19.

[636] As diretrizes normativas, conforme estabelece o art. 1º do Decreto nº 13.117/11, direcionam para o aumento da disponibilidade de informações acerca de atividades governamentais,

à transparência e ao controle dos gastos, que no campo normativo já havia sido iniciada antes mesmo do referido Decreto.

Pode-se considerar como marco normativo no controle das contas públicas e na exigência de sua transparência, a lei de responsabilidade fiscal, que, na virada do século, anuncia a política de equilíbrio orçamentário. O direito de acesso a informações públicas foi regulamentado apenas depois com a Lei nº 12.527/11, obrigando os entes federados a disponibilizarem, em meio eletrônico e em tempo real, informações pormenorizadas sobre sua execução orçamentária e financeira. Posteriormente, a Lei Anticorrupção[637] representa importante avanço ao prever a responsabilização objetiva, no âmbito civil e administrativo, de empresas que praticam atos lesivos contra a administração pública.[638]

A Política Nacional de Participação Social[639] (PNPS) foi instituída com a finalidade de fortalecer e articular os mecanismos e as instâncias democráticas de diálogo e a atuação conjunta entre a administração pública federal e a sociedade civil. Com o mesmo propósito foi criada, então, a Rede Nacional de Laboratórios de Tecnologia (REDE-LAB), direcionada ao compartilhamento de experiências, técnicas e soluções voltadas para a análise de dados financeiros, além da detecção de práticas irregulares, corrupção e crimes relacionados. Recentemente, o Decreto nº 8.777/16[640] estabeleceu a Política de Dados Abertos do poder executivo federal, com o objetivo de promover a ampliação do

---

incluindo dados sobre gastos e desempenho das ações e programas; para o fomento à participação social nos processos decisórios; para o estímulo ao uso de novas tecnologias na gestão e prestação de serviços públicos, que devem fomentar a inovação, fortalecer a governança pública e aumentar a transparência e a participação social; e para o incremento dos processos de transparência e de acesso a informações públicas, e da utilização de tecnologias que apoiem esses processos.

[637] A vulnerabilidade dos Tribunais de Contas é percebida pela completa ausência da instituição na norma que disciplina a responsabilização administrativa e civil de pessoas jurídicas pela prática de atos contra a administração pública, nos termos da Lei nº 12.846/13. Uma omissão que tentou ser amenizada pela inclusão de um parágrafo no art. 16, através da Medida Provisória nº 703/15, mas que teve sua vigência encerrada, sem apreciação do Congresso. O texto consistia na inclusão do §14, nos seguintes termos: O acordo de leniência, depois de assinado, será encaminhado ao respectivo Tribunal de Contas, que poderá, nos termos do inciso II do art. 71 da Constituição Federal, instaurar procedimento administrativo contra a pessoa jurídica celebrante, para apurar prejuízo ao erário, quando entender que o valor constante do acordo não atende o disposto no §3º.

[638] No mesmo ano foi também promulgada a Lei nº 12.813/13, conhecida como Lei de Conflito de Interesses, que disciplina situações de conflito durante e após o exercício de cargo ou emprego no Poder Executivo Federal, aplicável, inclusive, a ministros de Estado.

[639] A Política Nacional de Participação Social foi regulamentada pelo Decreto nº 8.243/2014.

[640] O decreto regulamentou o art. 24 da Lei nº 12.527, bem como a Lei nº 12.965.

foco da transparência, para que não se limite a combater a corrupção e controlar os gastos públicos, mas para que também alcance a qualidade do gasto, assim como a obtenção de informações para monitorar e avaliar as políticas públicas.

Em que pese a inclusão dessa possibilidade relacionando a participação social com as políticas públicas, há que se ter em conta que se trata de uma perspectiva tímida, que atribui ao cidadão apenas uma posição passiva de consumidor do serviço. Mas há perspectivas de avanços no horizonte normativo, visto que a legislação também inclui entre suas finalidades a de aumentar o controle social e promover o desenvolvimento de novas tecnologias destinadas à construção de ambiente de gestão pública participativa e democrática e à melhor oferta de serviços públicos para a sociedade.[641] A publicação de dados de forma aberta[642] estimula a interação social, ampliando até as possibilidades de pesquisa científica sobre as atividades do governo.[643]

Recentemente, o Decreto nº 8.936/16 instituiu a plataforma de cidadania digital, regulamentando a inserção dos serviços públicos na plataforma digital no âmbito das entidades da Administração Pública Federal, direta, autárquica e fundacional. Uma nova forma de comunicação com o cidadão,[644] com a possibilidade de solicitar e acompanhar os serviços públicos sem a necessidade de atendimento

---

[641] Disponível em: <http://www.governoaberto.cgu.gov.br/no-brasil/governo-aberto-no-brasil>. Acesso em: 15 dez. 2016.

[642] De acordo com o Decreto nº 8.777/16, a Política de Dados Abertos do Poder Executivo federal adota como princípios a ampla publicidade, a garantia de acesso irrestrito às bases de dados, as quais devem ser legíveis por máquina e estar disponíveis em formato aberto; a descrição das bases e a permissão para o reuso das bases de dados, completude e interoperabilidade das bases de dados, as quais devem ser disponibilizadas em sua forma primária, com o maior grau de granularidade possível, ou referenciar as bases primárias, quando disponibilizadas de forma agregada; atualização periódica, de forma a garantir a perenidade dos dados, a padronização de estruturas de informação e o valor dos dados à sociedade e atender às necessidades de seus usuários; e a designação clara do responsável pela publicação, atualização, evolução e manutenção de cada base de dado aberta, incluída a prestação de assistência quanto ao uso de dados.

[643] As instituições já começam a disponibilizar o Plano de Dados Abertos (PDA), como ocorre com o IBGE, cuja missão institucional é de extrema relevância, pois é responsável por "retratar o Brasil com informações necessárias ao conhecimento de sua realidade e ao exercício da cidadania". Novas ferramentas para dar transparência aos dados estatísticos e geoespaciais, permitindo, inclusive, a reutilização dos dados públicos pela sociedade civil. Disponível em: <http://www.ibge.gov.br/home/disseminacao/eventos/missao/Plano_de_Dados_Abertos_IBGE_2016_2017_20160831.pdf>. Acesso em: 16 jan. 2017.

[644] A Plataforma de Cidadania Digital, consoante art. 3º, é composta pelo Portal de Serviços do Governo Federal, disponível em www.servicos.gov.br, sítio eletrônico oficial para a disponibilização de informações e acesso a serviços públicos.

presencial, inclusive por meio de dispositivos móveis, além do amplo acesso às informações e da transparência na execução, permitindo o acompanhamento e o monitoramento dos serviços públicos, conforme dispõe o art. 1º do referido decreto. Importante destacar o inciso IV do art. 3º, que prevê a disponibilização de ferramenta de avaliação da satisfação dos usuários em relação aos serviços públicos prestados, e o inciso seguinte, com a previsão do painel de monitoramento do desempenho dos serviços públicos prestados, com, no mínimo, as seguintes informações para cada serviço, órgão ou entidade da administração pública federal: a) volume de solicitações; b) tempo médio de atendimento; e c) grau de satisfação média dos usuários. Outro propósito estabelecido é o de monitorar e implementar ações de melhoria dos serviços públicos prestados, com base nos resultados da avaliação de satisfação dos seus usuários.[645]

Avanços significativos na legislação, inserindo a Administração Pública na plataforma digital, mas sob a racionalidade ainda da *New Public Management*, que considera o cidadão como consumidor, restringindo a sua participação efetiva no controle das políticas públicas, ou seja, tem-se um cidadão ainda excluído dos circuitos de decisão. Uma participação diminuta e restrita a um modelo de "pesquisa de satisfação", sem que lhe tenha proporcionado instrumentos inclusivos de cidadania.

4.2.2 O contrapoder social, a formação de um cidadão vigilante e participativo

Uma cidadania diretamente ativa exige novos mecanismos de participação[646] no ínterim da política pública, desde a inscrição na agenda, passando por instrumentos de emancipação com habilidade

---

[645] Observe os prazos para implementação das ferramentas: até quinhentos e quarenta dias, para a disponibilização da ferramenta de avaliação da satisfação dos usuários e do painel de monitoramento do desempenho dos serviços públicos; e de até quinhentos e quarenta dias, para a adoção da ferramenta de solicitação e acompanhamento dos serviços. Os prazos foram previstos no art. 7º do Decreto nº 8.936, publicado em 19 de dezembro de 2016.

[646] Brans e Vancoppenolle identificaram cinco temas centrais na agenda pública, ou melhor, no modo de fazer política: o desenvolvimento de estratégias para melhor identificar os objetivos políticos, o reforço da capacidade de coordenação entre as políticas, a cada vez maior dependência em comparação com a qualidade da informação, a crescente importância da função de avaliação e o necessário envolvimento da sociedade civil no processo de política. BRANS, Marleen; VANCOPPENOLLE, Diederick. *Policy-making reforms and civil service system*: an exploration of agendas and consequences. In: MARTIN; PIERRE, 2005, p. 171.

para influenciar a tomada de decisão, até a fase de avaliação, onde as vozes da sociedade também devem se materializar. A cidadania concebida a partir dos pressupostos da responsabilidade e da moralidade impõe o compromisso com a comunidade como um todo, cabendo às instituições auxiliarem na construção das relações de confiança. Como acentua Denhardt,[647] a cidadania democrática percebe o indivíduo compartilhando o autogoverno de maneira ativa, com o propósito não apenas de atender seu próprio interesse, mas visando o interesse coletivo mais amplo.

É sob esse novo paradigma que novas formas de cidadania passam a ser construídas,[648] como o *Good Government Organizations*, cujo objeto não é tomar o poder, mas vigiá-lo e controlá-lo. Menos visíveis que os movimentos sociais, tais organizações inauguram um novo vínculo na relação entre governantes e governados, exigindo prestação de contas, veracidade do discurso, instrumentos de escuta dos cidadãos e comportamentos de maneira responsável.[649] Observa-se, contudo, que algumas organizações da sociedade civil acabam se aproximando explicitamente dos interesses partidários, como ocorreu com os *think tanks*,[650] o que compromete em certa medida sua credibilidade perante a opinião pública.

A inserção do Estado no universo da tecnologia da informação tem induzido novas práticas, nas quais as instituições começam a introduzir a interatividade como instrumento de comunicação. Contudo, deve-se dar especial atenção à maneira pela qual as instituições estão direcionando seus esforços, se sob a lógica do mercado, colocando o cidadão na posição de consumidor, ou lhe atribuindo autonomia, para assegurar-lhe o exercício da cidadania. No campo dos direitos sociais, o Estado tem fomentado que o indivíduo se torne empreendedor de sua própria vida,[651] quando, na verdade, os valores do Estado devem estar dissociados da lógica da iniciativa privada.

---

[647] A cidadania pressupõe mais do que um *status*, pois requer responsabilidade que vai além dos interesses de curto prazo e que exige dos administradores públicos, por sua vez, um dever de construção de uma noção coletiva que vai além de encontrar soluções rápidas, movidas por interesses individuais. (DENHARDT, 2015, p. 265).

[648] TULLY, 2014.

[649] ROSANVALLON, 2015d, p. 30.

[650] HOWLETT; RAMESH; PERL, 2013, p. 81-83.

[651] Nesse sentido, Dardot e Laval descrevem o modo de governo próprio do neoliberalismo, que cobre o "conjunto das técnicas de governo que ultrapassam a estrita ação do Estado e orquestram a forma como os sujeitos se conduzem a si mesmos. A empresa é promovida pelo modelo de subjetivação: cada indivíduo é uma empresa que deve gerir e um capital que deve se fazer frutificar". (DARDOT; LAVAL, 2016, p. 378).

A individualização das relações sociais em detrimento das solidariedades coletivas tem contribuído para a desigualdade, para o crescimento da concentração de renda e patrimônio.[652] É preciso fortalecer a imagem do coletivo, do bem comum, resgatar a própria razão de ser do Estado, reformulada pela participação cidadã. Caminhar contra o processo de mercantilização generalizada das relações sociais. Redefinir quais atividades devem ser desempenhadas pelo Estado e qual é o papel da cidadania ativa. Programas como "eu fiscalizo", "eu sanciono", "eu vou promover a justiça" esvaziam a centralidade do Estado sob o discurso de uma falsa cidadania. A orientação do Estado não deve induzir a transformação do cidadão num autopromotor da fiscalização, nem tampouco num justiceiro. As instituições devem estimular que ele assuma seu papel de cidadão ativo, proativo, realizador, preocupado com o próximo, ativo na busca do desenvolvimento igualitário.

É um cidadão vigilante que acredita em suas instituições e que interage com elas, num exercício contínuo da legitimidade por proximidade. Estamos no retrocesso, sendo estimulados a operar a justiça com as próprias mãos, desacreditados na justiça das instituições, desacreditados no sistema de controle institucional.

4.3 O que realmente importa: políticas públicas como indutoras do bem-estar sustentável

A confiança transferida ao representante eleito tem como elemento intrínseco as promessas feitas em relação às escolhas públicas e em relação às prioridades que o governo pretende atender. Decisões que só em casos excepcionais podem ser alcançadas com unanimidades, cujas escolhas sob a dimensão substantiva estão intrinsecamente relacionadas com a perspectiva de promoção do bem-estar sustentável. No campo teórico, Muller[653] aponta para o início de uma nova fase, de um novo ciclo da ação pública, o da governança sustentável, a partir da incorporação normativa e cognitiva da questão ambiental. O desenvolvimento sustentável tem ocupado um lugar crescente na agenda das políticas públicas e é responsável, cada vez mais, por orientar a ação estatal. A agenda 2030 da ONU tem auxiliado na consolidação de um referencial global de desenvolvimento sustentável.

---

[652] Cf. SEN, 2012.
[653] MULLER, 2015.

A preocupação com o bem-estar, ainda que de modo implícito, é sempre uma constante. Freitas aponta como premissa central do reconhecimento do princípio constitucional da sustentabilidade a sua associação ao bem-estar duradouro e o seu devido acolhimento pelo modelo de desenvolvimento e pela economia. O autor põe em relevo a necessidade de modificação na sua forma de mensuração,

> quer dizer, o modelo antigo de desenvolvimento, encarado como sinônimo de crescimento bruto, não cobra qualquer sentido. O PIB precisa ser convidado a se retirar da cena principal, com a gradativa introdução de indicadores minimamente satisfatórios. O progresso material não pode continuar a sonegar o imaterial ou valorativo.[654]

Por certo que a crise de confiança e de legitimidade está atrelada à grave deficiência no projeto de igualdade social, em que as decisões políticas se distanciam da expectativa de uma sociedade do bem-estar. Por isso torna-se central a construção de uma relação de verdadeira intimidade com as políticas públicas, pois elas traduzem o conteúdo da ação pública. Compreender os processos pelos quais são formuladas e implementadas significa compreender as decisões adotadas diante dos conflitos de poder que, frise-se, são intrínsecos ao arranjo social.

O avanço nos estudos das políticas públicas tem permitido a mensuração e a avaliação de seus impactos, superando um modelo de adoção intuitiva dos programas governamentais.[655] Como utilizar o dinheiro para resolver os problemas comuns da sociedade é a questão central dos estudos de Duflo,[656] que aposta na cientificidade das

---

[654] FREITAS, 2016, p. 44-45. Nesse sentido, outros índices estão alcançando destaque como o *"distributional national accounts"* proposto por Thomas Piketty, Emmanuel Saez e Gabriel Zucman. Disponível em: <http://equitablegrowth.org/working-papers/distributional-national-accounts/>. Acesso em: 07 abr. 2017.

[655] A inexistência de qualificação dos governantes em matéria de políticas públicas é um dos problemas apontados por Muller. Trata-se de uma problemática também presente na realidade brasileira, sobretudo, na maioria dos 5.570 municípios em que o conhecimento para o exercício do governo na esfera municipal se dá, em muitas hipóteses, de forma quase intuitiva. Os governantes, no âmbito municipal, acabam desenvolvendo estimativas dos benefícios e dos custos das ações sem o embasamento científico necessário. A preocupação em fornecer direcionamentos normativos e práticos para as escolhas públicas já estava presente em Lasswell, quando propõe o estudo científico das políticas públicas. (LASSWELL; LERNER, 1951).

[656] Como saber se a ajuda foi boa ou não, na verdade, essa é a grande questão sobre a qual a ciência não consegue dar respostas, pois haverá apenas suposições se de fato estaria melhor ou pior. A proposta da autora é trazer para o campo de pesquisa o conteúdo das políticas sociais, identificando se elas funcionam ou se não funcionam e por quê. É com base nesses experimentos que os políticos teriam à sua disposição algumas opções para

escolhas políticas, com base em resultados comprovados, a partir das experiências. Cite-se, como exemplo, o trabalho desenvolvido em seis países, com um consórcio internacional, buscando estabelecer atividades sustentáveis de autoemprego e gerar melhorias duradouras no bem-estar. O programa visou os membros mais pobres de determinada localidade, fornecendo a transferência de ativos produtivos; um suporte de consumo, com a transferência regular de alimentos ou dinheiro para alguns meses, durante o período de um ano; treinamento de habilidades técnicas para gerenciar os ativos produtivos específicos; visitas domiciliares; incentivos para a poupança com o acesso a uma conta poupança e, em alguns casos, um serviço de cobrança de depósitos e/ou poupanças obrigatórias; e, alguns serviços de educação em saúde. Em cada país, o programa foi ajustado para se adequar a contextos e culturas diferentes, mantendo-se ao mesmo tempo com os mesmos princípios gerais.[657] Os benefícios estimados foram superiores aos custos em cinco dos seis locais. Duas questões merecem ser destacadas. A primeira é a abordagem multifacetada para aumentar a renda e o bem-estar sustentável, ou seja, buscar a solução do problema não de forma setorial, mas através de incentivos diversos.[658] E, a segunda, é a

---

escolherem, cujo resultado já tenha sido em alguma medida cientificamente mensurado. Reduzir a intuição no campo da política pública pela análise de resultados. (BANERJEE, Abhijit *et al. A multifaceted program causes lasting progress for the very poor*: evidence from six countries. Disponível em: <http://science.sciencemag.org/content/348/6236/1260799>. Acesso em: 25 mar. 2017).

[657] O programa apontou o seguinte problema investigativo: um ano após a conclusão do programa e três anos após a transferência de ativos, os participantes do programa estão ganhando mais renda e conseguindo melhorias estáveis em seu bem-estar? No final da intervenção, foram encontrados impactos estatisticamente significativos nos 10 principais resultados ou índices. Um ano após o término da intervenção, 36 meses após a transferência de ativos produtivos, 8 de cada 10 índices ainda apresentavam ganhos estatisticamente significativos e houve muito pouco ou nenhum declínio no impacto do programa nas variáveis-chave (consumo, bens e segurança alimentar). O rendimento e as receitas foram significativamente mais elevados no grupo de tratamento em cada país. O consumo doméstico foi significativamente maior em todos os países, com exceção de um (Honduras). Na maioria dos países, os ganhos extras (descontados) excederam o custo do programa. O objetivo principal do Programa, para aumentar substancialmente o consumo dos muito pobres, foi alcançado e mantido um ano depois. Os programas estudados foram implementados em escala relativamente pequena e, normalmente, pelas ONGs. Para alcançar o maior número de famílias muito pobres, novas ações devem ser implantadas em âmbito governamental. (BANERJEE, Abhijit *et al. A multifaceted program causes lasting progress for the very poor*: evidence from six countries. Disponível em: <http://science.sciencemag.org/content/348/6236/1260799>. Acesso em: 25 mar. 2017).

[658] A autora traz outros exemplos, como na educação: O que fazer? Comprar uniformes, melhorar a merenda escolar ou construir novas escolas? Um estudo apontou que em certas localidades, os problemas de saúde, como vermes nas crianças, têm impacto na escolaridade. Contudo, cabe novamente o alerta em relação aos eventos únicos e à contingência

necessidade de compartilhar os resultados dessas experiências, com o propósito de auxiliar nas escolhas políticas. Ainda que a preocupação esteja relacionada com as políticas sociais para a redução da pobreza, o enfoque é no *como* resolver o problema, identificando as condições gerais que acabam por influenciar a ação coletiva. Contudo, cabe o alerta de Poteete, Janssen e Ostrom,[659] pois "é possível encontrar estudos qualitativos que exageram na singularidade ou na generalidade de casos particulares, não usam teorias e conceitos relevantes na literatura, ou trabalham com conceitos que unem dimensões múltiplas".

Mas, como mensurar o bem-estar? A abordagem econômica de bem-estar,[660] auferida pela capacidade de aquisição de bens e serviços, adota como parâmetro o conceito de utilidade e o modo de maximizar a utilidade total de indivíduos e da sociedade, de modo que a avaliação de bem-estar acaba estando atrelada ao desenvolvimento do Produto Interno Bruto (PIB), mensurando o valor total de produtividade de uma sociedade. No entanto, para além da visão econômica de consumo de bens e serviços, a mensuração de bem-estar deve compreender aspectos mais éticos, considerando aspectos outros interligados com o campo da moralidade.[661] Allardt,[662] por exemplo, relacionou o bem-estar às dimensões objetivas e subjetivas. A primeira está atrelada aos recursos materiais e aos objetivos em relação à qualidade de vida, enquanto que uma segunda faceta identifica o bem-estar subjetivo, mensurável pelas avaliações subjetivas de experiências de satisfação ou insatisfação com condições materiais de vida ou relações sociais com outras pessoas. O bem-estar para Stiglitz[663] deve associar oito dimensões, compreendendo os padrões materiais de vida; saúde; educação; atividades pessoais, incluindo o trabalho; voz política e governo; conexões sociais e relacionamentos; meio ambiente; e insegurança, tanto de natureza econômica quanto física.

---

como marcação dos limites da investigação científica. Sobre as dificuldades metodológicas das ciências sociais. (POTEETE; JANSSEN; OSTROM, 2011, p. 20-21).

[659] POTEETE; JANSSEN; OSTROM, 2011, p. 20. Os autores atentam para os desafios metodológicos das ciências sociais, em que nem sempre as provas de diagnósticos ou as soluções técnicas são apropriadas.

[660] Derani põe em destaque o aspecto constitucional da compatibilidade do desenvolvimento da atividade econômica com o direito ao meio ambiente ecologicamente equilibrado, DARANI, 2008.

[661] GREVE, 2013, p. 69-72.

[662] ALLARDT, 1977.

[663] STIGLITZ; SEN; FITOUSSI, 2009.

A adoção de medidas que promovam o bem-estar impacta diretamente no cotidiano[664] das pessoas, e mais, também é responsável pela construção de uma relação positiva, ou seja, de uma relação de confiança. Não é outra a lição de Greve, que inclusive busca relacionar critérios de mensuração da felicidade[665] com as políticas públicas. Uma relação positiva perpassa não apenas pela adoção de políticas públicas como garantia de oportunidades de vida mais justas,[666] como também pelo resgate da confiança, como expõe Greve, que identifica outros aspectos de política pública relacionados à felicidade, "o modo de atuação do governo, o nível de corrupção, a efetividade e a estabilidade do governo, isto é, a confiança no sistema político e administrativo".[667] Duas tensões ao tratar da temática devem ser devidamente esclarecidas. A primeira decorre da dificuldade em associar a felicidade ao bem-estar, e a segunda é a de verificar o papel das instituições nesse processo, na medida em que a confiança constitui um dos elementos que compõe os critérios de mensuração da felicidade.

As políticas de intervenção do Estado de bem-estar social, de modo a reduzir os impactos negativos dos problemas sociais, são importantes instrumentos para elevar o nível de felicidade, assim como a redução da corrupção e a existência de um sistema democrático estável, com informações claras a respeito, para se tomar decisões que

---

[664] A felicidade é tida como um valor social e, inclusive, como aspiração no Estado do Bem-estar social moderno, nas lições de Schimmel. SCHIMMEL, 2007, p. 5.

[665] Deve-se reconhecer as críticas à inclusão da felicidade como critério passível de mensuração, que de modo sintético colocam a facilidade de distorção; a ausência de consenso em torno do conceito; a percepção de felicidade como um dado extremamente subjetivo. Para Greve, contudo, não só é possível estabelecer critérios para a mensuração da felicidade, como também a pesquisa em torno da felicidade auxiliaria na construção de indicadores do bem-estar, cujo conceito não deve se restringir à abordagem econômica clássica.

[666] A questão da justiça social apresenta muitas facetas. Foi justamente a partir do questionamento pessoal sobre o uso das drogas, como resultado ou da marginalização social, ou da dependência química, que Hart, professor da Faculdade de Columbia, concluiu em sua pesquisa que o vício pelo uso das drogas não torna o indivíduo incapaz de reagir a outros incentivos, apontando, como uma das possíveis soluções ao problema, as políticas públicas de "reforço alternativo". Assim, para o autor: "nossos próprios preconceitos sobre a utilização de drogas e nossas políticas punitivas em relação aos usuários faziam com que as pessoas que consomem drogas parecessem menos humanas e menos racionais. O comportamento dos usuários sempre foi explicado em função das drogas, em primeiro lugar, e não considerado à luz de outros fatores igualmente importantes do mundo social, como as leis relativas à toxicodependência". Aponta ser possível sonhar com mais respeito aos direitos humanos, igualdade, autonomia, liberdade e dignidade de cada cidadão. (HART, 2014, p. 250).

[667] O autor dedica o capítulo quarto do seu livro à intrínseca relação entre felicidade e políticas públicas. (GREVE, 2013, p. 116).

possam impactar a vida dos indivíduos.[668] Parece óbvio que um Estado mais igualitário, com baixos índices de corrupção e com elevado índice de confiança social contribui para a promoção do bem-estar. A questão recai, então, na utilização de indicadores que ampliem a forma de mensuração desse bem-estar, estimulando um novo direcionamento das políticas públicas.

Nesse sentido, a OCDE – Organização para o Desenvolvimento Econômico, ao estabelecer os indicadores sociais, tem inserido, entre outros parâmetros, a felicidade, sendo esta condicionada, em grande medida, pelas circunstâncias da comunidade mais ampla da qual fazem parte, e das relações que têm com ela.[669] Como exemplo nacional, tem-se a formulação do *Well Being Brasil* (WBB), indicador de bem-estar do Brasil, que incluiu em sua metodologia a mensuração da felicidade para incentivar políticas públicas a promoverem o bem-estar da população.[670] Torna-se utópico falar em felicidade num cenário de escassez em atendimento mínimo aos requisitos de dignidade humana, mas não se pode deixar de considerar que existe um direcionamento, um norte a orientar as políticas públicas, o qual deve ir além da mensuração econômica clássica.

Sen analisa os três pressupostos da teoria econômica clássica, a partir da qual se supõe que a pessoa maximiza sua função de utilidade (bem-estar autoconcentrado; objetivos limitados ao próprio bem-estar e escolha orientada para o próprio objetivo).[671] O autor procura demonstrar que a economia do bem-estar pode ser substancialmente enriquecida atentando-se mais para a ética. E, ao final, reconhece que não se trata de um exercício fácil, pois traz em si problemas complexos, "mas o argumento em favor de aproximar mais a economia da ética

---

[668] GREVE, 2013, p. 160-161. Observa-se, ainda, a proposta de um índice de prosperidade que combina oito subíndices relacionados à economia, empreendedorismo e oportunidade, governança, educação, saúde, proteção e segurança, liberdade pessoal e capital social. (GREVE, 2013, p. 183).

[669] OCDE, 2006. Recém publicado, o World Happiness Report 2017 traz um relatório mundial da felicidade. HELLIWELL; LAYARD; SACHS, 2017.

[670] Foi criado, dentro do Núcleo de Estudos da Felicidade e do Comportamento Financeiro da FGV, o indicador *Well Being Brazil* (WBB). Ainda que tal indicador não tenha alcançado maior projeção, já sinaliza que a questão da felicidade está inserida na agenda das pesquisas científicas.

[671] O clássico Dilema do Prisioneiro serve para ilustrar que a estratégia individual "estritamente dominante", ou seja, independentemente do que as outras vierem a fazer, os objetivos de cada pessoa são bem mais atendidos seguindo essa estratégia dominante. Ao mesmo tempo, os objetivos de todos teriam sido respectivamente mais bem atendidos se tivessem seguido uma estratégia diferente, mais cooperativa. (SEN, 2012, p. 98).

não depende da facilidade em consegui-lo. Fundamenta-se, antes, nas recompensas advindas do exercício".[672] Ética também evocada por Denhardt ao aproximar o governo da ideia de bem-servir ético, pois, como cita o autor, ao referir-se à obra de Robert Bellah,[673] o profissionalismo deve aproximar-se da ética, exigindo uma mudança na concepção do governo e transformando uma administração científica em um centro de relações e obrigações éticas.

Conclui-se, portanto, que o redesenho das instituições para o resgate da relação de confiança com os indivíduos pressupõe uma preocupação mais alargada na mensuração do desenvolvimento, com a inclusão de indicadores que possam estimular o desenvolvimento do bem-estar ético sustentável.

4.4 Um novo controle do orçamento sob o compromisso da partilha

Apreendido o orçamento como resultado das decisões tomadas pelos governantes, numa relação simbiótica entre legislativo e executivo, pelo exercício democrático de seleção de interesses, tem-se que o processo de inclusão na agenda pública perpassa pela disputa conflituosa inerente ao próprio regime da democracia. Escolhas realizadas por vontades representadas, mal representadas ou não representadas: é o exercício do poder majoritário, cujas deficiências hão de ser supridas pelo contrapoder.

No caso do controle do orçamento, coube aos Tribunais de Contas o exercício institucional da competência contramajoritária, o que não afasta o exercício contramajoritário do direto dos atores sociais e de suas organizações, mas, ao contrário, lhe impõe um novo dever de aproximação. O controle que antes encontrava no legislativo sua parcela de legitimidade democrática, hoje exige novos mecanismos que possibilitem o exercício da legitimidade por aproximação, um verdadeiro continente contrademocrático (conjunto de práticas de controle obstrução e juízo através das quais a sociedade exerce o poder de correção e pressão).

Há, portanto, uma transformação no modelo do controle do contrapoder no que se refere às finanças públicas. Uma transformação

---

[672] SEN, 2012, p. 106.
[673] BELLAH, 1985, p. 211. (DENHARDT; CATLAW, 2017).

que deve ser compreendida em sua plenitude, através de uma perspectiva dinâmica atrelada à democracia de exercício. Ao mesmo tempo em que se exige dos governantes uma postergação da sua legitimidade, é necessário que de modo reverso haja mecanismos que possam alimentar esse processo contínuo. É assim que no campo das instituições a distância da lógica da maioria impõe a imparcialidade e a reflexividade como elementos integrantes de uma legitimidade ampliada. O desempenho do controle deve obedecer à lógica da democracia indireta, adotando a roupagem da teoria democrática da apropriação proposta por Rosanvallon.

Deve-se ter em conta a complexidade do processo das políticas públicas, cuja análise não se restringe ao exame dos gastos públicos. Assim, deve-se considerar também que o custo de certas políticas nem sempre é compatível com o seu impacto. Este é particularmente o caso das políticas de regulamentação ou políticas institucionais. Soma-se ainda que o comportamento humano em sociedade não é explicado unicamente por estímulos econômicos, de modo que indicadores orçamentários constituem dados importantes, mas que não se esgotam de *per si*. É necessário um processo de reflexão e interpretação, sobretudo face à necessidade de levar em consideração a dimensão simbólica de uma política pública, ou seja, o seu impacto na construção de imagens do mundo.[674]

Os movimentos sociais também revelaram uma prática importante, o laboratório de experiências para a construção da cidadania. A adoção de novas práticas, que importem numa realocação das receitas e despesas orçamentárias pressupõe, inicialmente, a sua legibilidade. Como bem apontado anteriormente, é preciso que tanto os governantes, quanto os governados tenham a informação orçamentária das políticas públicas, ou seja, tenham consciência das escolhas que elas representam. É este o novo desafio dos órgãos de controle: tornar essas escolhas visíveis, decodificadas, permitir que as escolhas feitas por outros atores sociais sejam de fato escolhas, e não meramente interferências inconscientes.

Cita-se, como exemplo, um novo experimento que se inicia na Finlândia, verdadeiro laboratório democrático. Optou-se por adotar novas redes de proteção, através da concessão de uma renda básica incondicional. Um experimento que foi denominado, então, de renda

---

[674] MULLER; SUREL, 2002, p. 25.

básica universal e que passou a vigorar em 2017. Um programa piloto que durará 2 anos, com 2.000 cidadãos e com o pagamento de 560 euros mensais. Em referendo, a Suíça rejeitou essa opção.[675]

A ação de governar de forma verticalizada, por meios de coerção e comando, está cada vez mais deslegitimada pela expansão de uma cidadania em rede, que busca o exercício para além do momento da escolha nas urnas. Um novo caminhar que também impulsiona o administrar do que é público, do que é comum, do que é de todos. Só que a noção de administrar não deve mais estar presa ao modelo de gestão. O administrar deve estar inserido no marco teórico do "governar" em seu sentido amplo, preocupado em promover o desenvolvimento sustentável de uma vida digna a todos. E esse também deve ser o novo modelo de controle, não mais um controle de gestão, mas um Controle de Governo, em que às responsabilidades financeiras deve ser acrescidas as Responsabilidades de Governo, nos termos formulados.

4.4.1 Controle do orçamento sob o imperativo da legibilidade: as decisões por detrás dos números

A legibilidade do governo, como apresentado anteriormente, recai sobre os métodos que tornam legíveis e mensuráveis a ação pública, objetivando as relações de verificação das contas, ou, melhor ainda, as relações entre poderes. Como bem expõe Rosanvallon, após sua incursão histórica nas disputas entre poderes, "se o poder é ação, quem controla a ação exerce o poder". Por certo que o controle pressupõe clareza, compreensão das decisões e ações relevantes para a vida pública. Como já anunciava Bobbio,[676] "o governo da democracia como o governo do poder público em público".

Com efeito, o discurso da transparência encontra-se cada vez mais presente, não se restringindo apenas às ações dos governantes e às suas instituições, mas tem alcançado também a esfera privada.[677]

---

[675] *Demos Helsinque* foi o primeiro *think tank* independente dos países nórdicos, tendo como um dos seus cofundadores Roope Mokka. O modelo era visto como uma oportunidade para fortalecer a economia e estimular a maior participação da população.

[676] BOBBIO, 2009, p. 98.

[677] A "inviolabilidade" e a opacidade das empresas é o tema que tem se mostrado cada vez mais relevante. Diversos mecanismos legais já apontam para a necessidade de conferir maior transparência das empresas, de modo a garantir sua integridade da informação. No âmbito administrativo, a própria Lei de Licitações, nº 8.666/93, já adota mecanismos, como o orçamento detalhado em planilhas que expressem a composição de todos os custos unitários, que em muito contribui para o controle do jogo de planilhas. Mais recentemente,

Entretanto, quando se invoca a legibilidade, pressupõe-se mais do que o desvelar, exige-se uma interpretação ativa, um decodificar. Um governo ilegível parece um paradoxo diante do agigantamento do volume de informações disponíveis. Cada vez mais prescreve-se acesso irrestrito aos documentos públicos, portais de transparência que possibilitam o acesso eletrônico, informações em tempo real, sessões de deliberação televisionadas, "Governo Aberto".[678] No entanto, tudo isso parece não suprir a sensação de distanciamento.

Para Bobbio, a transparência absoluta é um princípio-limite, cuja aplicação integral é impossível de ser realizada em qualquer democracia, mesmo nas mais estáveis e seguras.[679] Precisa é, pois, a lição do autor, "entre as promessas não cumpridas da democracia [...], a mais grave e prejudicial e, ao que parece, também a mais irremediável,[680] é precisamente a da transparência do poder".[681] Ainda que em certa medida irremediável, como reconhece Bobbio, há os inimigos declarados da publicidade, como personalizou Bentham,[682] os malfeitores, que procuram sair do olhar do juiz; os tiranos, que temem a força da opinião pública; e o homem tímido ou indolente, que censura a incapacidade geral para encobrir a sua.

Apesar de a transparência tornar-se um imperativo na sociedade da informação, as instituições estão cada vez mais opacas aos olhos do indivíduo comum, os sistemas de decisão mais invisíveis e as políticas implementadas mais difíceis de avaliar. E, paralelamente, os cidadãos se

---

o instituto da colaboração premiada, nos termos da Lei nº 12.850/13, que trata sobre a organização criminosa, tornou-se um dos principais mecanismos da Operação Lava Jato, revelando a estreita proximidade do capital privado com a esfera pública Sublinhe-se que a questão a ser enfrentada diz respeito à transparência no universo da disputa de poder e de controle, não entrando propriamente na esfera do indivíduo, que se encontra cada vez mais voluntariamente exposto.

[678] O Brasil assinou de declaração do Governo Aberto, em setembro de 2011, integrando OGP, cujos participantes endossam uma Declaração de Princípios e apresentam Planos de Ação Nacionais, comprometendo-se a adotar medidas concretas para o fortalecimento da transparência das informações e atos governamentais, o combate à corrupção, o fomento à participação cidadã, a gestão dos recursos públicos, a integridade nos setores público e privado, entre outros objetivos.

[679] Prefácio de Marco Revelli, In: BOBBIO, 2008, p. 20.

[680] Na colocação de Han "a transparência e o poder suportam-se mal", sendo necessário que a confiança produza espaços livres de ação, que não podem ser suplantadas pelo controle. É assim que a confiança torna possível a realização de ações, apesar da falta do saber (do conhecer), pois está alicerçada numa relação positiva. A transparência, por outro lado, é um estado que se elimina todo o não saber. (HAN, 2014, p. 70-71).

[681] BOBBIO, 2015, p. 64.

[682] BENTHAM, 2015.

aproximam de forma cada vez mais superficial das informações,[683] com seus múltiplos centros de produção, ou seja, cada vez mais a legibilidade está dissociada da visibilidade, e de maneira deliberada, ou seja, uma ilegibilidade imersa num número cada vez maior de informações disponíveis.[684] E isso tem nutrido o sentimento de desapropriação da coisa pública.[685]

Os verdadeiros lugares de poder estão cada vez mais difíceis de discernir, as responsabilidades cada vez menos identificam a realidade, que se encontra cada vez mais fragmentada e globalizada. Uma dificuldade anunciada por Rosanvallon, que está sendo vivenciada na Europa e que também se identifica com a preocupação norte-americana, como colocado por Denhardt.[686]

A legibilidade vai além, pois está alicerçada na sociedade da desconfiança, em que os cidadãos devem por si mesmos tomar conhecimento do funcionamento das instituições públicas. Exige uma postura ativa diante de um vasto universo das informações, pois pressupõe a sua decodificação de forma independente e autônoma, sob o exercício de um contrapoder. Na era do caos informacional, dados objetivos e verificáveis coexistem com opiniões, rumores e, mais, estão sendo tratados da mesma forma, com a mesma credibilidade. Não há, portanto, nada mais urgente a fazer do que tornar as instituições e os mecanismos de decisão mais legíveis, de modo que o cidadão esteja capacitado a assumir seu papel de ator do processo histórico e não um mero espectador incapaz de discernir a ficção da realidade.[687]

O princípio da legibilidade atinge as instituições sob duas vertentes. A primeira incide sobre a própria instituição, enquanto

---

[683] No original: "*Qu'elle procede des effets de la "peopolisation" et de ses vecteurs, de l'envahissement des images par la multiplication de leurs canaux de production et de circulation, ou encore des désirs croisés de voir et d'entre vu, elle a rapproché, sur des modes le plus souvent certes superficiels, les citoyens de ceux qui exercent le pouvoir*". ROSANVALLON, 2015d, p. 232-233.

[684] ROSANVALLON, 2015d, 232-233.

[685] Emblemática a figura do rei Luís XIV, dava ampla publicidade de sua esfera privada. A ostentação, ao contrário, era acompanhada do silêncio com relação às suas decisões. Uma completa inversão do espaço público e privado, com larga exposição de suas atividades cotidianas, mas a completa opacidade da gestão das finanças do reino. (ROSANVALLON, 2015d, p. 233-234).

[686] Ao estabelecer as premissas teóricas da governança em rede, Denhardt aponta para a dificuldade dos gestores em exercer o modelo clássico do controle: "já que existem muitos participantes na rede, a autoridade e a responsabilidade ficam dispersas e, consequentemente, torna-se difícil aplicar os modos ou mecanismos tradicionais de *accountability*". (DENHARDT; CATLAW, 2017, p. 295).

[687] ROSANVALLON, 2015d, 241-242.

ramificação do Estado, relacionando a sua estrutura de funcionamento e os mecanismos de exercício do poder à necessidade de uma nova interlocução com a sociedade; e a segunda vertente recai sobre o desempenho das atividades-fim, o desempenho de suas atividades de contrapoder, não apenas exigindo a transparência de seus jurisdicionados, mas, sobretudo, fortalecendo o seu elo de proximidade com a sociedade.

Nesse sentido, no que se refere ao controle do orçamento, realizado pelos Tribunais de Contas, além da legibilidade afeta à própria instituição, a qual define o quanto o poder deve estar acessível à sociedade, assume relevo a função de tornar legíveis as contas de governo, decodificando o orçamento e desvelando as escolhas orçamentárias, a fim de permitir a compreensão e a participação do cidadão comum em tais escolhas.[688] É o que a sociedade busca dos órgãos de controle do orçamento, um compromisso democrático ativo.

Não se trata propriamente do atendimento pleno a todos os interesses, o que é financeira e economicamente impossível, mas do reconhecimento pela generalidade dos cidadãos de que aquela forma de redistribuição de renda e de serviços é justa. Assim, legibilidade pressupõe o exercício de uma função de inteligibilidade.[689] Nesse sentido, as instituições da "desconfiança" tornam-se cada vez mais necessárias diante do caos informacional, diante da necessidade de se tornar compreensíveis as escolhas eleitas, sobretudo em se tratando de escolhas orçamentárias.

A aplicação da Lei de Acesso às Informações também renovou o debate sobre os limites da visibilidade pública. A tensão ocorre nas zonas limítrofes, como no âmbito das empresas públicas e nas sociedades de economia mista. As empresas estatais, principalmente os bancos públicos, têm adotado o argumento do sigilo bancário e do sigilo empresarial para afastar-se da aplicação, o que não tem sido acolhido no âmbito do controle interno do executivo federal.[690]

---

[688] A preocupação típica da modernidade, realçada por Bobbio, em relação ao tecnicismo excludente, ou seja, saberes técnicos tão complexos e exclusivos que estabelecem uma barreira entre o tomador de decisão e o público a que ela se destina, alcança contornos próprios na era do caos informacional. (BOBBIO, 2009, p. 115).

[689] Rosanvallon faz menção à *Fonction d'intelligibilité*. (ROSANVALLON, 2015d, p. 249).

[690] O acesso a informações que haviam sido inicialmente negadas, como por exemplo, a relação de beneficiários do Programa de Arrendamento Residencial, gerenciado pela Caixa Econômica Federal, foi disponibilizado em decorrência do entendimento da CGU, que afastou o argumento da existência de sigilo bancário no que se refere a beneficiários de políticas públicas, cujos nomes podem e devem ser disponibilizados ao conhecimento

Em síntese, no novo modelo do controle, o Controle de Governo, o imperativo da legibilidade transforma a informação transparente, fornecida pelos seus jurisdicionados, em informação legível à sociedade, fortalecendo o elo de legitimidade e, por conseguinte, restabelecendo a confiança. O compromisso democrático dos Tribunais de Contas exige uma atividade de decodificação do orçamento, tornando transparentes não apenas as informações, mas as próprias escolhas orçamentárias, possibilitando a compreensão e a participação do cidadão comum. Esse é o novo desafio contemporâneo dos órgãos de controle do orçamento.

---

do público, a exemplo do que ocorre com os beneficiários do Programa Bolsa-Família, já disponíveis no Portal da Transparência. Tem prevalecido o entendimento de que o caráter público do investimento realizado por meio dos programas governamentais deve prevalecer, em observância às diretrizes da lei de transparência. Inúmeros outros casos envolvendo bancos, inclusive o Banco de Desenvolvimento Econômico e Social, também estão sendo questionados. Em um caso especifico, o BNDES indeferiu pedido de informação de cidadão que solicitou o Relatório de Análise de operação de financiamento do estádio de futebol "Arena Itaquera", em São Paulo, no valor de R$400 milhões, no âmbito do Programa BNDES de Arenas para a Copa do Mundo de 2014 (BNDES ProCopa Arenas), utilizando como fundamento o sigilo bancário e empresarial. A instituição alegou que, na análise realizada para aprovação de operação de crédito, encontram-se informações negociais e estratégicas do mercado do empreendimento a ser financiado e que o BNDES não está autorizado a divulgar o Relatório de análise de operação de financiamento, pois segundo a defesa jurídica do Banco, a forma como as informações são agregadas, cruzadas e sintetizadas no Relatório de Análise do BNDES, consubstanciam manifestação do *know-how* adquirido ao longo de sua história, tendo sua revelação potencial para trazer sérios prejuízos ao BNDES, na medida em que possibilita a apropriação indevida, por parte de agentes públicos e privados, de ativos intangíveis para os quais foram necessários anos de investimento em infraestrutura de trabalho, qualificação e treinamento de pessoal. Um argumento que não sensibilizou a CGU, em cujo parecer destacou que apesar das diferenças substanciais entre uma decisão adotada pela diretoria de uma sociedade de economia mista desenhada para intervir diretamente no mercado, nos moldes do art. 173 da Constituição Federal, e aquela adotada por uma empresa estatal, mesmo que constituída na forma de uma sociedade anônima, desenhada para intervir indiretamente no mercado, seja por meio de incentivo ou fomento. Enquanto uma deverá revelar as estratégias de inserção em um mercado competitivo, a outra deverá revelar as estratégias de execução de uma política pública, sendo, portanto, ato administrativo no sentido estrito. O órgão recursal salientou também que a maior parte dos recursos gerenciados pelo BNDES, com os quais executa a política pública de incentivo ao desenvolvimento, origina-se de transferências do Tesouro Nacional e do Fundo de Amparo ao Trabalhador (FAT). Trata-se, portanto, de recursos públicos, aos quais não cabe alegar sigilo bancário, uma vez que este é uma decorrência do direito constitucional à intimidade, o qual, por sua vez, não se aplica a organizações de Estado. *Parecer nº 2966/2013.* Processo nº 99903.000232/2013-84. Disponível em: <http://www.acessoainformacao.gov.br/assuntos/recursos/recursos-a-cgu/arquivos/mdic/bndes/pa29662013.pdf/view>. Acesso em: jan. 2017.

4.4.1.1 A desinformação: o efeito perverso da não presença das instituições

O excesso de informação tem se revelado tão nocivo quanto a falta de informação. Uma preocupação que tem levado François Bar a direcionar suas pesquisas para a desinformação política propagada pela mídia social, por meio de falsos rumores.[691] O autor verificou que as redes sociais auxiliaram na divulgação dos rumores, com uma espécie de autocorreção de ideias. Transmissão seletiva para grupos de usuários.[692] Desse modo, ao invés das redes de comunicação digitais ampliarem as divergências políticas, a pesquisa sugere que as mídias sociais funcionam como uma câmara de eco que reforça a atitude pre-existente dos indivíduos. Estudos recentes estão buscando chamar a atenção e compreender o sistema dos algoritmos.[693]

A ligação digital entre pessoas que compartilham seus interesses e características, tais como atitude política, busca evitar o conflito de mensagens para reduzir a dissonância. Um espaço de falsa autonomia é, justamente, a questão levantada no Fórum Econômico Mundial, apontando os prejuízos da rápida disseminação da desinformação *on-line*.[694]

A demanda por uma nova postura institucional diante de um vasto universo das informações, como já afirmado, pressupõe a sua decodificação de forma independente e autônoma, sob o exercício de um contrapoder. Na era do caos informacional, a confiabilidade da informação constitui elemento primordial para que o cidadão possa contribuir para o sucesso da ação coletiva.

---

[691] Sua pesquisa se concentrou em boatos políticos no Twitter, durante a campanha presidencial de 2012, nos EUA, analisando um amplo conjunto de *tweets* rumor ($n = 330.538$).

[692] SHIN, Jieun *et al.*, 2016.

[693] Entre os pesquisadores brasileiros no campo da ciência da computação, verifica-se que o estudo dos algoritmos tem sido uma preocupação recente. DONEDA; ALMEIDA, 2016, v. 20, p. 60-63; KLING; FIGUEIREDO, 2015.

[694] Fórum Econômico Mundial. A rápida disseminação da desinformação online, 2014. Disponível em: <http://reports.weforum.org/outlook-14/top-ten-trends-category-page/10-the-rapid-spread-of-misin-treinamento on-line/>. Acesso em: 16 jan. 2016.

4.4.2 Controle do orçamento e o imperativo da responsabilidade: para além da responsabilidade financeira, o olhar do passado sobre o futuro

O dever de responsabilidade,[695] compreendido como limitador necessário ao exercício do poder, constitui um dos pilares estruturantes na relação entre governantes e governados, cujo conceito é ampliado pela teoria do bom governo, alcançando não só os atos já praticados, por meio de um compromisso de regularidade perante o passado, como também os atos que compreendem o compromisso frente ao futuro. Uma nova abordagem que pressupõe um novo marco para as instituições de controle.

A responsabilidade de natureza política consiste na obrigação dos governantes de responder ao Parlamento em relação aos atos praticados no exercício de suas funções, conforme um procedimento especial determinado pela Constituição.[696] Por certo que a teoria da responsabilidade política ainda apresenta muitas lacunas, sobretudo em relação à dimensão que a entrelaça com a responsabilidade governamental. A ausência de uma sistematização teórica da responsabilidade política induz Rosanvallon[697] a identificar a necessidade de refundar a noção desse instituto como mecanismo necessário para restaurar os laços de confiança. Um prolongamento do momento eleitoral indispensável, a partir do qual se reconhece a possibilidade de responsabilização direta dos governantes. Assim, o primeiro passo seria justamente o de identificar as disfuncionalidades que a responsabilidade política tem apresentado, para que se possa de fato reestruturá-la.

A primeira fragilidade é em decorrência de uma crise de imputação, ou melhor, a ausência da percepção social de que a responsabilização política existe. Um ponto considerado pelo autor é a dificuldade em identificar os reais responsáveis, sobretudo em decorrência da opacidade recorrente do sistema de tomada de decisão e da complexidade das estruturas governamentais, que dificultam a

---

[695] Cf. O conceito de responsabilidade, RICOEUR, 1994.

[696] Cf. SÉGUR, 1998. Roso, ao se debruçar sobre o entendimento dos autores sobre o conceito de responsabilidade política, verifica ainda a incerteza que recai sobre a noção de responsabilidade política, corroborando com o discurso de Philippe Ségur, que chama a atenção já no título de um de seus artigos: "Qu'estce que la responsabilité politique?", publicado na Revista de Direito Público e Ciência Política na França, n. 6, Paris, 1999, p. 1600. ROSO, Ana. *Da representação política à responsabilidade política*. Disponível em: <http://www.revista.ajes.edu.br/index.php/Iurisprudentia/article/view/189/82>. Acesso em: 26 jan. 2017.

[697] ROSANVALLON, 2015d, 262-267.

definição de quem de fato é responsável pelas escolhas feitas.[698] A segunda fragilidade que deve ser apontada, e ainda mais grave, decorre da sensação generalizada de impunidade. Tal percepção corrói de modo severo a relação de confiança, pois evidencia mais do que falhas do sistema de imputação. Na verdade, transmite-se uma mensagem de omissão, e não propriamente de uma deficiência do aparato institucional.

No que se refere à responsabilidade de prestação de contas, tem-se o postulado de que as ações públicas se traduzem em despesas públicas alicerçou, historicamente, todo o mecanismo de controle parlamentarista sobre as atividades do executivo. Por certo que uma apresentação cada vez mais detalhada dos dados orçamentários em suas diferentes classificações e categorias permite uma fiscalização mais eficiente. Mas a noção de responsabilidade financeira está embasada na ideia de recomposição dos danos causados ao Estado e às suas entidades públicas, por aqueles que de alguma forma gerenciaram recursos públicos. Trata-se, portanto, de uma concepção centrada no dano, ainda que se possa estendê-la para outros aspectos como o orçamentário e o patrimonial.[699]

Entretanto, a responsabilidade do governante vai muito além, pois está alicerçada na noção de responsabilidade política em sua concepção mais ampla. A própria Constituição Federal, ao desmembrar em dois dispositivos distintos, não restringiu a noção de responsabilidade do governante, como o fez em relação à responsabilidade dos administradores. Observa-se que o inciso II do art. 71 faz expressa menção ao conceito de responsabilidade financeira, enquanto que o inciso I não faz qualquer restrição[700] em relação ao tipo de responsabilidade, *in verbis*:

---

[698] ROSANVALLON, 2015d, 267-269. No sistema de controle do orçamento, em que há uma dificuldade em identificar o grau de responsabilidade dos diversos agentes, não apenas pela complexidade das estruturas, mas também pela deficiência do sistema investigatório, observa que se opta pelo uso de uma ficção jurídica, que é a da responsabilidade solidária. A condenação no âmbito da responsabilidade política de modo solidário, acaba por transferir para os próprios agentes a mensuração da responsabilidade individual, seja pela via consensual, seja pela via judicial.

[699] Ainda que haja a distinção em relação às contas de governo, a análise do dano assume um aspecto de dano financeiro orçamentário. Foram analisados os Pareceres disponibilizados nos sites emitidos em 2015, em relação às contas de governo dos Estados.

[700] Deve-se ressalvar que, sobretudo em pequenos municípios, o chefe do poder executivo opta por concentrar também a função de administrador, exercendo a atividade de ordenador primário da despesa. Nessas hipóteses, a sua responsabilidade deve ser apurada não apenas como a de governante, mas também como a de administrador.

Art. 71. O controle externo, a cargo do Congresso Nacional, será exercido com o auxílio do Tribunal de Contas da União, ao qual compete:

I - apreciar as contas prestadas anualmente pelo Presidente da República, mediante parecer prévio que deverá ser elaborado em sessenta dias a contar de seu recebimento;

II - julgar as contas dos administradores e demais responsáveis por dinheiros, bens e valores públicos da administração direta e indireta, incluídas as fundações e sociedades instituídas e mantidas pelo poder público federal, e as contas daqueles que derem causa a perda, extravio ou outra irregularidade de que resulte prejuízo ao erário público.

A noção de responsabilidade financeira tem evoluído, como aponta Cluny,[701] responsável por identificar um significativo avanço em relação à concepção tradicional atrelada "a responsabilidade dos denominados *contáveis, exactores e ordenadores* da fazenda, anterior ao sec. XIX".[702] Para o autor, há a ampliação do campo de incidência da responsabilidade financeira, que não está mais atrelada apenas à relação e à qualidade funcional pública do agente que gere ou usa dinheiro público e que tem que prestar contas, mas à própria conformidade legal da ação de gerir e usar o dinheiro público, além da culpabilidade do agente.[703] No entanto, ainda assim, a responsabilidade financeira[704] é apenas uma dimensão de uma concepção mais ampla de prestação de contas. Essa restrição dá origem a um controle deficiente e lacônico, que tem contribuído para ampliar a sensação de desconfiança, de não prestação de contas, de não atendimento das expectativas depositadas nas urnas.

Uma fragilidade que decorre da ausência de uma dimensão central na prestação de contas, a da Responsabilidade de Governo. É exatamente nesse ponto específico que o estudo das políticas públicas permite que diversos outros aspectos sejam considerados para uma compreensão muito mais ampla, do que propriamente uma análise

---

[701] CLUNY, 2011.

[702] CLUNY, 2011, p. 31.

[703] CLUNY, 2011, p. 43-44.

[704] A responsabilidade financeira decorre da competência para a fiscalização contábil e financeira, como dispõe a seção IX do Capítulo da Constituição Federal, cujo conteúdo substantivo encontra-se, sobretudo, na Constituição Federal e das Leis nº 4.320/64 e da Lei de Responsabilidade Fiscal, Lei Complementar nº 101/00.

pormenorizada de despesas e receitas. A fuga do controle ocorre pela ilusão de que a apuração de uma responsabilidade financeira da ação de governo seria suficiente,[705] quando na verdade sua responsabilidade alcança outras dimensões. Assim, um controle do orçamento sob o marco da responsabilidade política significa um controle ativo da ação pública, das opções políticas definidas no agir do Estado, ou mesmo no seu não agir, de modo a permitir uma aproximação com cidadãos, a quem cabe o exercício de um julgamento constante de confiança com seus governantes.

A compreensão da nova dimensão da responsabilidade política, próxima do cidadão, deve impactar também o exercício das competências típicas do controle, relativas à responsabilidade pela prestação de contas, que devem estar direcionadas a promover o exercício daquela. Um controle *ex ante* insere-se na dimensão de uma responsabilidade-justificativa pelos atos realizados ou por decisões tomadas, obrigando o executivo a explicar-se, a justificar sua conduta,[706] cabendo-lhe a responsabilidade pelas consequências advindas de suas escolhas. É importante reforçar que esta justificativa, *ex ante*, está inserida no campo da responsabilidade política, na qual o objetivo é ampliar a aderência das decisões com os interesses de maiorias e de minorias. O que se busca é a generalidade na concordância, na aceitação das justificativas, ainda que elas não atendam as maiorias quantitativas. A segunda ressalva é que nesse campo não há que se falar propriamente em sanções quando não houver violações à norma legal. Deve-se reconhecer que a interação no campo da política é feita de consensos e de dissensos.

E a responsabilidade-avaliação, por sua vez, entrelaçada aos parâmetros da eficácia e da efetividade das políticas públicas no que se refere à perspectiva do controle, deve estar atenta à distância entre as intenções e as ações, entre promessas e realizações, não direcionando sua atuação para uma dimensão impositiva, mas para contribuir com a ação governamental e auxiliar os cidadãos na construção de uma consciência democrática. Como debatido no capítulo 2, é importante compreender os fracassos e a produção de efeitos perversos para a própria melhoria do processo de políticas públicas.[707] Mas é preciso

---

[705] DARDOT; LAVAL, 2016, p. 314.

[706] ROSANVALLON, 2015d, 270.

[707] Deve haver uma dissociação da imagem do governante com o programa governamental, como já apontando anteriormente. Tal associação acaba mascarando as reais deficiências,

que haja instituições no exercício do contrapoder que assumam esse papel. É importante novamente reforçar que o referencial adotado é o de uma construção conjunta de um exercício contínuo e permanente de legitimidade. A avaliação contempla modalidades de implementação das políticas públicas e o mérito de seus objetivos, debruçando-se, quando possível *"ex ante,"* ou seja, sobre as deficiências que motivaram a ação governamental e os resultados pretendidos pela implementação dessas ações.[708]

A teoria base de Rosanvallon expõe a necessidade de recuperar o espírito e a forma de vida parlamentarista de suas origens, animados por personalidades independentes e consagrados às tarefas de vigilância, investigação e avaliação, mas agora com um marco democratizado ampliado.[709] A legitimidade de exercício pressupõe um compromisso perene, uma responsabilidade com o futuro. Uma nova dimensão que deve ser induzida também pelos órgãos de controle, a quem cabe auxiliar os governantes através de uma atividade de identificação dos seus reais desafios.

Um país que possui atualmente 5.570 municípios conta com governantes locais que nem sequer conseguem identificar os reais problemas que devem ser combatidos em seu governo.[710] Como pôr em prática uma vontade reflexiva, ou seja, tornar visíveis os conflitos, as desigualdades, os quais atravessam as sociedades, se muitas vezes nem o próprio governante possui tal consciência? Como assumir um compromisso com o futuro, se nem sequer se consegue perceber o presente? Nesse trabalho de lucidez, torna-se central o papel de outras instituições, que em certa medida exercem uma função governativa, na

---

que se devidamente detectadas, poderiam reorientar as determinadas políticas. As variáveis que afetam os resultados das políticas públicas são múltiplas; externalidades não mensuradas, entre outros, fazem parte do processo de construção. Não se está no campo das irregularidades, de modo que não há que se falar em sancionamento. As instituições devem auxiliar através de uma visão imparcial e reflexiva (neste último caso, quando for necessário) na avaliação das políticas públicas, conscientes do seu papel de interferência da agenda pública.

[708] Esse tipo de avaliação permitiria, por exemplo, exigir justificativas sobre algumas questões colocadas, por exemplo, pelos movimentos sociais, como a construção de determinados estádios de futebol para a Copa de 2014. Novos mecanismos devem ser formulados para que tais decisões não representem uma quebra com a transferência de poderes realizada pelas urnas. Sobre o cenário de insatisfações das manifestações. GOHN, 2014, p. 20.

[709] ROSANVALLON, 2015d, p. 273.

[710] Uma das tendências apontadas por Muller é que se exija dos governantes, assim como dos cidadãos, uma melhor compreensão e conhecimento das políticas públicas. Contudo, cabe, ainda, o alerta de Rosanvallon, para quem o exercício da política é aprendido na prática, como um dom, uma intuição a conduzir o destino de seus governados.

apreensão mais ampla do conceito, conforme proposto pela teoria de Rosanvallon, abordada no primeiro capítulo. Um cenário no qual os Tribunais de Contas assumem um papel de destaque. O compromisso do governante em buscar o equilíbrio da estrutura social, minorando suas desigualdades, deve ser objeto de avaliação nos pareceres prévios. Uma avaliação não mais de gestão,[711] mas de governo, não só voltada ao passado, mas, sobretudo, direcionada ao futuro. Não se trata de substituir as escolhas políticas, mas de permitir, através do imperativo da responsabilidade política ampliada, que haja uma maior aderência entre a agenda pública e os interesses sociais.

Uma preocupação crescente com a esfera municipal, como apontado ao longo do livro, é a aposta para reforçar o papel de organizações cidadãs e demais instituições, nesse âmbito, numa relação de legitimidade contínua entre os cidadãos e seus governantes locais. Com a mesma preocupação de ampliar e ao mesmo tempo de reforçar os laços de comunidade, pode ser identificada a criação de uma Rede Nacional de Indicadores (INDICON),[712] cujo propósito mais amplo é o de estabelecer novos laços entre governantes, o controle do orçamento e a sociedade. O modelo referendado como parâmetro para elaboração do INDICON é o Índice de Efetividade da Gestão Municipal (IEGM).[713] Com efeito, o IEGM utiliza como parâmetros sete dimensões que subsidiam a análise das contas públicas: educação, saúde, planejamento, gestão fiscal, meio ambiente,[714] cidades protegidas e governança em tecnologia da informação.

Trata-se de um modelo inicial para a mensuração da efetividade da gestão municipal, a partir do qual pretende-se apresentar para a sociedade um panorama da ação pública numa esfera mais próxima, a da cidade. Estabelece-se um *ranking* nacional,[715] avaliando a execução das políticas em 5.570 esferas de proximidade.

---

[711] A nomenclatura hoje utilizada faz referência à gestão do governo, fazendo ainda alusão ao modelo do *New Public Management*, uma designação que deixa de ser a mais apropriada para referir-se ao modelo de ação coletiva.

[712] Foi realizado no Estado de São Paulo, entre os dias 18 e 20 de abril de 2016, o I Encontro Internacional de Gestão das Contas Públicas, ocasião em que foi assinado entre o IRB, o TCE/SP e o TCE/MG termo de cooperação para criar a Rede Nacional de Indicadores (Indicon). A proposta surge estabelecendo como indicador padrão o Índice de Efetividade da Gestão Municipal (IEGM) desenvolvido pelo TCE/SP com base nas normas de auditoria de resultados adotadas pelo Tribunal de Contas Europeu. O Tribunal de Contas do Estado de Santa Catarina celebrou termo de adesão, em 09 de maio de 2016.

[713] Disponível em: <http://iegm.tce.sp.gov.br/>. Acesso em: 13 mai. 2016.

[714] Os indicadores ambientais devem estar em consonância com a Agenda 2030 dos Objetivos do Desenvolvimento Sustentável. Com maior profundidade: FREITAS, 2016.

[715] FREITAS, 2016. p. 41.

Ainda em construção, o IEGM elegeu, por exemplo, os seguintes questionamentos no âmbito ambiental: i) se a prefeitura realiza a coleta seletiva de resíduos sólidos; ii) se a prefeitura adota na rede escolar municipal algum programa ou ação de educação ambiental; iii) se a prefeitura possui ou participa de algum programa ou ação que promova a melhoria contínua da qualidade ambiental no município; iv) se o município possui o plano municipal de saneamento básico; v) qual o percentual da população abrangido pelos serviços de água tratada; e vi) qual o percentual da população abrangido pelos serviços de saneamento básico.[716]

A preocupação em estabelecer quesitos de avaliação para a apreciação das contas de governo, disponibilizando as informações à sociedade, sinaliza a tentativa de pôr em evidência a política da comunidade/município, buscando dar à sociedade, visibilidade os seus resultados. De fato, é preciso ampliar o campo de debate para restabelecer um laço de legitimidade mais próximo à sociedade. Entretanto, é premente a inclusão de uma maior participação cidadã. Não se trata de apenas permitir o acesso à informação, mas sim de possibilitar o acesso aos circuitos de construção da informação, considerando o cidadão como parte no processo, seja como destinatário da ação pública, seja também como cidadão ativo na esfera pública.

Em síntese, no novo modelo de controle, o Controle de Governo, emerge a Responsabilidade de Governo, uma dimensão política da responsabilidade que antecede o julgamento político realizado pelo Parlamento. Uma responsabilidade que em sua dimensão temporal alcança o *ex ante*, o momento das justificativas, o das promessas, projetando-se para o futuro. Um controle que de fato possa contribuir para o reforço de legitimidade constante em relação às ações governamentais.

4.4.3 Controle do orçamento e o imperativo da responsividade: Mas, afinal, quais são os questionamentos?

O imperativo da responsividade impõe um dever democrático às instituições, cabendo-lhes oferecer respostas aos interesses, às necessidades e às aspirações dos cidadãos, o que pressupõe uma

---

[716] Demais requisitos encontram-se disponíveis em: <http://iegm.irbcontas.org.br/>. Acesso em: 07 jan. 2017.

ampliação dos canais pelos quais a Administração possa escutar tais formulações. Parece óbvio, mas é preciso enfatizar que as respostas oferecidas não se bastam por si só, é preciso que elas sejam coerentes aos questionamentos.

A abordagem da Nova Gestão Pública centrou-se no aprimoramento constante das respostas oferecidas pela Administração. Cada vez mais elaboradas e mais sofisticadas, as repostas foram alcançando sua própria autonomia, atrofiando em grande medida a preocupação com os questionamentos, com a formulação dos problemas. Uma abordagem que possibilitou uma melhora de *expertise*, um ganho em termos de aprimoramento dos procedimentos, mas que ao mesmo tempo deixou lacônico o espaço de interação contínua com os atores sociais. É nesse sentido que a Administração Pública deve agora caminhar, ampliando os meios necessários para conseguir não apenas identificar, escutar, perceber as "petições" individuais e coletivas da sociedade, mas também ajudar na construção dessas formulações.

A democracia cidadã construiu-se com a conquista do sufrágio universal.[717] O sufrágio que permite o reconhecimento de um *status* social que confere ao indivíduo a sua autocompreensão como autônomo e participante de uma comunidade cívica sobre a base da igualdade.[718] A demanda da cidadania se ampliou, já que os cidadãos já não se conformam apenas com o direito de votar e afirmar sua posição de soberanos. Há uma série de práticas de vigilância, de veto e de julgamento através das quais a sociedade exerce poder de correção e poder de pressão sobre os governantes.[719]

É preciso ter consciência de que existe um movimento intenso no sentido oposto e de que não se trata apenas de alterar seu curso. As deficiências no exercício da cidadania são percebidas pela dificuldade cada vez mais intensa na formulação dos questionamentos, e os movimentos sociais apontaram justamente essa ausência de pauta definida.[720] Ora, se não sabem as perguntas, eis aqui as respostas,

---

[717] Cf. o original Le sacre du citoyen. Histoire du suffage iniversal en France, Paris Gallimard, 1992. Tradução La Consagración del ciudadano. *Historia Del sufrágio universal em Francia.* México, Instituto de Investigação Dr. José María Luis Mora, 1999.

[718] ROSANVALLON, 2015d, p. 31.

[719] ROSANVALLON, 2015d, p. 31. No original: "À côté de la sphere électorale-représentative d'origine s'esr ainsi pregressivement développé tout um ensemble de pratiques de surveeillance, d'empêchement et de jugement au travers desquelles la societé exerce dês pouvoirs de correction et pression".

[720] Um dos obstáculos apontados por Muller é justamente a necessidade de ampliar o conhecimento sobre as políticas públicas, um conhecimento que passa a ser exigido não apenas dos cidadãos, mas também de seus governantes. (MULLER, 2015).

respostas burocráticas em ofícios, em rede e digitais, cada vez mais e mais respostas, mas que não conseguem reverter a crise de legitimidade. É necessário agora auxiliar no processo de formulação das questões. A autonomia cidadã pressupõe a capacidade de formular seus próprios questionamentos. É preciso fornecer instrumentos que possibilitem essa aprendizagem.

Esse conceito amplo da noção de responsividade, sob uma dimensão ativa, encontra guarida na teoria do novo serviço público proposta por Denhardt, que alerta também para uma outra implicação, a de que não basta apenas perseguir fins socialmente desejáveis, sendo necessário igualmente fazê-lo de maneira consistente com os valores democráticos. Assim, do mesmo modo que não se pode perseguir a justiça por meios injustos, não se pode perseguir fins democráticos por meio de organizações não democráticas (elitistas, hierárquicas e autoritárias).[721]

A aprendizagem da escolha do candidato é um processo lento de construção democrática, é o primeiro passo para a representação. Como formula Rosanvallon, a democracia cidadã construiu-se com a conquista do sufrágio universal, que permitiu o reconhecimento de um *status* social, conferindo ao indivíduo a sua autocompreensão como autônomo e participante de uma comunidade cívica sobre a base da igualdade.[722] Mas um bom governo exige mais, pois pressupõe o exercício contínuo da legitimidade, ampliando continuamente a interação entre governantes e governados, que devem saber especificar, formular, peticionar. Um desafio longo e denso, e que, portanto, exige que as instituições de controle tenham como missão não apenas estabelecer limites e frear os demais poderes, mas também auxiliar para que cada indivíduo seja capaz de formular, de modo autônomo, os seus próprios questionamentos.

4.4.4 A Prestação de contas sob o enfoque da responsabilidade de governo: novos paradigmas para o controle externo

A necessidade de construção de uma relação dialógica entre governantes e governados, em prol do exercício contínuo de legitimidade

---

[721] DENHARDT; CATLAW, 2017, p. 200.
[722] ROSANVALLON, 2015d, p. 31.

democrática, torna primordial ao controle o desenvolvimento de um novo modelo para a avaliação dos programas governamentais, sob o enfoque da responsabilidade de governo.

No âmbito do Tribunal de Contas do Estado de Santa Catarina foram introduzidos novos elementos no julgamento das contas públicas que podem contribuir para a avaliação da responsabilidade de governo, a partir de três eixos centrais: o do compromisso político, o do planejamento orçamentário e o das políticas públicas.

O projeto piloto, no qual foram introduzidos elementos que permitissem ampliar a forma de apreciação das contas de governo, foi aplicado na apreciação das contas relativas ao exercício de 2016, no âmbito de 33 municípios catarinenses, sendo que o primeiro, cujas contas foram apreciadas sob tal enfoque, foi o de Salete.

O primeiro eixo utilizado relaciona-se ao compromisso político, ou seja, à responsabilização do governo em decorrência do pacto celebrado na disputa eleitoral. A preocupação com o compromisso assumido pelo chefe do poder executivo, no caso o prefeito local, perante seus eleitores, está diretamente relacionada com o sentimento de legitimidade democrática. Pois bem, o modelo proposto incluiu no parecer prévio os planos de governo apresentados e registrados no TSE, quando da candidatura. Sublinhe-se que não se trata de preconizar o engessamento do orçamento, mas de incluir as promessas de campanha como diretrizes centrais as quais deverão orientar as escolhas políticas.

Sob o segundo eixo, o do planejamento, o parecer prévio incluiu a avaliação das ações previstas no Plano Plurianual Municipal, verificando o percentual da sua execução orçamentária, sobretudo nas ações destinadas a custear a política de saúde pública. Foi possível constatar distorções significativas entre o orçamento planejado e o efetivamente executado, evidenciando a prática de elaboração de peças orçamentárias fictícias, ajustadas por acordos políticos que desconsideram o planejamento como um todo. É importante que o parecer de prestação de contas evidencie tal prática, quando esta ocorrer, para que os eleitores possam avaliar a veracidade e a integridade do discurso político, bem como verificar quais compromissos foram, de fato, incluídos no planejamento orçamentário.

Ressalta-se que o Tribunal de Contas possui em seu banco de dados informações relacionadas às peças orçamentárias, sendo possível inferir a existência de deficiências já na fase do planejamento orçamentário. A inclusão de tais informações no julgamento da responsabilidade de governo teve por objetivo conferir maior visibilidade ao problema.

Considerá-las na avaliação da prestação de contas para que o cidadão tenha ciência e passe a exigir também dos seus governantes a adequação e a transparência na execução do orçamento, sem que manobras orçamentárias possam comprometer as políticas públicas planejadas.

Como visto anteriormente, o orçamento traduz quais são as escolhas políticas, quais áreas são prioritárias, quais ações devem ser executadas. E, nesse sentido, o planejamento torna-se peça fundamental.

Por fim, o terceiro eixo está relacionado à qualidade das despesas públicas. Nas apreciações realizadas no âmbito do TCE/SC foi introduzida, nesta primeira fase, a avaliação dos programas de governo na área da saúde, de modo a verificar o cumprimento das metas estabelecidas no Plano Nacional de Saúde (PNS), nos termos da Lei Federal nº 8.080/90, as quais devem ser elaboradas em conjunto pela União, pelos Estados, pelo Distrito Federal e pelos Municípios. Ademais, para contribuir com a qualidade da avaliação, torna-se cada vez mais necessário que os órgãos de controle estimulem a atuação efetiva dos conselhos municipais, induzindo a aproximação entre a sociedade e as instâncias responsáveis pela tomada de decisões.[723]

Mas não só. O paradigma baseado na tecnologia da informação possibilita oportunidades disruptivas,[724] que têm modificado não apenas as estruturas verticalizadas e lineares das empresas privadas, mas também começam a apontar para mudanças estruturais no pensamento hierárquico ainda presente na Administração Pública. Expandir a organização através da tecnologia, eis a ideia central e o desafio do *sharing control.*

4.5 Responsabilidade de governo: o controle das políticas públicas sob o pacto de partilha, um caminho possível para a construção de um estado democrático de exercício

Não se pretende apresentar uma solução única e prodigiosa, o que poderia se constituir num equívoco diante da complexidade

---

[723] Processo PCP – nº 17/00168620. A notícia encontra-se disponível em: <http://www.tce.sc.gov.br/acom-intranet-ouvidoria/noticia/37257/tcesc-estuda-novo-enfoque-de-an%C3%A1lise-das-presta%C3%A7%C3%B5es-de-contas>. Acesso em: 08 jan. 2018.

[724] Sobre a tecnologia disruptiva e seu impacto nas organizações exponenciais cf. ISMAIL; MALONE; GEEST, 2015.

dos problemas humanos.[725] Busca-se a dupla consciência de que as fragilidades não são apenas dos governantes, ou dos parlamentares, ou mesmo dos burocratas, mas são próprias dos seres humanos, e de que o cidadão participativo é o núcleo de uma nova racionalidade, a do pacto de partilha, indutora de uma nova cidadania, de exercício contínuo, e não episódico, na qual a desconfiança assume uma dimensão propositiva do contrapoder, ao mesmo tempo em que sua outra face, a do controle, é responsável por aparar as arestas do arbítrio.

O uso da tecnologia e sua capacidade exponencial de interação possibilitam a difusão da cultura das experiências compartilhadas, introduzida por um discurso novo e expressivo presente nas redes sociais. Essa nova forma de pensar soluções para os problemas do cotidiano há de impelir também uma remodelagem nas estruturas institucionais tradicionais e no desempenho de suas atribuições, exigindo novos elos de legitimidade democrática. Laços perenes, não episódicos, de exercício contínuo. Tem-se assim uma proposta que considera a autonomia da consciência das limitações inerentes ao ser humano, para que se possa promover um pacto de partilha na construção de soluções pelo coletivo. Modelo que foi antecipado pela juventude, com a estética dos movimentos sociais do século XXI: coletivos, cientes das suas singularidades e reunidos pela construção de uma identidade comum a partir do compartilhamento de soluções nas redes digitais. Reconfigura-se, assim, a forma de representar e expressar a indignação.

É nesse cenário que as instituições assumem papel central, devendo trilhar um caminho autônomo, independente e dissociado do modelo econômico, limitador dos seus desequilíbrios. Os limites e as possibilidades de um bom governo demandam uma nova forma de controle, uma nova espécie de responsabilidade, a responsabilidade de governo, proveniente da fiscalização orçamentária e que deve caminhar ao lado da responsabilidade financeira. Tem-se a reformulação do sistema de controle, que passa a ser indutor do bom governo e de uma relação de proximidade contínua entre governantes e governados. Trata-se de um alargamento da fiscalização orçamentária, realizada pelo pelos Tribunais de Contas, com a inclusão de uma dimensão substantiva proveniente do controle do orçamento sob o enfoque das políticas públicas.

Mas isso só será de fato possível se as instituições de controle expandirem sua forma de atuação e passarem a utilizar a informação

---

[725] A referência é ao pensamento de Ostrom.

para o desempenho de sua atividade de *forma exponencial*. Aproximar-se do cidadão, oferecer-lhe uma resposta que realmente promova um impacto positivo no seu dia a dia, passou a ser possível pela tecnologia. O desafio, contudo, permanece, pois depende da vontade política tornar isso factível.

Assim, a caixa de ferramentas adotada permitiu o esboço das ideias centrais para tornar possível o modelo da responsabilidade de governo e a consolidação democrática dos Tribunais de Contas sob a racionalidade do *sharing control*. Os contornos do novo modelo passam necessariamente pela *legitimidade dos órgãos de controle*; pela *responsabilidade de governo*, atrelada ao compromisso político, ao real planejamento orçamentário e ao controle de políticas públicas (a análise da qualidade do gasto público compreende não só a avaliação das opções políticas (escolhas orçamentárias), como também o controle da eficiência dos gastos públicos); e, por fim, pela *legitimidade do cidadão*, através do reconhecimento e estímulo da sua participação no centro da tomada de decisão, cujas possibilidades se ampliaram de forma exponencial pelo uso da tecnologia da informação.

Três eixos centrais que podem ser assim desdobrados:

a) Reforço da autonomia e independência do órgão de controle, pela legitimidade de exercício da instituição, amparada na percepção de justiça das suas decisões pela sociedade. A percepção de *legitimidade institucional* decorre não só das experiências pessoais, mas também das experiências compartilhadas com outros cidadãos. A sensação da qualidade da justiça procedimental constitui um dos fatores centrais para o reconhecimento dessas instituições.

b) A busca pelo reconhecimento institucional pelo caráter imparcial e objetivo dos julgadores. Os critérios de composição das instâncias deliberativas dos Tribunais de Contas devem reforçar a sua posição de *instituição contrademocrática*, ou seja, regida por uma lógica distinta da regra da escolha pela maioria. Um dos aspectos mais sensíveis do desenho institucional dos Tribunais de Contas refere-se ao critério de escolha de seus julgadores e de composição de sua instância deliberativa, fragilizando o seu reconhecimento como o de uma instituição neutra de democracia indireta.

c) A avaliação, tanto da responsabilidade financeira, quanto da *responsabilidade de governo*. No que se refere à responsabilidade de governo, o enfoque da avaliação deve ser ampliado para além da prestação de contas relativa ao passado, pois é preciso também considerar a *responsabilidade de futuro*, ou seja, o compromisso assumido nas urnas e seu real impacto na promoção das políticas públicas. Nessa hipótese, o controle estará oferecendo uma resposta institucional à sociedade, de modo a reforçar o laço de legitimidade entre governantes e governados.

d) A ampliação do *diálogo entre as esferas federativas: a local, a regional e a nacional*.[726] No sistema brasileiro, os Tribunais de Contas possuem a *expertise* e a competência para julgar as contas dos 5.570 Municípios, dos 27 Estados e do Distrito Federal e da União. No entanto, hoje, o diálogo entre essas esferas no julgamento das contas ainda é restrito ou simplesmente inexiste. No sistema atual, com base no âmbito da jurisdição dos 33 Tribunais de Contas, verifica-se que em quase todos os Estados seria possível que o órgão de controle conseguisse estabelecer um diálogo entre a esfera estadual e a municipal, assim como no âmbito da União.

e) A ênfase nas políticas públicas. A atenção deve estar direcionada para os resultados, e não somente para a busca da eficiência dos procedimentos. A utilização dos recursos públicos para alcançar o que de fato importa para a construção de uma sociedade do bem-estar ético sustentável. A discussão entre meios e fins não pode ser permeada pela falsa dicotomia entre opções políticas e políticas públicas. Atualmente, os assuntos gerenciais e técnicos comandam a racionalidade da administração pública. Contudo, deve-se avançar para compreender as escolhas políticas como inseridas no contexto das políticas públicas.

f) A *inclusão dos Tribunais de Contas como atores relevantes na rede de políticas públicas*. O primeiro ponto a ser considerado decorre da própria característica intrínseca ao conceito de rede, advinda das novas formas de articulação entre os grupos sociais, ou seja, dos novos mecanismos pelos quais as redes interagem. Assim, os órgãos de controle, além de participarem

---

[726] Não se pode deixar de apontar para a existência desse diálogo em alguns processos, como o caso das Auditorias coordenadas. Aponta-se como exemplo, a auditoria coordenada realizada para identificar os principais problemas que afetam a qualidade e a cobertura do ensino médio no Brasil, bem como avaliar as ações governamentais que procuram eliminar ou mitigar as causas. Esse diálogo entre as esferas federativas também deve subsidiar a emissão do parecer prévio.

da rede, devem identificar e estabelecer conexão com outros atores para que possam atuar na interface de diferentes redes, ampliando as dimensões de sua atividade. O segundo ponto se dá pela construção de um espaço que possibilite o diagnóstico dos problemas e a construção de soluções que conduzam à decisão política. As redes constituem locais nos quais se estabelece o sentido da política pública.

g) O *reconhecimento da particularidade*. Cada município apresenta uma realidade distinta, com as especificidades decorrentes de sua história, da sua geografia, do seu arranjo social, dentre outras variáveis. Tais questões devem ser consideradas no mapeamento das políticas públicas. O exercício da legitimidade por proximidade pressupõe a ampliação da maneira de exercer a competência, conjugando experiências e *expertises*, de modo que a pluralidade de interesses dos indivíduos e dos seus grupos seja considerada pelas instituições de controle. A percepção do mundo concreto deve estar presente nos julgamentos.

h) A *superação da visão restrita em relação aos problemas sociais*. Há uma multiplicidade de fenômenos que desafiam as visões tradicionais da ação pública: aumento e diversificação de atores envolvidos nas políticas públicas; segmentação, fragmentação e descentralização do Estado, enfraquecendo as fronteiras entre público e privado; crescente importância dos atores "transnacionais"; e complexidade, cada vez maior, dos sistemas de decisões públicas, sobretudo devido à crescente interdependência dos sistemas de informações. Esse também é o grande desafio do controle da responsabilidade de governo, que busca superar os obstáculos que impedem uma visão mais ampla das demandas sociais.

i) A *superação da visão restrita em relação à aquisição do conhecimento*. O diálogo constante entre o conhecimento adquirido pela experiência e o conhecimento racional teórico, isto é, a integração entre teoria e prática, reconhecendo o papel da experiência subjetiva para o desenvolvimento da humanidade.

j) A inclusão de mecanismos de mensuração de *estímulo à participação cidadã*. Cabe ao controle identificar e avaliar os mecanismos utilizados, sobretudo pelo governo local, para estimular o debate público, seja para diagnosticar os problemas que afligem a sociedade, seja para apresentar soluções conjuntas. Não se trata, contudo, de uma participação meramente formal, mas sim, de buscar oferecer instrumentos de participação autônoma e consciente pelos atores sociais. Deve-se estar atento à relevância dos estímulos institucionais orientados para a promoção do senso de responsabilidade individual perante o coletivo. É preciso superar a premissa de que o indivíduo é motivado exclusivamente pelo atendimento ao seu interesse individual.

k) A *legibilidade e a transparência do parecer prévio* emitido pelos Tribunais de Contas, o qual deve ser capaz de contribuir, de fato, para o atendimento dos questionamentos impostos pela sociedade do século XXI.

A aparente singeleza do modelo afeto à *responsabilidade de governo* e à consolidação democrática dos órgãos de controle oculta a complexidade da necessária remodelagem na fiscalização orçamentária e na estrutura teórica a embasá-la, a qual representa um divisor de águas para o controle do orçamento público, cujos pressupostos foram delineados nesse estudo. Há, ainda, um caminho a percorrer, com a definição de regras procedimentais, com a construção de indicadores de mensuração do estímulo à cidadania ativa, com a definição de instrumentos de avaliação dos compromissos assumidos pelos governantes no momento das disputas eleitorais, enfim, com a adoção de passos decisivos para que o controle dos Tribunais de Contas possa contribuir de modo efetivo na construção de uma relação legítima e de confiança entre os governantes e seus governados.

É preciso, portanto, que o pensamento hierárquico presente na estrutura organizacional da Administração Pública se molde à mentalidade da sociedade em rede do século XXI, de modo a permitir o avanço democratizado do controle, pois esse é o caminho para o *sharing control*.

CAPÍTULO 5

CONCLUSÃO

Em síntese conclusiva, as principais ideias desenvolvidas ao longo desta obra podem ser condensadas nas proposições a seguir.

1. A compreensão da existência da uma *sociedade da descon-fiança* torna-se fundamental para identificar o problema da *incompletude democrática.* O exercício democrático não se sustenta através de um único pilar, que é o da escolha de seus governantes através do voto. Há obstáculos a serem superados decorrentes da dicotomia entre as instituições eleitorais representativas que recebem a confiança de seus eleitores e a construção, em paralelo, de um "universo da desconfiança", capaz de inibir as fragilidades de uma representação aberta e indefinida.

2. A *abordagem democrática da desconfiança* está destinada a cuidar para que o poder eleito continue fiel às suas propostas, encontrando os meios para manter a exigência inicial de um representante a serviço do bem comum e que contemple a maior pluralidade dos interesses sociais possível. A desconfiança democrática se organiza por múltiplas formas e resulta de um conjunto de práticas de controle, de impedimento e de julgamento a serem exercidas pelos cidadãos, num movimento que os aproxima das instituições.

3. É justamente sob enfoque plural que reside uma das principais contribuições de Rosanvallon, na medida em que amplia a legitimidade estática da representação política, para uma *legitimidade dinâmica,* na qual as funções que prezam pela generalidade conseguem dialogar com as particularidades, não sendo, portanto, refratárias a especificidades dos

problemas concretos. É, portanto, pela multiplicação de enfoques da legitimidade que será possível incorporar a pluralidade dos diversos interesses dos indivíduos ou de seus grupos. As ideias-tipos de legitimidade (de imparcialidade, reflexiva e por proximidade), preconizadas por Rosanvallon, se superpõem e podem operar em instituições, atores e em situações distintas.

4. A consolidação democrática pressupõe a existência de *instituições sólidas,* as quais devem estar atentas às particularidades, próximas dos cidadãos e, ao mesmo tempo, serem reconhecidas como imparciais.

5. O *modelo de bom governo* proposto por Rosanvallon está alicerçado sobre dois eixos democráticos, o da *apropriação* e o da *confiança.* O primeiro se opera pelo cumprimento de diretrizes relacionadas à responsabilidade, à responsividade e à legibilidade, enquanto que o segundo está amparado na relação de confiança na pessoa do governante, através do seu discurso veraz e da sua integridade. A teoria do bom governo não deve estar restrita ao âmbito do poder executivo, mas comporta também aplicação em outras esferas, como a do controle.

6. A sociedade do século XXI redefine sua estrutura pelo *modo informacional do desenvolvimento,* através de redes interconectadas, que alteram a percepção de tempo e espaço dos atores sociais. Uma estrutura social edificada em torno de redes pessoais e organizacionais, que se movimenta no fluxo digital aberta à construção de um espaço *pervasive,* operacionalizada digitalmente por indivíduos e/ou grupos de interesses capazes não só de incluir, como também de promover novas formas de exclusões digitais.

7. O Estado deve estar atento aos excluídos da metarrede, através de uma relação de proximidade com os cidadãos, construída no espaço de fluxos e no tempo instantâneo das redes computadorizadas. O fluxo de informações que percorria uma única via, na qual os destinatários da informação eram apenas receptores, é substituído pelo fluxo da rede, um *fluxo de informações contínuo, horizontal e interativo.* As possibilidades decorrentes do fluxo de informação permitem a construção do diálogo novo e contínuo entre governantes e governados.

8. A comunicação vertical, de cima para baixo, foi uma constante na história, sendo um desafio imposto pela sociedade em rede, a alteração do *pensamento verticalizado* da Administração Pública. Na verdade, o poder formula-se no modelo tradicional sob a forma hierárquica, sendo resistente à *lógica da horizontalidade*. A lógica de verticalidade fragiliza-se pela dificuldade de ampliar-se de modo exponencial, ao contrário do que ocorre com as conexões horizontais que se fortalecem justamente pela *possibilidade de penetrabilidade social*.

9. A questão que se coloca, no entanto, vai além da mera utilização da tecnologia da informação que, de fato, está cada vez mais presente nos sistemas governamentais: cada vez se fala mais e mais rápido, disponibilizam-se dados e informações, mas, na contramão das expectativas, o cidadão não se sente próximo, já que o seu sentimento é o de distanciamento. Não basta ter acesso às informações. Não basta escutar. A sociedade e seus atores sociais querem ter voz, como demonstraram os movimentos sociais.

10. Mas, afinal, como a sociedade da desconfiança interage com seus governantes, no que se refere ao *processo das políticas públicas*? Deve-se adotar como premissa o fato de que as políticas públicas são construídas a partir de decisões orçamentárias, cujo "poder de decisão", no cenário brasileiro, não está centrado somente no poder executivo, mas é resultante da disputa entre legislativo e executivo e avança de forma silenciosa para o poder judiciário. Compreender o cenário da disputa de poder subjacente à agenda de prioridades constitui uma das premissas necessárias para redirecionar o estudo das políticas públicas.

11. A abordagem francesa defendida por Muller permitiu uma contribuição ao invocar uma visão mais ampla da política pública, incluindo no centro de sua análise a complexidade inerente ao jogo político. A compreensão de que *a política pública é* "um fazer política" enfatiza o entendimento das políticas públicas a partir das ideias, crenças e representações elaboradas pelos atores na construção de sua relação com o mundo.

12. O estudo das políticas públicas se relaciona diretamente com a prática e envolve diversos campos de conhecimento, o que contribui para a diversidade de métodos e teorias que

alicerçam o seu estudo. As diversas abordagens e suas teorias deram contribuições sólidas para a ciência das políticas públicas, sobretudo a partir da perspectiva do *policy-making process*, inaugurada pela obra de Lasswell.

13. Os três *elementos constitutivos* de um arcabouço teórico sobre a política pública, como bem acentuam Howlett, Ramesh e Perl, são: *atores, ideias e estrutura*. O primeiro elemento são os atores que levantam as questões, identificam as opções, tomam decisões e as implementam. São sujeitos que ora atuam com o propósito de promover seus próprios interesses, ora são influenciados pelas circunstâncias dos ambientes que os cercam. Em segundo lugar, os valores atribuídos às ideias que moldam as deliberações políticas. E, por fim, o *policy-making* acontece no bojo de um conjunto de estruturas sociais e políticas, que afeta as deliberações sobre o que deve ser feito.

14. A *abordagem cognitiva* enfatiza a compreensão das políticas públicas a partir das ideias, crenças e representações elaboradas pelos atores na construção de sua relação com o mundo, pondo em evidência a importância das dinâmicas de construção social da realidade, além da determinação dos quadros e das práticas socialmente legítimas. A concepção de uma política pública é construída, portanto, a partir de uma imagem da realidade sobre a qual se pretende intervir. Esta é a imagem cognitiva através da qual os atores percebem o problema, visualizam as soluções e definem as suas propostas de ação.

15. O estudo a partir da compreensão das *políticas públicas* está alicerçado nas seguintes premissas: a primeira decorre da *compreensão da pluralidade de interesses* existentes na sociedade e de seus antagonismos; a segunda refere-se ao entendimento das políticas públicas como decisões sobre os *problemas reais;* a terceira, diz respeito à necessidade de pôr como objeto de estudo não apenas o processo, mas também o *conteúdo das políticas públicas,* identificando a possibilidade de participação efetiva dos diversos atores sociais nesse processo; e por fim, tem-se a *importância do papel das instituições*, as quais devem ampliar as bases de sua legitimidade, para que possam estabelecer uma relação dialógica com os atores sociais.

Só assim pode-se falar, verdadeiramente, em escolhas políticas exercidas de forma democrática.

16. A dificuldade em se estabelecer uma definição conceitual para as políticas públicas revela a complexidade da conjugação de múltiplas variáveis. São decisões políticas que impulsionam ações estatais coordenadas, com o objetivo de compor os conflitos resultantes da pluralidade de interesses existentes na sociedade, cujo exercício democrático pressupõe o envolvimento e a participação cidadã no processo de tomada de decisões.

17. O estudo em ciclos, fases ou estágios das políticas públicas procura explicar, de modo mais detalhado, determinados fatores específicos e a forma pela qual eles interagem, sem perder a noção de que, na verdade, a política pública decorre de um fluxo contínuo de decisões e procedimentos que buscam encontrar significado nos espaços sociais. Uma conclusão importante, pois afasta a ideia de momentos únicos e sequenciais que levam à tomada de decisões racionalmente qualificadas. Na verdade, as *janelas de acesso ao circuito de decisão* devem estar sempre abertas, permitindo que o exercício da cidadania possa influir nas decisões políticas. Ir além da inclusão formal é o que se busca para obter uma *legitimidade por proximidade*.

18. Supera-se a visão de que o objeto das *políticas públicas* é o de resolver problemas, pois o concebe como *instrumento de participação política,* portanto, apta a interagir com a legitimidade posta pelo voto. Os mecanismos que levam à inclusão de um tema na agenda política são complexos e refletem as relações de poder nas sociedades contemporâneas, assim como as possibilidades e os limites de acesso aos circuitos de decisão. Afunila-se cada vez mais a participação dos atores sociais, pois, enquanto na montagem da agenda permite-se a sua participação um pouco mais ampla, na fase da tomada de decisão o grupo de atores é ainda menor, e se restringe apenas aos detentores de competência para adotar decisões públicas vinculativas.

19. Mas, *o que motiva propriamente a tomada de decisão?* Apenas a percepção de que haverá um benefício ou vantagem individual? A contribuição de Ostrom aponta para outro lado. Por meio de estudos de casos e experimentos, foi diagnos-

ticado o desafio de medir os custos e benefícios percebidos pelos tomadores de decisão, sobretudo, porque as variáveis contextuais mais amplas que afetam as vantagens e os custos percebidos diferem significativamente de um ambiente para outro. A autora, ao formular uma teoria da ação coletiva, considera que as decisões das políticas governamentais influenciam a ação coletiva, mas esta *macrocondição* deve ser analisada em conjunto com as *condições microssituacionais*, assim como as *variáveis contextuais.* Um significativo avanço na percepção e na sistematização teórica das decisões governamentais, capaz de contribuir para a compreensão de quais fatores influenciam os indivíduos no enfrentamento dos dilemas sociais.

20. Uma nova configuração de atores, relativamente permanente, que transcende divisões administrativas tradicionais, tem impulsionado o estudo das *redes de políticas públicas.* Há uma multiplicidade de fenômenos que desafiam as visões tradicionais da ação pública: aumento e diversificação de atores envolvidos nas políticas públicas; segmentação, fragmentação e descentralização do Estado, enfraquecendo as fronteiras entre público e privado; crescente importância dos atores "transnacionais"; e, complexidade, cada vez maior, dos sistemas de decisões públicas, sobretudo devido à crescente interdependência dos sistemas de informações. Tais desafios devem ser transportados também para o controle da *responsabilidade de governo.*

21. Uma das características do *conceito de rede* decorre das novas formas de articulação entre os grupos sociais, isto é, dos mecanismos pelos quais as redes interagem. Ademais, o estudo deve recair em mecanismos de identificação dos atores que podem atuar na interface de diferentes redes, pois cabe a eles a função estratégica de integração das diversas dimensões da decisão. Destaca-se, ainda, que uma das funções mais importantes das redes de políticas públicas se dá na construção do lugar que possibilite a identificação de diagnósticos e de soluções que conduzam à decisão política. As redes são, portanto, *locais de produção do sentido da política pública,* como destacou Muller.

22. Cumpre observar que a lógica específica dos respectivos fóruns evidencia a complexidade do papel das partes interessadas na definição da agenda política. Há uma transformação

da ação pública, que tem se projetado para uma aproximação entre "o fazer política pública" e "o fazer política", impondo, por conseguinte, uma nova atuação do controle, capaz de dar uma resposta para a sociedade também em termos de opções políticas, de escolhas. Não sancionando, propriamente, mas desvelando-as.

23. As políticas públicas traduzem o *conteúdo da ação pública*, de modo que compreender os processos pelos quais são formuladas e implementadas significa compreender o funcionamento dos conflitos de interesses nas sociedades modernas. Por certo que a *crise de confiança* e de legitimidade repercute diretamente nesse processo. Uma cidadania diretamente ativa exige *novos mecanismos de participação* no ínterim da política pública, desde a inscrição na agenda, passando por instrumentos de emancipação com habilidade para influenciar a tomada de decisão, até a fase de avaliação, onde as vozes ampliadas por uma *cidadania inclusiva* devem ser capazes de projetar ações públicas.

24. A política pública é o discurso em ação. São as *promessas eleitas* por uma democracia de autorização que vão tomar forma nas ações reais dos governantes. Nesse cenário conflituoso impõe-se um novo desafio, o do rearranjo dos poderes, estabelecendo limites à habilidade de influenciar, reservando espaços intangíveis e imunes a tal capacidade, no qual se opera a realização do interesse do coletivo, do comum a uma vida em sociedade. O *compromisso com o bem-estar sustentável* só é possível sob o pacto de partilha, induzido por uma *democracia em rede,* com uma maior horizontalidade e com pluralidade de vozes.

25. Por fim, um esboço que direciona para mudanças necessárias e possíveis para a construção de uma Administração Pública de exercício democrático, não apenas incluindo práticas democráticas de partilha, mas apontando para a necessidade de remodelar a lógica pela qual se operacionalizam as estruturas, de modo a contribuir para uma *legitimidade contínua, não episódica, e inclusiva* na relação entre governantes e governados, sob uma dimensão substantiva e sólida do agir do Estado pelas políticas públicas.

26. Confere-se à sociedade da desconfiança a possibilidade do exercício difuso do contrapoder, ampliando as chances

de uma *maior participação dos atores sociais. Um exercício de cidadania permanentemente ativado,* sobretudo, pelas atividades que se inserem dentro da função de controle, não apenas como mecanismo para reafirmar as normas ou os valores coletivos, como uma função de instituição, mas também como uma função de agenda, que direciona a um novo significado e, portanto, a uma maior preocupação com a "atenção pública".

27. O sistema de *controle das contas de governo,* sob a perspectiva do controle do orçamento destinado à implementação das políticas públicas, insere-se também no rol das atribuições reservadas constitucionalmente aos Tribunais de Contas, que têm por incumbência tornar legível para os governantes eleitos, assim como para os cidadãos, como foi o desempenho do mandato num determinado intervalo temporal, o do exercício financeiro.

28. Hoje há um distanciamento entre a *avaliação das políticas públicas* e o conteúdo do parecer prévio (relativo às contas de governo), que é o principal instrumento de avaliação da responsabilidade política. Ainda que as auditorias operacionais tenham significado um avanço introduzido pela Constituição de 1988, uma verdadeira porta de entrada para a avaliação das políticas públicas, constatou-se que tais resultados não são considerados, na maioria das vezes, para o exame das contas de governo. Isso se deve tanto à inexistência de uma matriz normativa que estabeleça regras-padrão para o exame do parecer prévio, quanto à dificuldade em se traduzir uma avaliação realizada por um processo específico de auditoria (abrangência temporal maior e setorizada), numa análise que é própria das contas de governo (abrangência de um exercício e mais ampla).

29. Assim, o que se apresenta como resultado na apreciação do parecer prévio é um exame, na grande maioria dos Tribunais, restrito à análise de dotações orçamentárias relativas a despesas e receitas, deixando sem resposta o questionamento social da eficiência e efetividade das políticas públicas adotadas no exercício.

30. No que se refere às *deficiências do sistema,* conclui-se que a existência de fragilidades estruturais nas Instituições de Controle Externo abala a confiança e o reconhecimento de

legitimidade no sistema de controle. Os Tribunais de Contas foram blindados com independência e autonomia, assim como seus membros a quem são assegurados as garantias, os impedimentos e os vencimentos da magistratura. A presença de magistrados de contas oriundos, em sua grande maioria, das carreiras políticas, rompe com o laço de confiança dos atores sociais na instituição. O modelo de composição dos 33 Tribunais de Contas existentes no Brasil prevê 233 membros titulares, sendo 134 escolhidos pelo legislativo, 33 de livre escolha do Chefe do Executivo, na respectiva esfera federativa, 33 escolhidos dentre os membros substitutos e 33 oriundos dos membros do Ministério Público de Contas, sendo esses dois últimos grupos oriundos de concurso público específico para a carreira.

31. A reformulação da prática administrativa busca superar o modelo verticalizado weberiano, para postular um modelo em movimento, dinâmico, horizontalizado. O pacto de submissão, que enxergava os indivíduos como sociedade pela sua generalidade abstrata numa relação vertical, cede lugar ao *pacto de partilha,* no qual os indivíduos atuam como cidadãos numa relação de horizontalidade para a promoção do bem-estar comum. Um movimento, no qual as decisões são construídas a partir da interação de ideias novas e velhas, do conhecimento científico e da experiência de vida, dos interesses de maiorias e de minorias, sendo a generalidade atendida não mais pela abstração, mas pelo reconhecimento do interesse que é comum a todos, que é o *bem-estar sustentável.*

32. As escolhas públicas constituem o eixo da *legitimidade substantiva entre governantes e governados,* pois é a partir das políticas públicas que os atores sociais percebem a presença do Estado. O novo controle das políticas deve induzir ao mais amplo acesso aos circuitos de decisão, estimulando a interatividade; decodificando a linguagem das políticas públicas de modo a permitir escolhas autônomas, com consciência, pelos cidadãos; capacitando para a cidadania participativa, e não apenas para a cidadania do controle.

33. O *sharing control* como um novo controle, ativado pela *legitimidade por proximidade,* se distancia do modelo anterior. O envolvimento das partes interessadas aponta para uma abordagem

inovadora ao permitir um diagnóstico compartilhado por diversos atores envolvidos com os problemas. Recolhem-se informações dos próprios atores, incluindo trabalhadores e beneficiários das ações, ampliando as visões sobre a ação pública e sobre o seu impacto.

34. O olhar para o que realmente importa direciona para a percepção das *políticas públicas como indutoras do bem-estar sustentável* e não como procedimentos destinados a somente resolver problemas. A adoção de medidas que promovam o bem-estar impacta diretamente no cotidiano das pessoas, e mais, também é responsável pela construção de uma relação positiva, ou seja, da relação de confiança. Há, portanto, uma *transformação na forma do controle do contrapoder* no que se refere às finanças públicas. Uma transformação que deve ser compreendida em sua plenitude, através de uma perspectiva dinâmica atrelada à democracia de exercício. O novo modelo do controle não mais direcionado para o controle de gestão, mas um Controle de Governo, em que às responsabilidades financeiras devem ser acrescidas as *Responsabilidades de Governo*.

35. Os contornos do novo modelo passam necessariamente pela *legitimidade dos órgãos de controle*; pela *responsabilidade de governo*, atrelada ao compromisso político, ao real planejamento orçamentário e ao controle de políticas públicas (a análise da qualidade do gasto público compreende não só a avaliação das opções políticas (escolhas orçamentárias), como também o controle da eficiência dos gastos públicos); e, por fim, pela *legitimidade do cidadão*, através do reconhecimento e do estímulo da sua participação nas diversas fases do ciclo da política pública, cujas possibilidades se ampliaram de forma exponencial pelo uso da tecnologia da informação.

REFERÊNCIAS

ACHEN, Chistopher H. Toward a new political methodology: micro-foundations ant ART. In: *Annual Review of Political Science*, n. 5, 2002.

AGAMBEN, Giorgio. *Estado de exceção.* Homo sacer II, 1. ed. São Paulo: Boitempo, 2004.

ALLARDT, Erik. *On the relationship between objective and subjective predicaments.* Edição 16 de research reports, Helsinki yliopisto research group for comparative sociology, ISSN 0357-3079. Universidade de Wisconsin – Madison: University of Helsinki, 1977.

ALMEIDA, Débora Rezende de. *Representação além das eleições:* repensando as fronteiras entre Estado e sociedade. Jundiaí: Paco Editorial, 2015.

AMORIM NETO, Octavio. *Presidencialismo e governabilidade nas Américas.* Rio de Janeiro: Fundação Getúlio Vargas, 2006.

ANDERSON, James E. *Public Policy-Making:* an introduction. 3. ed. Boston: Houghton Miflin, 1984, *apud* HOWLETT; RAMESH; PERL, 2013.

ARBACHE, Guilherme; FREIRE, Danilo. Votos inválidos e confiança política no Brasil. In: *Anais III Fórum Brasileiro de Pós-Graduação em Ciência Política – UFPR* - Curitiba 31 de julho de 2013 a 02 de agosto de 2013. Disponível em: <http://nupps.usp.br/downloads/relatorio2013/Anexo_04_ARBACHE,%20Guilherme;%20FREIRE,%20Danilo.%20_Votos%20Inv%C3%A1lidos%20e%20Confian%C3%A7a%20Pol%C3%ADtica%20no%20Brasil_.pdf>. Acesso em: 10 fev. 2017.

ARROW, Kenneth J. *The Limits of Organization.* New York: Norton, 1974.

BADIE, Bertrand. *La fin territórios.* Paris: Editions CNRS, "Biblis", 2013.

BANERJEE, Abhijit; DUFLO, E. *A economia dos pobres*: repensar de modo radical a luta contra a pobreza global. Tradução Pedro Vidal. Portugal: Temas & Debates, 2012.

BANERJEE, Abhijit *et al. A multifaceted program causes lasting progress for the very poor*: evidence from six countries. Disponível em: <http://science.sciencemag.org/content/348/6236/1260799>. Acesso em: 25 mar. 2017.

BAR, François; WEBER, Matthew. S.; PISANI, Francis (2016). Mobile technology appropriation in a distant mirror: baroquization, creolization, and cannibalism. In: *New Media & Society*, v. 18, n. 4, fev. 2016. Disponível em: <http://doi.org/10.1177/1461444816629474>. Acesso em: 10 fev. 2017.

BAR, François; GALPERIN, Hernan. Geeks, burocratas e cowboys: criando uma infraestrutura Internet, de modo Wireless. In: CASTELLS, Manuel; CARDOSO, Gustavo. *A sociedade em rede do conhecimento à ação política.* 2005. Disponível em: <http://www.egov.ufsc.br/portal/sites/default/files/anexos/a_sociedade_em_rede_-_do_conhecimento_a_acao_politica.pdf>. Acesso em: 16 jan. 2017.

BARABÁSI, Albert-László. *Linked:* How everything is connected to everything else and what it means for business, science, and everyday life. New York: A Plume Book, 2003.

BAUMAN, Zygmunt; LYON, David. *Vigilância líquida.* Tradução de Carlos Alberto Medeiros. Rio de Janeiro: Zahar, 2013.

BAUMAN, Zygmunt. *Modernidade líquida.* Tradução de Plínio Dentzien. Rio de Janeiro: Zahar, 2001.

BAUMAN, Zygmunt; MAURO, Enzo. *Babel*: entre a incerteza e a esperança. Tradução Renato Aguiar. 1. ed. Rio de Janeiro: Zahar, 2016.

BAUMGARTNER, Frank R; JONES, Bryan D. Agenda Dynamics and policy subsystems. In: *Journal of politics,* v. 53, n. 4, p. 1044-1074, nov. 1991.

BEAUD, Olivier; BALNQUER, Jean-Michel. *La Responsabilité des gouvernants.* Paris: Descartes & Cie, 1999.

_____. *Le príncipe irresponsabilité.* Le Débat, 108, jan-fev 2000.

BECCARIA, Cesare. *Dos delitos e das penas.* 1764, eBook. Disponível em: <http://www.dominiopublico.gov.br/download/texto/eb000015.pdf>. Acesso em: 13 fev. 2017.

BECK, Ulrich; GIDDENS, Anthony; LASH, Scott. *Modernização reflexiva*: política, tradição e estética na ordem social moderna. São Paulo: Unesp, 2012.

BELLAH, Robert *et al. Habits of the Heart*: Individualism and Commitment in American Life. Berkeley: University of California Press, 1985.

BENKLER, Yochai. Innovation, and collaboration in networked economy and society. *Annual Review of Law and Social Science,* v. 13. Disponível em: <http://www.annualreviews.org/doi/abs/10.1146/annurev-lawsocsci-110316-113340>. Acesso em: 03 abr. 2017.

_____. *The wealth of networks*: how social production transforms markets and freedom. Estados Unidos: Yale University Press, 2006. Disponível em: <http://www.benkler.org/Benkler_Wealth_Of_Networks.pdf>. Acesso em: 03 abr. 2017.

BENTHAM, Jeremy. *Tacticas parlamentarias.* 2002. Disponível em: <http://www.diputados.gob.mx/sedia/biblio/virtual/dip/tacticas/Tacticas_Parla.pdf>. Acesso em: 26 nov. 2016.

BENTHAM, Jeremy. *Tácticas de las asambleas legislativas, primera edición.* México: Cámara de Diputados, Mesa Directiva LXII Legislatura, 2015. Disponível em: <http://biblioteca.diputados.gob.mx/janium/bv/md/LXII/Tacticas.pdf>. Acesso em: 24 jan. 17.

BENTHAM, Jeremy *et al. O panóptico.* Organização de Tomaz Tadeu. Traduções de Guacira Lopes Louro, M. D. Magno, Tomaz Tadeu. 2. ed. Belo Horizonte: Autêntica Editora, 2008.

BOBBIO, Noberto. *Democracia e segredo.* Organizado por Marco Revelli. Tradução de Marco Aurélio Nogueira. 1. ed. São Paulo: Editora UNESP, 2015.

BOBBIO, Norberto. *O futuro da democracia.* 7. ed. Rio de Janeiro: Paz e Terra, 2009.

BOBBIO, Norberto. *Democracia e segredo.* Organizado por Marco Revelli. Tradução de Marco Aurélio Nogueira. 1. ed. Belo Horizonte: Autêntica Editora, 2008.

BON, Gustave Le. *O desequilíbrio do mundo pós I guerra.* Niterói: Teodoro, 2013.

BONNAL, Philippe; LEITE, Sergio Pereira. (org.) *Análise comparada de políticas agrícolas*: uma agenda em transformação. Rio de Janeiro: Mauad X, 2011.

BOUSSAGUET, Voir L.; JACQUOT, Sophie; RAVINET, Pauline. *Une french touch dans l'analyse des politiques publiques?* Paris: Presses de Sciences Po, 2015.

BOUVIER, Michel *et al. Finances publique.* 4. ed. Paris: LGDJ, 1998.

BRAGA, Sergio Soares. *As relações entre o executivo e o legislativo e a elaboração da política econômica na primeira experiência de democracia presidencialista pluripartidária brasileira (1946-1964).* Tese (Doutorado em Economia) – Instituto de Economia, Universidade Estadual de Campinas, Campinas, SP, 2008. Disponível em: <http://www.bibliotecadigital.unicamp.br/document/?code=vtls000439559>. Acesso em: 25 nov. 2016.

BRANDEIS, Louis D. What publicity can do. In: *Harper's Weekly*, v. 20, dez. 1913.

BRANS, Marleen; VANCOPPENOLLE, Diederik. *Policy-making reforms and civil service systems*: an exploration of agendas and consequences. Disponível em: <http://steunpuntbov.be/rapport/s0204002.pdf>. Acesso em: 03 jan. 2017.

BRASIL. Supremo Tribunal Federal. *Ação direta de inconstitucionalidade (Med. Liminar) nº 849-8.* 1999. Procurador-Geral da República *versus* Assembléia Legislativa do Estado de Mato Grosso. Relator Min. Sepúlveda Pertence. Disponível em: <http://www.stf.jus.br/portal/peticaoInicial/verPeticaoInicial.asp?base=ADIN&s1=849&processo=849>. Acesso em: 13 fev. 2017.

BRASIL. *Parecer nº 2966/2013.* Processo nº 99903.000232/2013-84. Disponível em: <http://www.acessoainformacao.gov.br/assuntos/recursos/recursos-a-cgu/arquivos/mdic/bndes/pa29662013.pdf/view>. Acesso em: jan. 2017.

BROUGH, Melissa *et al.* Participatory design of a mobile platform for social justice: reflections on power and participation in the mobile voices project. *International Journal of Learning and Media,* v. 5.

BUCCI, Maria Paula Dallari. *Direito administrativo e políticas públicas.* 2. ed. São Paulo: Saraiva, 2006.

BUCHANAN, James. Politics without romance: a sketch of positive public choice theory and its normative implication. In: BUCHANAN, James; TOLLISON, Robert (orgs.). *Theory of public choice.* [S.l.]: Physica, 1984.

_____. Rent seeking and profit seeking. In: BUCHANAN, James M.; TOLLISON, Robert D.; TULLOCK, Gordon (Ed.). *Toward a theory of the rent-seeking society.* College Station, Texas: Texas A & M University Press, 1980. [Reimpresso em TOLLISON, Robert D.; CONGLETON, Roger D. (Ed.). *The economic analysis of rent seeking.* Aldershoot, England: Edward Elgar, 1995].

CAILLÉ Alain. *La quête de la reconnaissance*: nouveau phénomène social total. Paris: La Découverte, 2007.

CARLEY, Michael. *Rational techniques in policy analysis.* London: Heinemann Educational Books, 1980.

CASTELLS, Manuel. *A sociedade em rede.* Tradução de Roneide Venancio Majer. 17. ed. revista e ampliada. São Paulo: Paz e Terra, 2016.

_____. *A galáxia da internet*: reflexões sobre a internet, os negócios e a sociedade. Tradução de Maria Luiza X. de A. Borges. Rio de Janeiro: Jorge Zahar, 2003.

_____. *O poder da comunicação.* Tradução de Vera Lúcia Mello Joscelyne. 1. ed. São Paulo/Rio de Janeiro: Paz e Terra, 2015.

_____. *Redes de indignação e esperança*: movimentos sociais na era da internet. Tradução de Carlos Alberto Medeiros. 1. ed. Rio de Janeiro: Zahar, 2013a.

_____. *O poder da identidade.* Tradução de Klauss Brandini Gerhardt. 8. ed. São Paulo: Paz e Terra, 2013b.

_____; CARDOSO, Gustavo. *A sociedade em rede do conhecimento à ação política*. 2005. Disponível em:<http://www.egov.ufsc.br/portal/sites/default/files/anexos/a_sociedade_ em_rede_-_do_conhecimento_a_acao_politica.pdf>. Acesso em: 16 jan. 2017.

CHAVALLIER, Jacques. *Science administrative*. 5. ed. Paris: Presses Universitaires de France, 2013.

CLUNY, António. *Responsabilidade financeira e Tribunal de Contas*. Lisboa: Coimbra Editora, 2011.

COBB, Ross. W.; ELDER, C. D. *Participation in American politics*: the dynamics of agenda-Building. Baltimore: Johns Hopkins University Press, 1972.

_____. *The political uses of symbols*. New York: Longman, 1983.

COBB; Ross. Denying agenda access: strategic considerations. In: COBB; ROSS. *Cultural strategies of agenda denial*: avoidance, attack and political science review. Lawrence, KS: University Press of Kansas, 1977.

DAHL. Robert. *A preface to democratic theory*. Chicago: University of Chicago Press, 1956.

_____. *Who Governs? Democracy and power in American city*. New Haven: Yale University Press, 1961.

_____. *Poliarquia*: participação e oposição. São Paulo: EdUSP, 1997.

_____. *Es democrática la constitución de los Estados Unidos?* Buenos Aires: Fondo de Cultura Económica, 2003.

_____. R.; LINDBLOM, C. *Politics, economics and welfare*: planning and político-economic systems resolved into basic social processes. Nova York: Haper and Row, 1953.

DARDOT, Pierre; LAVAL, Christian. *A nova razão do mundo*: ensaio sobre a sociedade neoliberal. Trad. Mariana Echalar. 1. ed. São Paulo: Boitempo, 2016.

DeLEON, Peter. *Democracy and plicy sciences*. Albany: State University of New York Press, 1997.

DENHARDT, Robert B. *Teorias da administração pública*. 1. ed. 2. reimp. Tradução de Francisco G. Heidemann. São Paulo: Cengage Learning, 2015.

DENHARDT, Robert B.; CATLAW, Thomas J. *Teorias da administração pública*. Tradução de Noveritis do Brasil. 2. ed. São Paulo: Cengage Learning, 2017.

DENHARDT, Robert B.; CHAPIN, Linda W. Putting "Citizens First!" in orange county, Florida. *National Civic Review*, 1995. Disponível em: <https://onlinelibrary.wiley.com/ journal/15427811>. Acesso em: 3 maio 2018.

DERANI, Cristiane. A propriedade na Constituição de 1988 e o conteúdo da sua função social. *Revista trimestral de direito público*, v. 34. São Paulo: Malheiros, 2001.

_____. *Direito ambiental econômico*. São Paulo: Saraiva, 2008.

DONEDA, Danilo; ALMEIDA, Virgilio Augusto Fernandes. What is algorithm governance? *IEEE Internet Computing*, v. 20, p. 60-63, 2016.

DRYZEC, John S. A post-positivist policy-analytic travelogue. *In the Good society*, v. 11, n. 1, p. 34-35, 2002.

DYE, Thomas R. *Understanding public policy*. 11. ed. Upper Saddle, New Jersey: Pretince-Hall, 2005.

REFERÊNCIAS | 265

DYE, Thomas R. Mapeamento dos modelos de análise de políticas públicas. In: HEIDEMANN, Francisco G.; SALM, José Francisco. *Políticas públicas e desenvolvimento*: bases epistemológicas e modelos de análise. Brasília: UNB, 2009.

ETZIONI, Amitai. Mixed scanning: uma "terceira" abordagem de tomada de decisão. In: HEIDEMANN, Francisco G.; SALM, José Francisco. *Políticas públicas e desenvolvimento*: bases epistemológicas e modelos de análise. Brasília: UNB, 2009.

FAUR, David Levi; GADOT, Eran Vigoda. New public policy, new policy transfers: some characteristicas of a new order in the making. In: *International Journal of Public Administration*, v. 29, n. 4, p. 247-267. Disponível em: <file:///C:/Users/Tati%20Mendes/Downloads/New_Public_Policy_New_Policy_Transfers_Some_Charac.pdf.>. Acesso em: 26 nov. 2016

FAVRE, Pierre. L'émergence des problèmes dans le champ politique. In: FRAVE, Pierre. *Sida et politique*: les premiers affrontements (1981-1987). Paris: L'Harmattan, 1992.

FIGUEIREDO, Cheibub; LIMONGI, Fernando de Magalhães Papaterra. *Executivo e Legislativo na nova ordem constitucional*. Rio de Janeiro: Fundação Getúlio Vargas, 1999.

FIORI, José Luís. *60 lições dos 90*: uma década de neoliberalismo. Rio de Janeiro: Record, 2001.

FONTAINE, Gilles; KEVIN, Deirdre. Mavise extra media ownership: towards Pan-European groups? Disponível em: <http://www.obs.coe.int/documents/205595/264629/Media+ownership+towards+pan-European+groups/418385fa-cf0e-4c12-b233-29476177d863>. Acesso em: 21 nov. 2016.

FREITAS, Juarez. *Direito fundamental à boa administração pública*. 3. ed. São Paulo: Malheiros, 2014.

_____. *Sustentabilidade*: direito ao futuro. 3. ed. Belo Horizonte: Fórum, 2016.

_____. Teoria da regulação administrativa sustentável* Theory of sustainable administrative regulation. *RDA - Revista de Direito Administrativo*, Belo Horizonte, ano 2015, n. 270, set./dez. 2015.

FREITAS, Juarez; COSTA-SILVA, Bruno Martins da. Direito da regulação e deferência: o poder da Suprema Corte dos Estados Unidos sobre o futuro de políticas voltadas à redução das emissões de gases tóxicos. *Interesse Público – IP*, Belo Horizonte, ano 18, n. 100, nov./dez. 2016.

GALÈS, Patrick Le; THATCHER, Mark (dir). Les réseaux de politique publique. Débat autour des policy networks. In: *Politix*, v. 10, n. 37, 1997. p. 177-183.

GALÈS, Patrick Le; THATCHER, M. (dir.). *Les Réseaux de politique publique. Débats autour des policy networks*. Paris: L'Harmattan, 1995. Disponível em: <http://www.persee.fr/doc/polix_0295-2319_1997_num_10_37_1660>. Acesso em: 17 jan. 2017.

GARDNER, John. *Building community*. Washigton, DC: Independent Sector, 1991.

GEARTY, Conor; REGAN, Daniel. *ConstitutionUK*: Crowdsourcing da Constituição do Reino Unido, UK Const L. Blog (09 de março de 2015). Disponível em: <Https://ukconstitutionallaw.org/>. Acesso em: 28 dez. 2016.

GERSTLÉ, Jacques. Democratie représentative, réativité politique et imputabilité. *Revue française de sciencie politique,* v. 53, n. 6, dez. 2003.

GIBERT, Patrick. Yves Meny et Jean Claude Thoenig: politiques publiques. In: *Politiques et management public,* v. 8, n. 1, 1990, p. 155-156.

GIBERT, Patrick. Management public, management de la puissance publique, dans F. Lacasse, J.C. Thoenig (dir.), *L'Action publique,* Paris, L'Harmattan, 1996, p. 29-30.

GIDDENS, Anthony. *A Constituição da sociedade.* 3. ed. Tradução de Álvaro Cabral. São Paulo: Editora WMF Martins Fontes, 2009.

GIDDENS, Anthony. *Modernity and Self-identity:* Self and Society in the Late Modern Age. Cambrigde: Polity Press, 1991.

GOHN, Maria da Glória. Movimentos sociais na atualidade: manifestações e categorias analíticas. In: GOHN, Maria da Glória (org). *Movimentos sociais no início do séc. XXI*: antigos e novos atores sociais. 5. ed. Petrópolis, RJ: Vozes, 2011.

GOHN, Maria da Glória. *Manifestações de junho de 2013 no Brasil e praças dos indignados no mundo.* Petrópolis, RJ: Vozes, 2014.

GRANOVETTER, Mark. *A construção social da corrupção.* Disponível em: <https://periodicos.ufsc.br/index.php/politica/article/viewFile/1832/1606>. Acesso em: 17 nov. 2016.

GREVE, Bent. *Felicidade.* Tradução: Pedro Barros. 1. ed. São Paulo: Unesp, 2013.

GRISA, Catia. As ideias na produção de políticas públicas. In: *Análise comparada de políticas agrícolas:* uma agenda em transformação. Rio de Janeiro: Mauad X, 2011.

GRUNBERG, Gérard; MAYER Nonna; SNIDERMAN, Paul M. *La* démocratie à *l´epreuve*: une nouvelle approche de l'opinion des Français. París: Presses de Sciences-Po, 2002.

GUARNIERI, Juan Pablo Pío. *Financiación de partidos políticos en Uruguay*: aportes críticos para un debate más democrático en clave de derecho. Fundación de Cultura Universitaria, 2015.

GUIZOT, François. *Des moyens de gouvernement et d'opposition dans l'etat actuel de la France.* 1821. Disponível em: <https://play.google.com/books/reader?id=9mNAAAAcAAJ&printsec=frontcover&output=reader&hl=pt_BR&pg=GBS.PA19>. Acesso em: 27 jan. 2017.

GUIZOT, François. *Essai sur politique de la nation anglaise et du gouvernement britanique.* 1817. Disponível em: <http://www.guizot.com/wp-content/uploads/1970/03/colloque93-Theis.pdf>. Acesso em: 3 maio 2018.

HABERMAS, Jürgen. *Direito e democracia*: entre facticidade e validade. 2. ed. Tradução de Flávio Beno Siebeneichler. Rio de Janeiro: Tempo Brasileiro, 2003.

HALL, Peter A.; TAYLOR, Rosemary C. R. As três versões do Neo-Institucionalismo. *Lua Nova,* n. 58, 2003.

HAN, Byung-Chul. *A Sociedade da transparência.* Lisboa: Relógio D´Água Editores, 2014.

HART, Carl. *Um preço muito alto*: a jornada de um neurocientista que desafia nossa visão sobre as drogas. Trad. Clóvis Marques. Rio de Janeiro: Zahar, 2014.

HELLIWELL, John; LAYARD, Richard; SACHS, Jeffrey. *World happiness report 2017.* Disponível em: <http://worldhappiness.report/>. Acesso em: 07 abr. 2017.

HIRSCHL, Ran. *Towards Juristocracy*: the origins and consequences of de new constitucionalism. Harvard: University Press, 2004.

HOWLETT, Michael; RAMESH, M. *Studying public policy*: policy cycles and policy subsystems. Toronto: Oxford University Press, 2003.

HOWLETT, Michael; RAMESH, M.; PERL, Anthony. *Política pública*: seus ciclos e subsistemas: uma abordagem integral. Tradução de Francisco G. Heidemann. 3. ed. Rio de Janeiro: Elsevier, 2013.

IMMERGUT, Ellen. O núcleo teórico do novo institucioalismo. In: SARAVIA, Enrique; FERRAREZI, Elisabete (Org.). *Políticas públicas*. Coletânea, v. 1. Brasília: ENAP, 2006.

ISMAIL, Salim; MALONE, Michael S.; GEEST, Yuri Van. *Organizações exponenciais*: por que elas são 10 vezes melhores, mais rápidas e mais baratas que a sua (e o que fazer a respeito). Trad. Gerson Yamagami. São Paulo: HSM Editora, 2015.

JENKINS, William. *Policy analysis*: a political and organizational perspective. London: Martin Robertson, 1978.

JOBERT, Bruno. Le Mythe de la gouvernance dépolitisée. In: FAVRE, P. *et al.* (org.). *Etre gouverné*. Paris: Presses de Sciences Po, 2003.

JONES, Charles O. *An introduction to the study of public policy*. 3. ed. Boston: Duxbury, 1984.

_____ ; MULLER, Pierre. *L'Etat en action*: politiques publiques et corporatisme. Paris: Presses Universitaires de France, 1987.

KANT, I. Princípios metafísicos da doutrina da virtude. In: *Metafísica dos costumes*. São Paulo: EDIPRO, 2003.

KAPLAN, Robert S.; NORTON David P.; *A estratégia em ação*: balanced scorecard. Trad. Luiz Euclydes Trindade Frazão Filho. Rio de Janeiro: Elsevier, 1997.

KING, Antonhy. Ideas, Institutions and the policies of governments: a comparative analysis: Part III. In: *British Journal of Political Science,* v. 3, n. 4, p. 409-423, oct/1973.

KINGDON, John W. *Agendas, alternatives and public policies.* 2. ed. New York: Harper Collins, 1995.

KLING, Hugo Henrique de Melo; FIGUEIREDO, Daniel Ratton. A model for ambiguation and an algorithm for disambiguation in social net works. In: *CompleNET*, Nova Iorque. 6th Workshop on Complex Networks, 2015.

KUHN, Thomas. *La estructura de las revoluciones científicas.* México: Fondo de cultura, 1970.

LASSWELL, Harold Dwight. *Who gets what, when, how.* Nova York: Meridian, 1958.

_____. La orientación hacia lãs políticas. In: VILLANUEVA, Luís F. Aguilar. *El estudio de las políticas públicas.* México: Miguel Angel Porrua, 2000.

_____; LERNER, David (org.). *The policy science*: recent developments in scope and method. Stanford: Stanford University Press, 1951.

LECA, Jean. L'évaluation dans la modernisation de l'Etat. In: *Politiques et management public,* v. 11, n. 2, 1993. Disponível em: <http://www.persee.fr/docAsPDF/pomap_0758-1726_1993_num_11_2_3114.pdf>. Acesso em: 04 jan. 2017.

LEMOS, André; PALÁCIOS, Marcos. *Janelas do ciberespaço*. Porto Alegre: Sulina, 2001.

LEVI-FAUR, D.; VIGODA-GADOT, E., New public policy, new policy transfers: some haracteristics of a new order in the making. In: *International Journal of public administration,* v. 29, p. 247-262, 2006. Disponível em: <file:///C:/Users/Tati%20Mendes/Downloads/New_Public_Policy_New_Policy_Transfers_Some_Charac.pdf.>. Acesso em: 26 nov. 2016.

LIMA, Edilberto Carlos Pontes. *Curso de finanças públicas*: uma abordagem contemporânea. São Paulo: Atlas, 2015.

LINDBLOM, Charles Edward. Mudding through 1: a ciência da decisão incremental. In: HEIDEMANN, Francisco G.; SALM, José Francisco. *Políticas públicas e desenvolvimento*: bases epistemológicas e modelos de análise. Brasília: UNB, 2009.

LINDBLOM, Charles Edward. Muddling through 2: a ubiqüidade da decisão incremental. In: HEIDEMANN, Francisco G.; SALM, José Francisco. *Políticas públicas e desenvolvimento*: bases epistemológicas e modelos de análise. Brasília: UNB, 2009.

LYNCH, Christian Edward Cyril. A Democracia como problema. In: ROSANVALLON, Pierre. *Por uma história do político*. Tradução de Christian Eward Cyril Lunch. São Paulo: Alameda, 2010.

MACHADO, Carlos; MARQUES, Danusa. As ciências sociais brasileiras e a temática da desigualdade (2000 a 2010). In: MIGUEL, Luis Felipe (org.). *Desigualdade e democracia*: o debate da teoria política. 1. ed. São Paulo: Editora Unesp, 2016.

MARCH, James; OLSEN, Joahn, Neo-institucionalismo: fatores organizacionais na vida política. *Revista Sociologia e Política,* v. 16, n. 31, Curitiba, nov. 2008.

MARTINS, Margarida Salema d'Oliveira. O órgão de controlo externo do financiamento político: notas de estudo comparado, de historial e de reflexão. In: *Estudos em Homenagem ao Senhor Conselheiro Presidente Rui Moura Ramos*. Lisboa: Almedina, 2016. v. 2.

MARTINS NETO, João dos Passos. *Fundamentos da liberdade de expressão.* Florianópolis: Insular, 2008.

MASSARDIER, Gilles. Cognição, políticas e ações públicas: entre coerência, fragmentação e aprendizados. In: *Análise comparada de políticas agrícolas*: uma agenda em transformação. Rio de Janeiro: Mauad X, 2011.

MAYER, Igor S.; VAN DAALEN, Els; BOTS, Pieter W. G. Perspectives on policy analysis: a framework for understanding and design. *International Journal of Technology, Policy and Management,* v. 4, n. 2, p. 169-191, 2004.

MEIJER, Albert. Transparency. In: BOVENS, Mark; GOODIN, Robert. E.; SCHILLEMANS, Thomas. *The Oxford Handbook of public accontability.* EUA: Oxford USA Professio, 2014.

MELO, José Marques de. *Teoria e metodologia da comunicação*: tendências do século XXI. São Paulo: Paulus, 2014.

MELO, Marcus André. *Reformas constitucionais no Brasil:* instituições políticas e processo decisório. Rio de Janeiro/ Brasília: Revan/Ministério da Cultura, 2002.

MERQUIOR, José Guilherme. *Rousseau e Weber*: dois estudos sobre a teoria da legitimidade. Trad. Margarida Salomão. Rio de Janeiro: Editora Guanabara, 1990.

METCALFE, Robert M.; BOGGS, David R. *Ethernet*: distributed packet-switching for local computer networks. Disponível em: <http://citeseerx.ist.psu.edu/viewdoc/download?rep=rep1&type=pdf&doi=10.1.1.219.4152>. Acesso em: 07 dez. 2016.

MEZZAROBA, Orides; MONTEIRO, Cláudia Servilha. *Manual de metodologia da pesquisa no direito*. 6. ed. São Paulo: Saraiva, 2014.

MIAILLE, Michel. *Introdução crítica ao Direito.* Lisboa: Editorial Estampa, 2005.

MIGUEL, Luis Felipe. Sorteios e representação democrática. *Lua Nova,* São Paulo, v. 50, p. 69-96, 2000.

_____. O liberalismo e o desafio das desigualdades. In: MIGUEL, Luis Felipe (org.). *Desigualdade e democracia*: o debate da teoria política. 1. ed. São Paulo: Editora Unesp, 2016.

MONROE, Alan. Consistency between public preferences and nacional policy decisions. In: *Amarecian Politics Quarterly*, v. 7, n. 1, p. 3-19, 1979.

MOUFFE, Chantal (ed.). *Dimensions of radical democracy*. London: Verso, 1992.

MULLER, Pierre. *Les politiques publiques*. 11. ed. Paris: Presses Universitaires de France, 2015, E-Book.

_____; SUREL, Yves. *A análise das políticas públicas*. Pelotas: Educat, 2002.

NECKER, Jacques. *Du pouvoir exécutif dans les grands* États. 1792. Disponível em: <http://droitpolitique.com/IMG/pdf/31412-1.pdf>. Acesso em: 27 jan. 2017.

_____. *Compte rendu au Roi (1781) en Euvres completes de M. Necker*. Paris: Treuttel et Würtz, 1820. v. 2.

_____. *De l´administration dês finances de la France (1784), introducción, en Euvres completes de M. Necker*. Paris: Treuttel et Würtz, 1821. v. 4.

NEUMANN, John Von; MORGENSTERN, Oskar. *Theory of games and economic Behavior*. New Jersey: Priceton University Press, 1947.

NEUMAN, W. Russell *et al*. *The affect effect*: dynamics of emotions in political thinking and Behavior. Chicago: University Press, 2009.

NÓBREGA, Marcos. Orçamento, eficiência e performance budget. In: CONTI, José Mauricio; SCAFF, Fernando Facury. (Org.) *Orçamentos públicos e direito financeiro*. São Paulo: Revista dos Tribunais, 2011.

OCDE. *Society at a glance, 2006*. Paris: OCDE, 2006.

O'DONNELL, Guillermo. Sobre o "corporativismo" e a questão do Estado. *Cadernos DCP*, Belo Horizonte, n. 3, p. 1-54, mar. 1976.

_____. Democracia delegativa? *Novos estudos Cebrap*, n. 31, p. 25-40, out. 1991.

_____. Sobre o Estado, a democratização e alguns problemas conceituais. *Novos estudos Cebrap*, n. 36, p. 123-145, 1993.

_____. Accountability horizontal: la institucionalización legal de la desconfianza política. *Revista Española de Ciencia Política,* n. 11, p. 11-31, out. 2004.

_____. *Revisando la democracia delegativa*. Disponível em: <http://www.difusioncultural.uam.mx/casadeltiempo/31_iv_may_2010/casa_del_tiempo_eIV_num31_02_08.pdf>. Acesso em: 08 abr. 2017.

OLIVEIRA, Regis Fernandes. *Gastos p*úblicos. São Paulo: Editora Revista dos Tribunais, 2012.

OLIVO, Luis Carlos Cancellier. Disponível em: <file:///C:/Users/Tati%20Mendes/Downloads/HWR_Livro2014_Educa%C3%A7%C3%A3oJur%C3%ADdica_07042014.pdf>. Acesso em: 14 dez. 2016.

ONU. *Transformando nosso mundo*: a agenda 2030 para o desenvolvimento sustentável. Disponível em: <https://nacoesunidas.org/wp-content/uploads/2015/10/agenda2030-pt-br.pdf>. Acesso em: 05 nov. 2016.

ORDINE, Nuccio. *A utilidade do inútil*: um manifesto. Tradução Luiz Carlos Bombassaro. 1. ed. Rio de Janeiro: Zahar, 2016.

PAIM, Antônio. *Inconsistência da crítica de Pierre Rosanvallon à democracia participativa.* Disponível em: <http://www.ecsbdefesa.com.br/defesa/fts/ICPR.pdf>. Acesso em: 17 jan. 2017.

PAINTER, Martin; PIERRE, Jon. *Challenges to state policy capacities*: global trends and comparative perspectives. London: Palgrave, 2005.

PALERMO, V. Como se governa o Brasil? O debate sobre instituições políticas e gestão de governo. *Dados - Revista de Ciências Sociais,* Rio de Janeiro, v. 43, n. 3, 2000, p. 521-558. Disponível em: <http://www.scielo.br/scielo.php?script=sci_arttext&pid=S0011-52582000000300004&lng=en&nrm=iso&tlng=pt>. Acesso em: 27 dez. 2016.

PERROT, Michelle. O inspetor Bentham. Tradução de Guacira Lopes Louro. In: BENTHAM, Jeremy *et al. O panóptico.* Organização de Tomas Tadeu. 2. ed. Belo Horizonte: Autêntica Editora, 2008.

PIKETTY, Thomas; SAEZ, Emmanuel; ZUCMAN, Gabriel. *Distributional national accounts*: Methods and estimates for the United States. 2016. Disponível em: <http://equitablegrowth.org/working-papers/distributional-national-accounts/>. Acesso em: 7 abr. 2017.

POTEETE, Amy R.; JANSSEN, Marco; OSTROM, Elinor. *Trabalho em parceria*: ação coletiva, bens comuns e múltiplos métodos. Tradução de Rogério Bettoni. São Paulo: Editora Senac, 2011.

PRZEWORSKI, A; STOKES, S.; MANIN, B. (Eds.). *Democracy, accountability, and representation.* New York: Cambridge University Press, 1999.

RADAELLI, C. M. Logiques de pouvoirs et récits dans les poliques publiques de l'Union Européene. *Revue Française de Science Politique,* v. 50, n. 2, p. 255-275, 2000.

RADIN, Beryl A. *Beyond Machiavelli:* policy analysis comes of age. Washington: Georgetown University Press, 2000.

RAINIE, Lee; WELLMAN, Barry. *Networked*: the new social operating system, 2012.

RÊGO, Eduardo de Carvalho. *Superpoder Judiciário:* o papel do controle de constitucionalidade na consolidação da juristocracia no Brasil. Florianópolis: Tese de Doutorado, Universidade Federal de Santa Catarina, 2018.

RHODES, Roderick Arthur William; MARSH, David. Policy networks in British politics: a critic of existing approaches. In: MARSH, David; RHODES, Roderick Arthur William (eds). *Policy networks in British Government.* Oxford: Oxford University Press, 1992.

RICOEUR, Véase Paul. Le concept de responsabilité. Essai d'analyse sémantique. In: *Les equivoques de la responsabilité.* Paris: Aouka, 1994.

ROCHA, Carlos Vasconcelos. Neoinstitucionalismo como modelo de análise para as políticas públicas. *Civitas – Revista de Ciência Sociais,* v. 5, n. 1 jan-jun, 2005.

RODRIGUES, Marta Maria Assumpção Rodrigues. *Políticas públicas.* 1. ed. 3. reimp. São Paulo: Publifolha, 2013.

ROMANO, Jorge O. Redes de política pública na trajetória do setor público agrícola brasileiro. In: BONNAL, P.; LEITE, S. P (Org.). *Análise comparada de políticas agrícolas*: uma agenda em transformação. Rio de Janeiro: MauadX, 2011.

ROSANVALLON, Pierre. *La legitimidad democrática*: imparcialidad, reflexividad, proximidad. Tradução de Heber Cardoso. 1. ed. Buenos Aires: Manantial, 2009.

_____. *Por uma história do político*. Tradução de Christian Eward Cyril Lunch. São Paulo: Alameda, 2010.

_____. *La sociedad de iguales*. Buenos Aires: Manantial, 2015a.

_____. *La Contre-Démocratie*. Paris: Seuil, 2006.

_____. *La contrademocracia*: La politica en la era de la desconfianza. Buenos Aires: Manantial, 2015b.

_____. *El buen gobierno*. Tradução de Horacio Pons. Buenos Aires: Manantial, 2015c.

_____. *Le bon gouvernement*. Paris: Éditions du Seuil, 2015d.

ROSE, Richard. The program approach to the growth of government. *British Journal of political science,* v. 15, n. 1, 1985, p. 1-28.

ROSE, Ricard. *Do parties make a difference?*. Londres: Macmillan, 1980.

ROSO, Ana. *Da representação política à responsabilidade política.* Disponível em: <http://www.revista.ajes.edu.br/index.php/Iurisprudentia/article/view/189/82>. Acesso em: 26 jan. 2017.

SABATIER, Paul A.; EDELLA, Schlager. Les approches cognitives des politiques publiques: perspectives américaines. In: *Revue française de science politique,* v. 50, n. 2, 2000, p. 209-234.

SANDEL, Michael J. *Democracy´s discontents.* Cambridge: Belknap Press of Harvard University Press, 1996.

SANTOS, Boaventura. O Estado social, Estado previdência e de bem-estar. In: SANTOS, Boaventura de Sousa. *A cor do tempo quando foge*: uma história do presente. Crônicas 1986 – 2013. São Paulo: Cortez, 2014.

SANTOS, Cristina Normandia dos. *Perfil do internetês*: curtir, comentar e compartilhar: recursos linguísticos da escrita digital no gênero da conversação do Facebook. Novas edições acadêmicas, 2014.

SANTOS, Fabiano. *O Poder Legislativo no presidencialismo de coalizão.* Belo Horizonte: UFMG, 2003.

SANTOS, Paloma Maria; SELIG, Paulo Maurício. *Indicadores para o novo serviço público*: uma análise bibliométrica e sistêmica. Disponível em: <http://www.scielo.br/pdf/pci/v19n3/a05v19n3.pdf>. Acesso em: 28 jan. 2017.

SANTOS, Paloma Maria *et al.* Ranking dos tribunais de contas brasileiras: uma avaliação a partir dos padrões *web* em governo eletrônico. In: *Revista de Administração Pública,* Rio de Janeiro, maio-jun, 2013.

SÃO PAULO. Tribunal de Contas de São Paulo. Índice *de efetividade da gestão municipal*. Disponível em: <http://iegm.tce.sp.gov.br/>. Acesso em: 13 mai. 2016.

SCHEDLER, A.; DIAMOND, L; PLATTNER, M. (Eds). *The self-restraining state*: power and accountability in new democracies. London: Lynne Rienner Publishers, 1999.

SCHMITTER, Phillipe C. Modes of interest intermediation and models of societal change in Western Europe. In: *Comparative political studies,* v. 10, n. 1, p. 7-38, 1977.

SCHIMMEL, Jorg. Development as hapiness and UNDP's analysis of poverty, wealth and development. *Jounal of happiness Studies,* 2007.

SCHYNS, P.; KOOP, C. Political distrust and social capital in Europe and the USA. *Social Indicators Research*, v. 6, n. 1, p. 145-167, mar. 2010.

SCHUMPETER, J. *Capitalismo, Socialismo e democracia*. Tradução de Sérgio Góes de Paula. Rio de Janeiro: Zahar Editores, 1984.

SÉGUR, Philippe. *La responsabilité politique*. París: Press Universitaires de France, 1998.

SÉGUR, Philippe. "Qu'estce que la responsabilité politique?". *Revista de Direito Público e Ciência Política na França*, n. 6, Paris, 1999, p. 1600.

SÉGUY, Jean. BERGER (Peter) LUCKMANN (Thomas). *La Construction sociale de la réalité*. In: *Archives de Sciences Sociales des Religions*, n° 64/2, 1987. p. 238. Disponivel em: <www.persee.fr/doc/assr_0335-5985_1987_num_64_2_2452_t1_0238_0000_2>. Acesso em: 4 maio 2018.

SEN, Amartya. *Sobre ética e economia*. Tradução de Laura Teixeira Motta. 1. ed. São Paulo: Companhia das Letras, 2012.

SENNETT, Richard. *O declínio do homem público*: as tiranias da intimidade. Trad. Lygia Araujo Watanabe. 2. ed. Rio de Janeiro/São Paulo: Editora Record, 2016.

SEY, Araba *et al.* There when you need it: the multiple dimensions of public access ICT uses and impacts. *Information Technologies & International Development*, v. 11, n. 1, 2015, p. 71–86.

SHIN, Jieun *et al. Political rumoring on twitter during the 2012 US Presidential Election*: rumor diffusion and correction. New Media and Society, 2016. Disponível em: <http://doi.org/10.1177/1461444816634054>. Acesso em: 07 jan. 2017.

SIMEON, Richard. Studyng public policy. In: *Canadian Journal of political science*, v. 9, n. 4, p. 541-552, 1976.

SIMON, Herbert A. Modelo comportamental da decisão racional. In: HEIDEMANN, Francisco G.; SALM, José Francisco. *Políticas públicas e desenvolvimento*: bases epistemológicas e modelos de análise. Brasília: UNB, 2009.

STEINER, Philippe. *Altruísmo, egoísmo e solidariedade*. Disponível em: <https://disciplinas. stoa.usp.br/pluginfile.php/1094851/mod_resource/content/2/Steiner%20%40%20Massella. pdf>. Acesso em: 07 jan. 2017.

STIGLITZ, Joseph Eugene; SEN, Amartya; FITOUSSI, Jean-Paul (Eds.) *Report by the commission on the measurement of economic performance and social progress*. Paris: Comission on the measurement of economic performance and social progress, 2009.

STOKES, Benjamin *et al.* Neighborhood planning of technology: physical meets digital city from the Bottom-Up with aging payphones. *The Journal of Community Informatics*, v. 10, n. 3, 2014. Disponível em: <http://ci-journal.net/index.php/ciej/article/view/1090>. Acesso em: 07 jan. 2017.

STOKES, Benjamin *et al.* Mobile design as neighborhood acupuncture: activating the storytelling networks of south los angeles. *Journal of Urban Technology*, v. 22, n. 3, p. 55–77, 2015. Disponível em: <http://doi.org/10.1080/10630732.2015.1040292>. Acesso em: 07 jan. 2017.

SUREL, Pierre Muller Yves. *A análise das políticas públicas*. Tradução de Agemir Bavarisco; Alceu R. Ferraro. Pelotas: Educat, 2002.

SUREL, Y. Comparer les sentiers institutionnels. La réforme des banques centrales au sein de l'Union européenne. *Revue internationale de politique comparée*, v. 7, n. 1, 2000.

TEISMANN, Geert R. Models for research into decision-making processes: on phases, streams and decision-making. *Public Administration*, v. 78, n. 4, p. 937-956, 2000. Disponível em: <http://repub.eur.nl/resource/pub_10260/index.html>. Acesso em: 07 jan. 2017.

THÉRET, Bruno. Comparação Internacional: diferenciar as posturas do científico e do político. In: *Análise Comparada de políticas agrícolas*: uma agenda em transformação. Rio de Janeiro: Mauad X, 2011.

TOCQUEVILLE, A. *A Democracia na América*: leis e costumes. Tradução de Eduardo Brandão. São Paulo: Martins Fontes, Livro I, 2005.

TÓTORA, Silvana Maria Corrêa; CHAIA, Miguel. Liderança Política: virtù e parresía. *Contemporânea: Revista de Sociologia da UFSCar*, v. 6, n. 2, jul.-dez. 2016, p. 389-412.

TRAGTENBERG, Maurício. *Burocracia e ideologia*. 2. ed. rev. e ampl. São Paulo: UNESP, 2006.

TULLY, James. *On global citizenship*: diálogo com James Tully, critical powers series. Londres: Bloomsbury Academic, 2014.

TYLER, Tom R.; HUO, Yuen J. *Trust in the law*: encouraging public cooperation with de Police and Courts. Nova Iorque: Russell Sage Foudation, 2002.

TYLER, Tom R. *Why people obey the Law?* Princeton: Princeton University Press, 2006.

URBINATI, Nadia. *Da democracia dos partidos ao plebiscito da audience*. São Paulo: Lua Nova, 2013.

VALLE, Vanice Regina Lírio do. *Políticas públicas, direitos fundamentais e controle judicial*. 2. ed. Belo Horizonte: Fórum, 2016.

WARREN, M. E. *Democracy and trust*. Cambrigde: Cambrigde University, 1999.

WEISS, Carol H. *Knowledge creep and decision accretion*. Knowledge: Creation, 1980.

_____. *Using social reasearch in public policy making*. Lexington, Mass: Lexington Books, 1977.

WILLEMAN, Marianna Montebello. Desconfiança institucionalizada, democracia monitorada e Instituições superiores de controle no Brasil. *RDA. Revista de Direito Administrativo*, Rio de Janeiro, v. 263, p. 221-250, maio/ago. 2013.

_____. *O desenho institucional dos Tribunais de Contas e sua vocação para a tutela da accountability democrática*: perspectivas em prol do direito à boa administração no Brasil. Belo Horizonte: Fórum, 2017.

WILLOUGHBY, William Franklin. *The government of modern states*. Nova York: Appleton-Century-Crofts, 1936.

Esta obra foi composta em fonte Palatino Linotype, corpo 10
e impressa em papel Offset 75g (miolo) e Supremo 250g (capa)
pela Laser Plus Gráfica, em Belo Horizonte/MG.